Occident Literati

品 西 方 文 人 ❶

刘小川 著

天 地 出 版 社 | TIANDI PRESS

图书在版编目（CIP）数据

品西方文人. 1 / 刘小川著. — 成都：天地出版社，
2020.5

ISBN 978-7-5455-5513-4

Ⅰ.①品… Ⅱ.①刘… Ⅲ.①文人—列传—西方国
家 Ⅳ.①K815.4

中国版本图书馆CIP数据核字（2020）第027457号

PIN XIFANG WENREN 1

品西方文人 1

出 品 人	杨　政	
著　　者	刘小川	
责任编辑	杨　露	
封面设计	古涧千溪	
内文排版	四川胜翔数码印务设计有限公司	
责任印制	王学锋	

出版发行　天地出版社
　　　　　　（成都市槐树街2号　邮政编码：610014）
　　　　　　（北京市方庄芳群园3区3号　邮政编码：100078）
网　　址　http://www.tiandiph.com
电子邮箱　tianditg@163.com
经　　销　新华文轩出版传媒股份有限公司

印　　刷	北京文昌阁彩色印刷有限责任公司
版　　次	2020年5月第1版
印　　次	2020年5月第1次印刷
开　　本	710mm×1000mm 1/16
印　　张	20.75
字　　数	316千字
定　　价	52.00元
书　　号	ISBN 978-7-5455-5513-4

目录 |

|自序|

多年来我致力于三个打通：打通中西，打通古今，打通雅俗。这当然是一个可望而不可即的高远目标，但持续的努力获得了明确的方向感。2006年开始写《品中国文人》系列，去年底，完成了这套《品西方文人》的1、2卷。

写人物，因写作对象的不同，而文章的风格自然而然产生变化，这可能吗？"清水出芙蓉，天然去雕饰。"

写作与意志力无关。意志不可去染指感觉的原初性。写杜甫，自然就沉郁了；写苏东坡，自然就豪放、旷达了。这是一种无意识状态下的写作追求吗？

这些年我意识到，必须对写作的激情保持足够的警惕。

西方大师们的价值自不待言，一个莎士比亚就让英国人获得了数百年的文化自信。普希金、托尔斯泰、契诃夫对俄罗斯民族的贡献，任何计算机都不能测量。维克多·雨果去世，法国两百多万人自发地给他送葬，巴黎先贤祠的门楣上，因雨果而刻下了一行字："伟大的人物，祖国向你们致敬。"

凡·高、贝多芬、毕加索对世界艺术的影响，恐怕不止几个世纪。

大哲学家们的影响力则通常是以千年计的。

一个巨大的文化符号要管一万年。

就个体而言，西方人的张力比较大；生存的固化相对要少些。捕捉西方文人的"生命冲动"（柏格森），乃是本书的发力点。展开各个环节的生存阐释，从整体上把握人物的生活，宏观与微观并重，理性与感性交融，始终是笔者孜孜以求的写作境域。

是的，这个很难，难才有意思。爬山永远爬不到山顶，但是长期努力的结果，是对开阔度和细腻度有了实实在在的感觉。

一切回望之思都是朝着未来的。所有的追问都围绕着一个古老的字眼：爱。

荷尔德林说："思想最深刻者，热爱生机盎然。"

刘小川

2020年春于眉山之忘言斋

海明威

HEMINGWAY

西方最具传奇色彩的作家之一，
不知道他是否空前，但很难有后继者

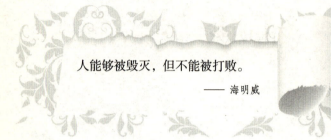

人能够被毁灭，但不能被打败。

—— 海明威

欧内斯特·海明威是西方最具传奇色彩的作家，是行动的巨人和文学巨匠，一生充满冒险精神，无论生活还是写作。

他四次亲历西班牙内战，两次参加世界大战。十八岁在意大利前线受重伤，身上留下二百三十七块弹片，有一些弹片一直留在体内，支撑这个钢铁汉子的坚硬度。后来两次飞机失事，坠毁于非洲丛林，他居然无恙。他是拳击手，是斗牛士，是中产阶级家庭刻板乏味的生活模式的反叛者，是酒徒、浪子和负心汉，是第二次世界大战后"迷惘的一代"的代言人。他钓过一吨重的马林鱼，钓鲨鱼差一点打破吉尼斯世界纪录，人与千斤鲨鱼恶斗了七个小时。他是打狮子的好猎手和不拘时间地点的猎艳高手，宣称可以跟好莱坞任何一个女明星共度春宵，却无意娶小他十六岁的瑞典美女英格丽·褒曼为妻，认为女演员不宜过日子。他证明了：小说可以让电影艺术黯然失色，好莱坞大腕们拍他的小说总让他昏昏欲睡。他娶了三任妻子又无情地甩掉她们，直到他遇上玛丽小姐，才认为自己拥有了生活与灵魂的双重伴侣。

"人能够被毁灭，但不能被打败。"

这是他在《老人与海》里总结的一句名言。当疾病缠身不能再享受生活的时候，他就拿起心爱的双筒猎枪，轰掉了自己那颗狮子头一般的脑袋。他父亲也是自杀的。

海明威是我的"枕边作家"之一，三十余年读不够。他对生活近乎疯狂的热爱使他对死亡高度敏感，作品中淋漓着血，弥漫着"血的香"。爱情与毁灭对他来说是同一件事。他使用语言就像拍电报，首创了所谓冰山式写作法，八分之七隐在水下。话里有话，意在言外，就像中国古代文献，例如《春秋》

海明威童年家族合影

《论语》《史记》。

英格丽·褒曼有一句话说得不错：海明威代表了一种生活方式。

这种生活方式，在现在和未来都不可能了。海明威是20世纪保持生命兴奋度的首屈一指的作家，不知道他是否空前，但很难有后继者。

19世纪的最后一年，欧内斯特·海明威生于芝加哥郊区的橡树园，父亲是医生，全家是基督教信徒。橡树园是一个闻名美国的中产阶级小镇。海明威的母亲葛莱丝受过良好的教育，是教堂唱诗班和若干社会团体的活跃分子，坚定地认为自己的家庭有受人尊重的文化修养。这位母亲给念小学的海明威买了大提琴，而海明威医生早在海明威三岁时就递给儿子一根鱼竿。教堂唱诗班与河边丛林争夺着小孩子的兴趣，大提琴终于败给了钓鱼竿，室内氛围败给了户外的灿烂阳光。

有一年，父亲又送给儿子一支猎枪作为生日礼物。这支五尺猎枪直指丛林，打开了无限的宝藏。嗬，生日礼物一支枪！音乐修养和宗教信仰成了野地生活的对立面。这也是母亲刻意教育的结果，给20世纪杰出小说家的童年注入宝贵的野性。

中产阶级家庭的生活是循规蹈矩的、程式化的，一切井井有条，十年如同一日，连激情都被纳入可控的范围。每个人都要活得像中产社会的一员，举止有度，穿戴适宜，日复一日活给别人看。医生要活得像个医生，教师要活得像个教师，总之，个体要服从他的社会角色。法国作家萨特说，这叫被社会角色霸占。橡树园小镇的千百个家庭都是相似的，这个小镇又是其他州小镇的范本，所以才会闻名全美。

大气候之下偶有小气候，中规中矩的生活局面偶尔才被打破，如同平静的湖面扔下了几块石头，波纹荡起又消失，湖面上了无痕迹。海明威将以一个人的力量挑战大气候，未来的半个世纪他证明了这一点。童年的鱼竿、猎枪改写了他的生活，激活了他的野性基因，塑造了他的价值观，催生了崭新的文风。

海明威三岁跟着父亲去贝尔湖钓鱼；十岁抽了第一支香烟；十二岁喝下第一杯烈性威士忌；十三岁，抖抖索索尝试了第一个女人；十五岁伙同一群高中生违反禁酒令，喝酒，胡闹，斗殴，还远足几天不回家，玩得天昏地暗。这一类近乎疯狂的离经叛道，源头却是诱发野性的鱼竿和猎枪。鱼竿招呼无边野地，拢集河流湖泊；猎枪记录动物们的咆哮、挣扎、反扑，猎手的冷血与野兽的鲜血有了奇妙的关联。这是真正的生命，这是丛林暴力的原型，是埋入沃土的勇敢的种子。长枪射出的每一粒子弹都在击碎平庸的中产式生活。

让唱诗班与大提琴见鬼去吧！

母亲惊慌地注视着逃离家庭音乐室的野孩子。这个精心布置的音乐室是她的骄傲，接待过橡树园一大半有头有脸的人物，家里却冒出个野小子。姐姐和弟妹们茫然失措，海明威溜出樊笼，奔向他的旷野，仰天大笑。

什么都要试试，这是少年海明威的信条。这个信条，来自隐秘的遗传基因和阳光下的钓鱼竿。

父母的争吵经常发生，在夜深人静的时候。他们紧盯对方，鼻头抵近鼻头，压低嗓子，尽管气得发抖，人前还装得夫妻和谐，面孔浮现中产式微笑，说话的语气透出伪装严密的家庭温馨。少年海明威厌恶地背过脸去。虚伪的面孔与原始丛林的动物们形成强烈反差。老是吵吵吵，吵完了还要装装装，为什么不离婚呢？橡树园的中产分子都戴着面具过日子吗？野小子后来三次离婚，当与童年印象有关。而父亲的开枪自杀多半有婚姻的原因。父亲过得压抑。

海明威医生抛下了六个孩子和他曾经爱过的橡树园，自杀！这是公然亵渎仁慈的上帝！橡树园教堂的教徒们简直怒不可遏。海明威夫人无地自容，早晨的悲戚却让位给中午的面具。

医生的儿子因痛苦而陷入思考。死亡就在家里，而且是用那种方式！

海明威喜欢芝加哥的贫民窟，喜欢贫民窟混乱的生机勃勃。他跟意大利人打架，跟黑人打架，跟形形色色的混血儿打架，常常半夜鼻青脸肿回家。他是橡树园各类诊所的常客，鼻子眼睛因拳击受伤，手肘胳膊更是伤痕不断。他在贵族式的高级中学踢足球、打拳击、参与群殴的同时当上了校刊编辑，十七岁已写下二十四个故事，风靡校园。他反复阅读《圣经》，从中寻找他所需要的文字风格。

小作家与斗士同步成长，浪子海明威又前来助阵。有个风骚的三十岁左右的女人不断诱使这个英俊少年消失。偌大的橡树园找不到他，他鬼鬼祟祟躲进风骚女郎在芝加哥的秘室，却发现了大量藏书，四壁全是书！其中有他最爱读的马克·吐温和亨利·詹姆斯，他不禁欣喜若狂。马克·吐温是描写野性生活的一流作家。

少妇是少年的宝藏，她见多识广，到过很多地方，对巴黎了如指掌。她曾经是一名橡树园的交际花，跟无数的人打过交道。她对文学作品有精到的见解，胜过橡树园高级中学最博学的写作老师。为什么？她把生活体验与经典作品融为一体，对文字有深入皮下的理解。高中生海明威完全被她迷住了，包括秘室交欢的技巧，乖乖服从她的温柔或粗野的诱导。他写下的每一篇故事都念给她听，手拿打火机和啤酒瓶，紧张地期待她的反应，只要她表示赞赏，他就兴奋得语无伦次。只要她摇头，他立刻把注入心血的手稿烧掉，把啤酒瓶子狠狠砸掉。不幸的是他经常烧掉十页以上的手稿。他在女郎的注视下学会了从头再来，若干年以后，《永别了，武器》的结尾他写了三十九遍，《老人与海》他校阅了两百多次，出版时删掉四分之三。可惜这位多才的漂亮女郎未能留下姓名，她是海明威真正的写作老师，谜一般的生活导师，或可称她秘室女郎。

从某种意义上说，秘室女郎是他未来的决定性的人物，她把异质性的东西集于一身，是个美妙得难以言说的混合体。她会让所有贵族式中学的写作老师瞠目结舌。是她让海明威志在江湖，而不是上名牌大学，继续遵循中产式生活模式的道路。

海明威是橡树园的叛逆者，后来其他三位橡树园名人都是叛逆者，包括享誉全美的建筑师和一个总统候选人。以海明威为首的橡树园四大名流有着共同的野性。释放天性乃是儿童期的重中之重，是孩子一辈子的快乐之源，更是他们爱这个世界的基础性情态。释放天性也是中国古代文化巨人们成长的不二法门。孔夫子内蓄野性，庄子、孟子的野性众所周知。

高中生海明威成绩好，体育棒，打架凶，名堂多，野性足，跟吉卜赛姑娘在光天化日下裸泳，办校刊有声有色。家里的三楼有了一部来历不明的打字机，打字的声音彻夜不停。母亲再度紧张，不敢想象儿子的未来，靠写作能养活一大家人吗？她猜想打字机是那个神秘荡妇送给儿子的礼物。丈夫当年送鱼竿，送猎枪，现在风流荡妇又送打字机，这三种东西的叠加效应足以摧毁她的神经，令她窒息。好在她还有一个儿子和四个女儿，否则她会疯掉。她愤怒地砍断鱼竿，却发现儿子海明威又到河边去了，他那帮野小子朋友竞相送他更好的鱼竿。她盯梢的结果是回家发高烧，盯着雪白的墙壁，神经质地数落儿子，从午后一直到黄昏。这是典型的中产式"情绪内爆"。

十五岁的欧内斯特·海明威有个响彻校园的口号：海明威，酒满杯！

挑战中产阶级的生活方式，把橡树园的少年禁酒令作为他的第一个攻击点。攻击是在潜意识的助推下于朦胧中发动的。这样更好。

高中未毕业，海明威与他的情人分手了，情人很可能是那位秘室女郎。小伙子泪雨滂沱，缠绵复缠绵，像英国维多利亚时代伤感小说的画面，而女郎只是微笑着拍拍他的虎背熊腰。她教导他掌控温情，男子汉不能活得婆婆妈妈，为女人掉眼泪简直是耻辱！她早就预演了分手，她将含笑送他去属于他的远方。女郎的精神向度携带她的肉体芳香，已植入海明威体内，火箭般把他弹射出去。小伙子以优异成绩拿到了高中毕业证,他拒绝考大学,他已经不属于家庭、大学和橡树园小镇了,他将要告别芝加哥。这将是未来的世界级大作家的决定性一跃。

1917年,美国卷入第一次世界大战。

海明威当上了堪萨斯市《明星报》的一名记者。编辑威灵顿先生对新闻稿有极严格的标准。第一条:用短句。第二条:风格干净明快,多用动词,不允许出现抒情的形容词。十八岁的海明威熬夜苦干,写出去的稿子很少被退回。简洁明快,不多写一个字,恰好是这个野小子的风格,中国古代叫惜墨如金。作家海明威先以记者的身份上路了,凡是有险可冒的地方他都争着去。这使他在多如过江之鲫的记者中受到关注。几个月以后,他作为随军记者远渡重洋,赶赴意大利前线。只有两名记者获此殊荣。途中在巴黎短暂停留。巴黎正在遭受德国远程大炮的攻击,海明威惊奇地发现塞纳河左岸的诗人们、艺术家们,听着炮弹连续击中建筑物的轰隆声,悠闲地喝着啤酒,仿佛炮火是艺术的组成部分。

巴黎!维克多·雨果笔下的巴黎,左拉、莫泊桑、福楼拜、巴尔扎克笔下的巴黎,秘室女郎唇齿间闪闪烁烁的巴黎。普鲁斯特的《追忆逝水年华》留下了文学丰碑,乔伊斯的意识流小说正在解构写实主义……

记者海明威乘出租车冲向大炮落点最密集的地方,司机心惊肉跳,他倒大呼过瘾。不久,他冲到了意大利前线,任务是向意军士兵分发香烟、巧克力和口香糖。巧克力味道不错,但是硝烟味儿更好闻。他抓过一支步枪瞄准奥军阵地,熟练的动作让身边的狙击手点了头。他装填子弹的同时往嘴里塞口香糖,他投入了他的第一次战争,闻着火药味儿,嚼着口香糖。还差两个星期满十九岁的老猎手盯紧数百米外的奥军阵地。

这是1918年的夏夜,在意大利名城米兰以西。海明威忘了狙击手的叮嘱,扣动扳机,暴露了行踪。刹那间敌军的子弹呼啸而来,随之而来的重炮削掉了一张脸,炸飞了一双腿。战争,这就是战争。任何惊叹号都会显得多余。

海明威曾参与第一次世界大战，并被授予银制勇敢勋章

一个意军狙击手倒在了一百多米外，战士海明威跳起来冲过去，匍匐前进，猫腰快跑。枪林弹雨顾不得了，小伙子的头一次战斗竟然如此勇敢，不可思议。

我手头有两本可信的《海明威传》，其中一本是海明威夫妇的朋友库尔特·辛格写的。辛格不会胡编，但是会有省略。严格说来，省略也是偏离真实的一种常见的书写方式。海明威在米兰前线的第一次战斗，还是存疑吧。

夜色中的小伙子冲向狙击手的位置，敌军的探照灯把战场照得雪亮。一个奥地利军官后来回忆说，他们看见一个小伙子背着受伤的士兵，从开阔地奔向小树林，不忍心射杀他，举起了枪又放下。勇气是受人尊重的。敌人钦佩勇敢的敌人，自古而然。冰冷的枪口放走了未来的文学巨匠，重炮的弹片却把海明威炸昏。气浪先把他抛起一米多高，小弹片又像无数的钉子把他钉在地上。他醒过来，他艰难爬行。他冒死救下的伤兵死了，他掀掉尸体。他的大腿两次中了重机枪子弹，好在双臂还能爬。刺眼的探照灯像地狱射来的光，他耗尽最后一点力气爬进了小树林，又昏死过去。浑身的剧烈疼痛感觉不到了，残存的意识里闪现了死亡。小树林是他的葬身之地吗？这个瞬间的死亡意识，波及他未来的几十年。

海明威在担架的颠簸中醒来。原来自己还活着。他在医院躺了三个多月，先后做了十三次手术，取出和自行排出的弹片有两百多块，其余的留在体内。外科医生们先是认为他挺不过来，后来又决定要锯掉他的左腿，他大喊大叫以死相逼，狮子般的吼叫声让医生改变了治疗方案。温婉的护士小姐阿格妞丝连月护理他，忍不住爱上了他，爱与精心护理使他提前出院了。他可以回国，但拒绝回国。他获准回到了前线，拿着枪到处找仗打。对这个野小子来说，爱情暂时不重要，打仗很重要。阿格妞丝望眼欲穿，频频写信，很多年以后她还在写……

1918年的年末，意大利政府授予海明威战功十字军勋章和勇敢勋章。然而战争也结束了，战士海明威无仗可打，只能渡海回国。

采访，演讲，宴会，姑娘们手中缤纷的鲜花与红润光洁的脸庞。橡树园小镇隆重欢迎获得战争勋章的海明威。《纽约太阳报》长文刊载他的事迹。战士一度成了演说家，拿枪的手在台上做着夸张的手势，展览带血的军裤，并将血迹斑斑的军裤赠送给母校。夸夸其谈冒出了苗头，但没有人怀疑他，衣饰鲜亮的姑娘们更喜欢他了。

母亲葛莱丝总是选择吃早点的时光与他讨论生活，大学、医生职业和门当户对的婚姻等着他。他奉命见了几个姑娘，觉得她们一味憨笑，纯真是缺少内容的纯真。茶会、音乐会、游园会，令他无精打采，眼皮子沉重，坐着也会睡着。他逃走了，几乎凭借本能逃到了芝加哥贫民窟，一头扎进混乱而亲切的破房子。贫民窟有的是真实的脸，而橡树园上流社会的男女面孔由面具组成，形形色色的面具充斥夜晚和白天。面具又从它自身脱落，形成旷日持久的集体潜意识。

有个营养不良的瘦弱姑娘向海明威靠近，名叫玛丽雅。二人靠几个眼神就沟通了，一同走进肮脏的、黑洞洞的屋子。屋里四壁如洗，却到处充斥着彼此熟悉的充沛激情。激情后面是幸福的倦怠，香甜的睡眠。他睡着了，她翻出他口袋里的钱出去，回来的时候她手上有大堆东西，还提了一瓶葡萄酒。

海明威叫道："嗬，玛丽雅！"

上流社会的姑娘们，没有一个出现在海明威的笔下。她们的芳名灰飞烟灭。

辛格先生写道："玛丽雅成了海明威的避难所……她的身体细得可怜，但又结实得像钢丝。"海明威喝着劣质酒，大笑着对玛丽雅说："你是一个可爱的肮脏的流浪者，十分像女人，又有几分像畜牲。"

海明威宁愿过有几分像畜牲的日子，拒绝回橡树园。他写短故事。他到密歇根州的夏季别墅写故事，撕手稿，砸啤酒瓶，打猎，钓鳟鱼，频繁接触印第安人，度过了几个月的沉静时光。这个夏季别墅他每年都来。沉静是一种需要温习的功课。是的，沉静需要反复温习。沉静的能量远不是一般人所能摄取的。

战争不堪回首。战争的点点滴滴渗入潜意识。海明威半夜常常被噩梦吓醒，摸摸左腿上白金做成的膝盖。关于战争他写不出一个字。经历战争和思考战争不是一回事。远远不是。他把握不了整体，细节就是一团乱麻。哦，战争！

由朋友介绍，海明威去了加拿大多伦多市当记者，采访五花八门的社会人物。五花八门正好对他的胃口，乱七八糟也不错。盗亦有道嘛。他把罪犯写得像优雅的绅士，把绅士的丑陋揭示给世人看。且看海明威先生这样形容一个诈骗犯："他像雪貂一样英俊，生就一双好看的手，那副神气就像一个赛马的骑师。"

1920年的秋天，海明威回到芝加哥的贫民窟，不要橡树园粉刷一新的房子。他需要混合的香臭难分的气味儿。他凭借鼻子嗅生活，而不是凭借千篇一律的中产阶级的信条。就连苍蝇、蚊子和臭虫都比信条好。这个中产家庭的小伙子津津有味地吃掉蚯蚓、活虾、蜥蜴、鼻涕虫，舔灰苍蝇的翅膀，这些东西让他闻到童年，闻到河边由鱼腥味儿延伸到猎物散发的血腥味儿。醉醺醺的玛丽雅在大街上认出他来了，狂吻他的嘴，又拍拍他那条安装了白金膝盖的左腿。爱与疼，显现在阳光下。嗬，这多好！海明威要的就是这个。贫民窟才是

海明威与哈德莉的结婚合照

他温暖的家。

海明威一再奔向混乱的生机勃勃，而母亲坚决守卫她的底线：婚姻大事。于是哈德莉成为海明威的妻子，她有妩媚的面容，得体的举止，并且弹得一手好钢琴。双方家庭旗鼓相当，舆论认为是一桩好姻缘。婚礼在橡树园小镇的大教堂举行，嘉宾云集，礼服耀眼。海明威直到仪式前的最后一刻还在钓鱼，他写信对朋友说："我担心婚姻会夺走我的河边。"

新婚夫妇度蜜月去巴黎，转道西班牙首都马德里，看一场斗牛。亢奋中的海明威对妻子说："公牛是一种喜欢杂交的动物……有时牧场上的一头公牛跟五十头母牛交配。"新婚妻子毫无表情。

海明威手拿作家舍伍德·安德森的推荐信来到巴黎，走进斯坦因女士的文学沙龙。这是巴黎的顶级沙龙，这里有诗人庞德、艾略特和画家毕加索，有免费的晚餐和延续到凌晨的争论，二十二岁的海明威得以大开眼界。飞跃式的提升，思想的高度，激活了海洋般的感觉世界，虽然感觉还没有让念头和意志浮出水面。他向庞德学写诗，锤炼每一个字。庞德夫妇和海明威夫妇在巴黎结伴远足，骑自行车到处漫游，车子一扔便写诗。艾略特说："思想知觉化。"庞德诗歌是思想知觉化的典型。庞德更是用字的吝啬鬼，却花大把的钱接济拉丁区的穷朋友。庞德对中国的古典诗歌十分推崇，并着手翻译。

依我看，海明威不同凡响的文风受益于三种东西：一是野性，二是庞德诗风，三是记者生涯。

巴黎到处弥漫着颓唐与绝望，法国赢得了战争，知识界却发现人类输掉了文明。19世纪的人类理性，一夜间灰飞烟灭。战争只留下创伤，没有任何意义。人在骨子里依然是食人生番。美国人从战争的双方取利，大发战争财。康德的绝对道德律令"人不可以把他人当作自己的手段"，受到血写的全球事实的嘲讽。托尔斯泰的巨著《战争与和平》，试图永久性去掉战争的幽灵，重建人类理性，大师本人却暮年绝望，幽灵般徘徊于一个小火车站，孤独地死去。

1921年的塞纳河上，漂浮着自杀者的尸体。人们纵酒，狂赌，无端寻衅，歇斯底里，毫无意义地活着，像拔掉触须的虫子四处乱窜。"人是悬挂在由他自己所编织的意义之网上的动物"，意义突然被战争抹掉，人就大面积陷入慌乱与迷惘。弗洛伊德着手研究人的死本能，也即毁灭本能。而早在两千多年前，中国的孟子就说："人之所以异于禽兽者几希。"有一本经典小说《蝇王》，写一群儿童在荒岛上的互相残杀，连刚刚经历了残酷战争的船长都背过脸去。美国作家菲茨杰拉德在《人间天堂》中写道："所有的上帝都统统死光，所有的仗都已统统打完，所有的信念都已统统完蛋。"

斯坦因女士向巴黎的作家、艺术家们宣告："你们全是迷惘的一代！"

海明威愤怒反驳："我没有迷失方向！她的说法完全是危言耸听……如果说我们都迷失了方向或者受到损害，那我无论如何不相信……克里奎是一个真正的残者，但他荣获了世界次轻量级拳击冠军。我们是坚强的一代……"

从我到我们，从身强力壮的海明威到世界拳击冠军克里奎，这个"我们"却成问题，很成问题。海明威的狮子头还不能思考大事。感觉隐藏在心底，念头却忙着与某些时髦接轨，这个美国出生的年轻人把自己打扮得像个董事长，衣冠楚楚，风度翩翩，手拿一根文明拐杖，闲逛香榭丽舍街头，连自己都有些莫名其妙。海明威不像海明威了。他是《多伦多明星日报》派驻巴黎的记者。哈德莉塑造他的中产形象，改写他的桀骜不驯。她成功了，并且有了身孕，几个月后却发现丈夫故态复萌，迷恋巴黎的混乱街区，更不乐意提前要孩子。争吵发生了。哈德莉的表情让海明威想起橡树园的母亲，尤其是早餐时光的母亲，端坐微笑中伴着嗔怒与说教。斯坦因女士出面调和，做丈夫的让步。他们去多伦多生孩子，又带着婴儿约翰返回巴黎。斯坦因女士做了海明威儿子的教母，这位坚持独身主义的女诗人天天忙着教孩子，不亦乐乎。她有个名句："一朵玫瑰花是一朵玫瑰花，是一朵玫瑰花。"海明威很喜欢这个句子，后来写《丧钟为谁而鸣》，仍然半开玩笑地加以模仿。

意识流小说，达达派绘画，象征主义诗歌，20世纪二三十年代的巴黎是全球文学艺术之都。成长中的海明威在巴黎待了六七年，常去火焰般的西班牙，他的精神轨迹与创作道路更多契合于法兰西。1928年他回国，定居于靠近古巴的基韦斯特小渔村，那儿有一半是激情充沛的古巴人。海滩上有的是巨型海龟。

海明威显然是一头良种公牛，他靠着血液的沸腾来展开思考。美国式的商业主义不符合他的胃口，算计一切，坐收渔利，绝对不是他想要的生活前景。

记者海明威去希腊、土耳其、瑞士、意大利和西班牙，这个高中毕业生精通了多种语言。在德国，他目睹了骇人听闻的通货膨胀，十亿马克买不到一块面包。愤怒的人群聚集在莱茵河两岸，空气随时都可能被点燃。他嗅到了另一场战争的气息。战争的前奏是经济大萧条。

海明威在巴黎出版了他的第一本书《三个故事和十首诗》，橡树园图书馆骄傲地买去多本，这本小册子在那些白皙的手中迅速传递，引发轩然大波。他描写的人物和使用的语言，在橡树园显得粗野、污浊。骂他的信件飞向巴黎。海明威写道：我一直被认为是个坏孩子，甚至是个不肖子。从十六岁开始，我就力图在许多方面做冠军。写作是我自己选定的归宿，橡树园的人骂不倒我。

海明威的作家梦始于十六岁，那一年他编校刊，写故事，进入芝加哥秘室女郎的大书房。如今身在塞纳河左岸，他拒绝了一家大报社收入丰厚的聘请，啃着冷面包，昼夜敲着打字机。哈德莉怒气冲冲，把发霉的面包扔向丈夫。他跟妻子吵架，尽量避免让小儿子听到，重演了小时候在家里熟悉的那一幕。

一个叫艾洛伊丝的女雕塑家懒洋洋地出现了，邀请海明威去她的工作室一起创作。

哈德莉带了约翰回美国。海明威的第一次婚姻摇摇欲坠。

一天早晨，女雕塑家拉开窗帘吓得惊叫，这个追求人体完美近乎神经质的女人，不能忍受海明威身上的伤疤。后来她一见海明威就浑身哆嗦。作家在巴黎的街头咖啡馆狠狠盯她……穷困潦倒的海明威住进左岸一栋房子的阁楼，几个土豆就打发一天，几百个土豆打发小半年，偶尔才有半杯酒、一点香肠和新鲜面包。书稿和退稿信胡乱堆着。他咒骂出版商，饥肠辘辘他还在骂，想学巴尔扎克《幻灭》中沉稳的大丹士，奈何学不了。巴尔扎克也是半夜裹睡袍怒目问天。

《春天的激流》是海明威描写巴黎文坛的一本小书，他嘲讽斯坦因，抨击舍伍德，此二人却有大恩于他。往嘴里塞土豆过日子把他憋坏了，他不怕吃苦，非常害怕写不好，害怕长期扮演巴黎文坛的无名小卒，不惜以抨击名人的方式来赚取知名度。

斯坦因女士大怒，骂海明威是不敢面对失败的胆小鬼。

海明威对男人和女人一概冷漠，这也是毕加索遭人诟病的一个原因。海明威式的冷血令人联想到丛林动物、斗牛士和拳击手。他不动情，他冷若冰霜，可能从几岁起，他就希望自己是一头雄狮，接下来他又崇拜凶猛的公牛。他是凭借本能来写作和生活的，燃烧的血液构筑他的全世界，大量阅读只是强化他的本能。

庞德评价海明威说："这个家伙的直觉是正确的。"

找到自己的直觉不容易，念头、概念、意志，形成难以察觉的遮蔽，形成一道道隐秘屏障。找到直觉，禅宗叫直指本心。本心难寻觅，嗔心痴心贪心，汇集成汪洋大海。抓住直觉并确认它的价值，向来是这个星球上各色人等的小概率事件，作家艺术家更难。海明威写什么好呢？将近二十六岁的年轻作家待在有霉味的阁楼上，抽着俄国香烟，凝望太阳下玻璃般明亮的塞纳河。《太阳照常升起》动笔了，三个月完成初稿，然后，大刀阔斧修改。海明威以回避战争的方式写战争，写战后，写一群人的混乱生活。

一个叫杰克的男人在战争中失掉了性功能，一个叫勃莱特的美丽端庄的女人欲火旺盛，不停地变换性伴侣。杰克与勃莱特却深爱着对方，灵魂与肉体生生剥离。一群男女总是在喝酒，寻求刺激，钓鱼，拳击，斗牛，游荡，打架，三角恋，无聊再加无聊。

病态的目光注视病态的世界，双重的病态显现为这部长篇小说的所谓主题。

杰克的冷漠颇似作家本人。杰克必须冷漠，方能应对他对勃莱特的炽烈恋情。书中的人物个个生动，场景富于画面感，细节非常逼真，然而，愈是逼真愈指向空洞和无意义。一切真实都指向不真实，指向巨大的、不可测量的虚无。

《太阳照常升起》击中了战后每一颗受伤的心，又拒绝提供任何疗伤的途径，倒是开启了第二次世界大战后更惨痛、更荒诞、更绝望的文学主题。海明威像孙猴子反抗如来佛那样反驳斯坦因，却在书写中背叛自己关于坚强一代的浅薄信条，一头扎进感觉的深海，又冲天而起，成为"迷惘的一代"的代言人。

中篇小说《大双心河》，三万字写一个人钓鱼，写动作，写沉默，写野地，通篇不提战争，又字字指向战争之痛。"痛苦使人们变成石头"，石头般的钓鱼男人抛下一堆意识，意识以及关联意识的一系列动作，只不过证明他还活着。全世界由毫无意义的乱石头组成，包括被拉出水面的漂亮鳟鱼。

海明威后来抱怨说，《大双心河》发表了二十五年，是他最喜欢的几个中短篇小说之一，却没人看懂。

海明威的"冰山式写作法"，排斥所有轻率、轻佻、浅薄的靠近。有读者向福克纳抱怨，看了四遍《喧哗与骚动》还是看不懂，福克纳回答：看五遍。

古今中外的经典作品都有矜持的特征。"空谷有佳人，遗世而独立。"好作家引领读者，坏作家讨好读者，好电影、坏电影也复如是。那些一味瞄准票房的电影一定是坏电影，引诱并裹挟观众的坏电影。

艺术搞钱，艺术找死。

迷惘的一代有着宿命般的永久性迷惘，他继承了托尔斯泰的痛苦到绝望的追问，但不动声色。他的特点就是不动声色。海明威忠于自己的感觉世界，终于写出了大作品。1926年在巴黎问世的小说，迄今畅销世界已近百年。人们浑浑噩噩，太阳照常升起。太阳底下永无新事。一切技术发明只不过是人类的蹦蹦跳跳。人类道德进步了一厘米吗？这仍然是个悬而未决的问题。

文之化人，任重而道远。

哈德莉带着儿子回到巴黎，挽救她的婚姻。丈夫写下的一段话使她满怀希望：我又同妻子见面了……我看见哈德莉在铁路边上等着。除了妻子，我不该再爱上别的女人。现在情况如此，真不如死去的好。妻子对我微笑着，阳光照在她那美丽的身上，照在她那张被太阳晒成褐红色的动人的脸上，金黄色的头发在阳光下更加艳丽。经过一个冬天，她变得更美丽了，也更羞答答了。在妻子身边站着我的儿子波比，长得胖乎乎的。

当时，一个叫伊丽诺的巴黎女子正与海明威互相钟情。

伊丽诺消失了，哈德莉如释重负。有个叫波林的好友常来家里陪她。波林是一家大公司董事长的女儿、巴黎香水巨头的侄女，也是巴黎《时装》杂志的作者。她对海明威的第一印象不好，觉得他脏，又大大咧咧。可是过了一阵子，哈德莉听说波林和她丈夫相约去滑雪了，而她事前根本不知道。滑雪是高难度的技术活，海明威本不热衷于这一项山林运动，波林小姐既热衷又滑得好。

谁教谁呢？谁让谁爱上了滑雪运动？

波林小姐接受海明威夫妇的邀请，住到家里来了，她写文章，向哈德莉请教弹钢琴的技巧，嘲笑海明威不换衣服，不修理头发和胡子。哈德莉有点疑虑，却还是对波林放心。她需要女伴，而波林跟她的丈夫之间只会产生友谊。滑雪的插曲能说明什么呢？她相信男女间第一印象的重要性，何况波林对海明威的第二印象依然不佳，波林小姐对海明威的一大兴趣，就是发现他的各种毛病，打击他那无处不在的自信心。再者，波林生得娇小玲珑，海明威高大魁梧，从外形到气质，都不像一条轨道上互相旋转的双子星座。

然而有些事悄然发生了，有些事就发生在哈德莉的眼皮底下。滑雪的插曲并不孤立，波林与海明威又去看电影，到巴黎远郊打猎。波林枪法好。两个人谈起枪械、丛林、猎物没完没了。而音乐系毕业的哈德莉很难让丈夫坐到钢琴边。她还知道，她的作家丈夫小时候对音乐室有恐惧症。

哈德莉开始不安了，而丈夫把她的不安升级为恐惧。海明威不是藏着掖着的男人，永远不是，哦，这婚前婚后的野小子！他凝望波林的眼神直愣愣的，波林嘲笑他的语气也有了微妙变化。她的第一印象改变了吗？她对海明威身上的毛病视若无睹了吗？甚或喜欢上了他的某些粗野？哈德莉想得多了，她没法想得少。三个人每天都有几个钟头待在一起，客厅，饭厅，书房，阳台。卧室在意识的边缘闪闪烁烁。哈德莉强装笑容，转过脸就愁眉紧锁。而另外两个人即使不说话的时候也在密切交流，形成一对一的心灵通道，气流滚烫。气流是排他性气流。作为妻子的哈德莉就在沙发上，却像是远在门外，甚至远在另一条街。波林笑起来格外开心，她的小手还去摸摸漂亮脸蛋，几分钟摸一次，仿佛有意指引作家的目光。她的纤手画个半圆，作家的眼珠子就转半圈。可怜的哈德莉垂下眼睑。

慢慢到来的恐惧才是真正的恐惧。哈德莉束手无策，进退失据。

可怕的爱情发生了。它从阴影中走了出来。波林当着哈德莉的面把海明威的心夺走，不是一把夺去，而是剥茧抽丝似的，一点点的，一秒接一秒的。波林并不知道她正在夺走女友的丈夫，知道了倒好，那样她会自责，内疚，停止媚眼与媚态，停止自摸脸蛋。当她发现自己爱上了，一切都已经晚了，不可逆了。抛出去的媚眼收不回来，包括小手的指尖与脸蛋。海明威又是接媚眼的行家里手。

若干年后，海明威追忆这件事：一个未婚的青年女子成为另一个已婚青年女子的好朋友，并且同那对夫妇住在一起，后来，神不知鬼不觉地，她单纯而善良地情愿同那个有妇之夫结婚。这个丈夫成为作家，工作繁重。这位丈夫每天工作完毕，就有两个漂亮女子在等着他……开始还搞得很欢，很有情趣，而且持续了相当长的时间。世上一切邪恶的东西都是从天真纯朴开始的。

波林在巴黎有一所房子。哈德莉有理由猜测，那所房子里发生了一些她不知道的事情。她不敢深想，恋爱的细节她不敢去深究，但是某些画面会不请自来。来历不明的画面越堆越多，她受不了。有一天傍晚下着暴雨，暴雨声和想象中的细节一同击打哈德莉。她终于鼓足勇气推开书房的门，质问海明威是不是与波林相爱了。海明威不承认，哈德莉不相信。于是吵架，双方都动了肝火。海明威走出了家，向大雨走去。哈德莉追到门边，刹那间意识到：她不该戳破那层纸。

丈夫的庞大背影缓缓消失在暴雨中……

哈德莉下决心保卫自己的婚姻，制订了一百天的隔离计划，郑重写在纸上，表情严肃地递给她的丈夫。这是女人的决战时刻。一百天之内，海明威不能与波林见面。良心发现的波林让步了，这个恋爱中的姑娘坐船去英国，却在船舱里迫不及待给海明威写信说："三个月以后，我们就可以永远在一起了！"

然而三个月无限漫长，波林在英国的小镇每天给海明威写信，她说："只花两分钱，信纸一张，信封一个，我就来到你身边。"信中夹着她的新照片。到秋天，她忽然深陷忧郁，担心过不了哈德莉那道关。她的父母也不赞同她选择有妇之夫，挤走一个无辜的妻子。比她更忧郁的是巴黎的海明威，他爱得死去活来，一度想自杀。二十六岁正在成名的年轻作家，想抛下包括写作在内的一切。天性快活的波林率先走出忧郁的沼泽地，并且，伸出她可爱的小手把海明威拽出泥潭。

隔离计划实施了一百零七天，以哈德莉的失败宣告结束。波林渡过英吉利海峡，海明威抱着鲜花去迎接波林明艳的笑容。哈德莉回美国，吩咐海明威把她需要的东西打包托运。作家推着小车搬运箱子的时候流泪了，后来他把《太阳照常升起》的版权献给哈德莉。1927年1月，当离婚协议正式生效时，海明威正与波林在瑞士滑雪。

第一本好书的诞生与第一次婚姻的结束，发生在同一时期。二者是否有联系呢？海明威第二部轰动欧美的长篇小说《告别了，武器》，诞生于1929年。

《太阳照常升起》让海明威挣了大把的钱。嗨，他写作可不是为了挣钱，他只想抓住直觉，写好故事。写好故事钱来找他了。道理就这么简单。后来好莱坞花八万多美元买下《太阳照常升起》的拍摄权（当时一美元约等于现在的三十美元），男女明星云集，明星走的红地毯铺满鲜花，巨幅电影广告到处都是。海明威看电影看到一半拂袖而去，大骂导演、制片和演员："你们拍了一群公牛和两三个醉汉，再加上一些喝酒场面，就想让人家以为这是西班牙……呸！"

海明威的那些高度浓缩而跳跃的意象，画外有画的描绘，让好莱坞准确再现根本不可能。大牌影星贾利·古柏出演的《老人与海》更是如此，海明威先生看样片时就睡着了，在电影院里鼾声如雷，弄得整个剧组的人都想哭。电影《乞力马扎罗的雪》，同样让作家打瞌睡。作家对《丧钟为谁而鸣》比较满意。他和女主角英格丽·褒曼互相靠近，形影不离。他坚持要让褒曼出演女主角，否则就拒签合同。《丧钟为谁而鸣》创下当时好莱坞购买拍摄权的最高纪录，但这部两个多小时的电影跟小说原著，不可相提并论。中国的1987版电视剧《红楼梦》，堪称不可逾越的影视经典，尚与原著有很大距离。这种距离的缩短在未来百年是可能的，让距离消失是不可能的。

一切影视剧、舞台剧较之经典小说，永远是次一等的艺术。感觉、意象的汪洋大海，不可能成为镜头的精准捕捉对象。

伟大作家的思想高度天然排斥镜头。

正如马丁·海德格尔所说："语言是存在的家，犹如云是天上的云。"

欧内斯特·海明威一夜间红得发紫，经济大萧条时期，太多的人填不饱肚子，而海明威美酒喝不完，佳肴随便吃，彻底告别了用以充饥的土豆、土豆和土豆。

海明威和波林在基韦斯特的家中

美国人辛格先生写道："经过第一次世界大战的震撼，全世界正在恢复元气的时候，想不到华尔街生下了一只臭蛋，破裂开来，四处飞溅，终于打乱了世界各国的经济。失业者的队伍弯弯曲曲排在街上。自杀成了常见的事情。"

时隔九十年，一条仅仅五百米长的华尔街又如何呢？有一部西方人拍的纪录片《监守自盗》，那些金融大鳄们，不会放过包括美国普通人在内的吞噬对象。

海明威说："美国已经上了年纪，陷入沾沾自喜的状态，并且由于自满而发胖……美国有很多东西都已经不再使人感到振奋了。"

海明威多次表示，他对美国式的经济学毫无兴趣。算计包括自然物种与资源在内的全世界，于他如浮云，虽然他没有能力像胡塞尔那样，质疑现代科技带给人类的贫乏，开创"生活世界现象学"。他的小说充满了弗洛伊德指出的："我们的文明中令人不安的东西。"

海明威说："我对公牛比对混账的经济学了解更多。"

1927年，海明威与《时装》杂志的作者波林小姐结婚。蓄短发的波林小姐美貌出众，文学鉴赏力不一般，喜欢打猎、滑雪、游泳。夫妻长住佛罗里达州的基韦斯特小岛，乘游艇出海钓鱼，坐飞机去打"大家伙"。波林在纽约也有房子。

作家在夜总会通宵喝酒。酒杯依然闪出虚无之光。老板虚无，侍者虚无，应召女郎虚无，作家不断给出的小费还是虚无。虚无从巴黎走到了基韦斯特。生命力强大的人一般都会碰上虚无，没有任何廉价的乐观主义。婚姻带给海明威的幸福感，未能抵消他的良好直觉。

作家一面虚无着，在小说《没有女人的男人们》中，一口气讲了几十个虚无，"虚无虚无着，虚无的后面藏着虚无，虚无的名字叫虚无，为虚无欢呼吧，到处是虚无……"，虚无，就是斯坦因女士的那一串玫瑰花。而另一面，作家又自负得近乎荒唐。他抱怨《太阳照常升起》轰动欧美之后的他的第一个生日，竟然没有收到一封美国作家发来的贺电、写来的便条。他上街喜欢前呼后拥；他蓄了法式小胡子，走进豪华餐厅；他比好莱坞的明星更像明星，此间他那著名的标准身材尚未发胖。二十七八岁已享有世界性的声誉，比福克纳名声大噪早了十几年。海明威在文坛上也像个拳击手，他攻击艾略特、福克纳，对舍伍德·安德森和他的精神导师、生活恩师斯坦因女士出言不逊，对庞德的多年提携也显得心不在焉。

野小子看起来要野到底，连同他那日益膨胀的虚荣心。

三岁的欧内斯特在他的小河边，已经脚踩荆棘，双手叉腰，向世界宣告："我是海明威，我什么都不怕！"

成功了。海明威的成功是那种中产阶级式的成功吗？非也，非也。

欧内斯特的迷人之处在于：他在虚荣心膨胀的时候，又冷静得像一块石头。重温庞德说的："这个家伙的直觉是正确的。"冷冰冰是海明威的直觉的外貌。鲁迅先生首创了"火的冰"，同一时期的海明威冷漠、冷酷，天然逼近了零度叙事。鲁迅的文字像钻石一般坚硬而漂亮，那是各种地力长期挤压的结晶。海明威巨大的生活热情与他的冷静描述，恰好相反而相成。这太有趣了。这是冰山喷出的火焰，非常漂亮的冰山火焰。

伯特兰·罗素说过："凡是表达流畅的文章都不是一流文章。"

好作家乃是精神的探险者，奇峰怪岭的攀登者，哪有现成的路径可言。写作意味着拓荒，作家开垦属于自己的那一块处女地。

　　海明威在基韦斯特小渔村有了第二个儿子，孕育两三本新书。他出入酒吧、夜总会，整天看斗鸡，找人打拳击，打桥牌，独自发呆（出神之思）。找古巴汉子掰腕子，掰了一个通宵未分胜负，双方大笑而起，复去敲打刚刚打烊的酒吧的门。他的朋友杰克上尉说："在基韦斯特，他往往整天捕鱼，累了就和衣躺下来，在甲板上睡一觉，让渔船随波逐流，醒来再去捕鱼。"他捕了一条四百五十多斤的马林鱼。在秘鲁，又捕了一条两千斤重的马林鱼。鱼和丛林动物都是他搏击的世界的缩影，从三岁搏到三十岁，把身体交给没完没了的刺激，把灵魂交给打字机。

　　钓更大的鱼，写更好的书，赚更多的钱。

　　写《永别了，武器》之前，海明威说："我读了所有伟大的战争小说。托尔斯泰、屠格涅夫、雷马克，我怎么能跟他们比呢？谁也不会设想我可能同托尔斯泰先生并驾齐驱，除非我发疯了，或者说我只是精益求精而已。"他写1918年的世界大战，犹如托尔斯泰写1812年的俄法大战。如何下笔呢？十年前的战争让他惊魂未定。尸体。弹片。荣誉和对荣誉的深深厌倦。海明威说："'荣誉''勇气'这样的抽象词语，与具体村庄的名字、道路编号、河流名称、部队番号和日期相形之下，全都显得可憎。"这个长期跟动物与自然打交道的作家痛恨虚伪，认为战争没有什么伟大、神圣或光荣的东西。他咬牙切齿地写道："肚破肠流的尸体上没有美感可言，炮战休克的士兵身上没有尊严。"

　　战争就是地狱。

　　漂亮多情的意大利护士小姐阿格妞丝。流浪女郎玛丽雅。爱情。战争与爱情有意义吗？晨光中敲着打字机的海明威自言自语：我不知道。

　　那么，作家知道什么呢？作家知道他不知道。"一朵玫瑰花是一朵玫瑰花"，仅此而已。一条马林鱼是一条马林鱼，仅此而已。玫瑰花与马林鱼拒绝给出超越它们自身的东西。巴黎拉丁区的画家们斩钉截铁地说："鞋子就鞋子！"

让无意义成为无意义，这真是痛苦的发现，但忠于直觉的作家别无选择。他手上有一大堆无意义。诅咒是真实的，爱情是真实的，群山、战壕是真实的，进攻、撤退以及部队番号是真实的。鲜红的血非常真实。炸飞的肢体永远真实，真实的无意义。

作家下笔于小渔村的寓所，打字机从早晨响到黄昏，有时一口气写十个小时。他习惯站着敲。窗外是长长的海滩，巨型海龟在爬动，巨型海螺看上去一动不动。

三十岁的著名小说家正在写作，而且他已经是世界级的，有资格谈一谈托尔斯泰或是屠格涅夫。嗬，这事儿想一想也令人愉快。年轻的妻子波林在干什么呢？他不知道，如同在巴黎不知道哈德莉如何打发时光，不问下一顿饭吃土豆还是啃面包。专注，字斟句酌，多一个字也不行。撕稿子从来不犹豫。当初在秘室女郎的催逼下他撕惯了。他正在钓一条更大的马林鱼或鳟鱼，手中的钓鱼竿有点沉，水下的大家伙经不住鱼饵的诱惑。

海明威写到最兴奋的时候就离开打字机，驾船出海去钓鱼。爆炸式的情绪让这个拳击手承受不住，他手痒。他在甲板上忙碌，任凭思绪顺着海风自由飘荡。海浪一排排耸起它们的脊背。作家躺下来，望着蓝天发愣。持续的兴奋使他连月对美酒漠然视之。他写道："有钱人，总是迟钝的，他们太爱喝酒与赌博。"

长居小渔村的作家嘲笑纽约的作家，说，谁说要当作家就必须住在纽约？纽约的作家，那是一群装在一个瓶子里的蚯蚓，挤成一团，从彼此的纠缠中吸取知识和营养。有时候，瓶子做成艺术的形状，有时候又做成经济或宗教的形状，不过他们一旦钻进瓶里，就待在里边不肯出来了。

更要命的是，大城市的作家、评论家很容易形成利益链条，拉帮结伙搞山头，年复一年缠斗不休。"红包批评家"复与媒体暗相勾连，连妓女都不如，因为他们还要立牌坊，冠冕堂皇，搞一套又一套的词语包装。海明威早年抛弃了人五人六的橡树园，扎进芝加哥的贫民窟，现在他喜欢拉丁语系国家的气候，喜欢那些国家的人民的热情与质朴。辛格写道："连基韦斯特也像哈瓦那的一个郊区。"

哈瓦那是古巴首都。

篇幅不大的《永别了，武器》于1929年出版，再次轰动，仅仅三个月就销售了十万册。国外出版商的版权合同像雪片飞向温暖的小渔村。好莱坞花重金买去拍摄权，后来，电影业巨头塞尔兹尼克斥资四百万美元天价重拍，邀请名家写了十个剧本，由罗克·哈德森和珍尼弗·琼斯担任男女主角。这位电影巨头说："这本书具有一切吸引人的条件，有宏伟场面、爱情故事、男性魅力、戏剧情节以及拍摄精彩背景的机会。"

我第一次看到的书是《战地春梦》，译笔极好，其后拿到《永别了，武器》，只翻了翻就搁下了。大约二十五年前，我就怵新翻译的外国小说。一部获诺贝尔文学奖的作品，半年内就要翻译出版，抢时间，抢速度。作品与利润直接挂钩了，经典向速度低头。而当年萧乾夫妇翻译《尤利西斯》用了十年。

好莱坞两次拍摄《永别了，武器》，都让作家看得打瞌睡。影片歌颂爱情，让俊男美女穿过五道迷雾，走向所谓新的开端，暴露了好莱坞式的一贯浅薄。四百万美元换不来一点海明威的心。小说中的男主人公"我"是这么说的："上帝知道，我本来不想爱上她。我不想爱上任何人……"小说中的英国护士凯瑟琳由于难产死去，"我"去和她的遗体告别，时间很短，"就像向一尊雕塑告别一样"。爱情是战争中男人女人的精神避难所，海明威把这个避难所贴上了封条。战争中所有人都裸露在残暴之下，即便凯瑟琳小姐这么美，这么痴情。爱情激动人心，结局却是冷漠的。

小说是用第一人称写的，那个"我"就是作家本人。他告别了凯瑟琳的依然显得妩媚的尸身，"冒雨跑回客栈"。小说的结尾令我震撼不已。海明威式的冷漠打动了无数人，为什么？战争把人们变得冷血，而美是什么？美是注定要被摧毁的。鲁迅说，"悲剧是将人生有价值的东西毁灭给人看"。辛格先生的相关评论，个人主义云云，表明他不懂这个关键而隐秘的主线，善于滥用爱情蛊惑观众的好莱坞巨头们，当然更不懂。

《永别了，武器》写人物，写场景，写军队的大规模撤退，在战争小说中独树一帜，翻译成大小语种，至今被列为世界各国的大学、中学读物。作家写道："这是地球上前所未有的最大规模、最凶残、最糟糕的屠杀。"

《永别了，武器》直接、整体面对世界大战，它的书名就有着反讽的意味，永远告别武器只不过是永久的美梦，更大的世界大战的阴云密布。街头成千上万饥饿者的面部表情，使到过很多国家的海明威陷入沉思。他的嗅觉就像大功率雷达。

大鱼捕到手了，中短篇小说是小鱼吗？纽约那些蚯蚓般的作家得出这个结论。小渔村作家海明威摇头，耸耸他的宽肩膀说，短故事也可以是大鱼。评论家们竞相剖析他，像外科医生对待病人，像学院派教授对待文坛的大老粗。海明威发出咆哮，恨不得拳打那些搞书评的家伙。赞美他的文章他照单全收。自负，虚荣，冷面，都是海明威的助推器。一虚心他就完蛋了，一旦温情脉脉，他的艺术生命将迅速趋于终结。

他和妻子波林漫游古巴、墨西哥、瑞士、希腊和西班牙，却把古巴姑娘带回寓所，吩咐波林做菜斟酒，收拾房间，包括换新床单、新枕头。有教养的波林的每一次愤怒只让他发笑，开始忍俊不禁，而后干脆仰面大笑。他是抓住直觉写作的小说家，直觉命令他拒绝生活中的面面俱到，从小就如此。他的眼睛从十岁起就射出狼一样的冷光。

这个年轻作家的稿酬，多得简直花不完，版税上调到百分之十五，有时拍电影还能拿到利润的十分之一。有人统计，海明威的那部用旧的打字机，敲来当时的近千万美元。到21世纪，他的书在全球的发行量没法统计。

海明威先生是基韦斯特的头号名人，拜访他的名流和蹭酒喝的酒鬼一同挤入门槛。热闹，胡闹，中产人士愤而离去。作家去古巴长住，尝尝哈瓦那的超大雪茄；又去西班牙看斗牛，结交斗牛士，斗牛士们的身材小巧灵活，而大块头海明威像斗牛场上的一台推土机，他斗牛的样子有点笨拙，抱怨说："那头混蛋公牛就像钢筋水泥做成的。"他斗牛屡屡受伤，流着血还跃跃欲试。

《死于午后》问世了，它被称为一部斗牛"圣经"。拉丁语系国家的读者称海明威"莎士比亚再世"。西班牙人把他奉若神明。然而靠中产阶级读者吃饭的纽约评论家，把海明威的粗俗描写骂得狗血淋头。妓女、赌徒、嫖客、杀人犯不断涌到海明威笔下，活灵灵的涌现，赤裸裸的涌逼，而他没有半句道德评判，他甚至为读者提供去西班牙旅行的嫖妓指南。他说："扒手和妓女各有各的道义。"中产阶级集体愤怒了，有人指责《死于午后》是"恐怖的自白，宗教式的迷恋"。

　　斗牛士和拳击手海明威，手持大号猎枪的海明威，把攻击对象锁定为橡树园式的生活方式。中篇《弗朗西斯·麦康伯短促的幸福生活》，写中产男士麦康伯携同他的美艳妻子玛戈，去非洲丛林打狮子，由白人汉子威尔逊伴猎。麦康伯一路上话多，喉头滚动着油滑的美式英语，手拿大来复枪的威尔逊一直沉默着。丛林深处哪用说这说那，麦康伯的美式英语还伴随各种手势，红脸的威尔逊依然沉默。狮子出现了，"一头顶大顶大的狮子，一头呱呱叫的狮子"，麦康伯朝狮子开了一枪，转身就逃，逃得非常之快。事后他辩解，喉头叽叽咕咕说个不停，玛戈请求他别说了，可他的两片嘴唇像是上了功能不错的发条。他要用嘴巴证明自己不是胆小鬼。于是，妻子和威尔逊不约而同地沉默了。危险的沉默。半夜，麦康伯醒来，发现美艳妻子不在旁边的帆布吊床上，过了两个小时她回来，脚步轻盈，面容带着甜蜜的倦怠。当麦康伯终于有了勇气面对野牛的时候，妻子开枪救他，却误杀了他。

　　红脸威尔逊是海明威的化身，这个化身对误杀丈夫的玛戈说："你干吗不下毒呢？在英国，她们全是这么干的。"玛戈嚷叫："别说啦别说啦别说啦！"

　　海明威写道："威尔逊用他那双机关枪手的没有表情的蓝眼睛望着麦康伯。"

　　中国的孔夫子赞赏木讷："君子欲讷于言而敏于行"。沉默的交流是古代丛林部落的一种言说方式。法国影片台词很少。好莱坞有一些影片也懂得沉默。德语诗人里尔克几天不说一句话，浑身洋溢的安静感染身边每一个人。法国哲学家福柯跟朋友们喝咖啡，七八个钟头一同沉默。海明威也善于捕捉各种各样的沉默。狼，豹，狮子，野牛，鳄鱼，它们的眼睛没有表情。斗牛士，拳击手，没有表情。《老人与海》中的老人没有表情。海明威笔下的恋爱中的男人都没有表情。恋爱中的女人话也不多。《太阳照常升起》中的科恩和这位麦康伯，废话真不少。

贝克在《迷惘者的一生——海明威传》中写道："欧内斯特有一双乌黑的眼睛，深红色皮肤，样子有点像拉丁人，举止粗犷豪放。他说话口齿不清，一件事他要用三四种表达方式才能说清楚。"贝克采访的一个叫苏里万的机械师说："海明威是个不多说话、思想深沉、谈吐严肃、对事情爱寻根究底的人。"

海明威的样子像拉丁人，移动缓慢的身形像一台推土机。

作家在写作《死于午后》的期间发生了一些倒霉事，他在卫生间猛拉一根链子，把吊顶的大玻璃拉垮，砸在头上昏死过去，被送进医院缝了九针，躺了七周。他在医院敲打字机，揉皱的纸团扔了一地。他把酒瓶子藏在枕头下。医生护士说是总统先生来了也不行，但却为这个年轻的大作家破例。收音机里传来胡佛与罗斯福竞选总统的辩论，海明威关掉收音机，说："还不如听森林里的野狼嗥、鬣狗叫。"

他写西班牙斗牛士，斗志高涨，出院后跟一名拳击手较量，结果被人家打歪了下巴，只好再进医院。庞德写信问他："你这个家伙是怎么啦？"

海明威和波林去"黑暗大陆"（非洲）打狮子、豹子，他的大口径猎枪打死了三头狮子，三十五只鬣狗，数不清的羚羊、麋鹿。他对付疯狂的野牛，驱车追击狼群，目睹数万头野牛大迁徙。土著们帮助他，其中有个叫穆科拉的猎手，像红脸威尔逊一般冷静。海明威打死了一头雄狮，另一头雄狮冲过来，穆科拉只是瞄准它，在非常要命的十秒内一直不开枪。来不及装填子弹的海明威吓出一身冷汗，那头几米外的雄狮却掉过头，大步走开了。海明威叫道："伙计，你太不像话了！"穆科拉笑道："狮子是不扑人的，和豹子不一样。"海明威的下一个目标，正是猛兽中最凶险的豹子。他把瞪羚、狒狒的尸体挂在树上作为诱饵，伏在草丛中等待。几个钟头后，一头大豹子出现了，噌噌噌上树吃瞪羚。海明威举枪，穆科拉却在他耳边说："这头豹子太小，不要开枪。真正的大豹子才值得大猎手去打。"海明威回到营地对波林抱怨："那明明是我们看到过的最大的一只豹子，可是那个怪人穆科拉不肯让我开枪！"

一天早晨，在肯尼亚的野林子里，穆科拉忽然蹲下身，猫腰奔向海明威，指着草丛中的豹子足迹说："我从未见过这么大的豹子！"连这个老猎手都激动得战栗。他们安排了一排诱饵挂上两棵树，挂在鬣狗吃不到的高枝上。可是埋伏到第二天仍不见大豹子，瞪羚被几只小豹拖走。海明威闷闷不乐，穆科拉面如石雕。大豹子和大马林鱼一样聪明，它在某个地方观察，观察了二十多个小时。它慢慢现身了，穆科拉紧紧捂住嘴才没有惊叫起来。海明威瞄准它的胸口开枪，它栽倒在地，又怒吼着站起，跳到一人多高的深草中去了。

穆科拉忧虑地说："豹子有好几条命，它靠另一条命逃走了。如果它没被你一枪打死，恐怕我们几个人都活不成了。我们还不能轻易离开，只能原地待着。"

接下来的时光就像等待末日。因为他们根本不知道狂怒的豹子会从哪个方向，以闪电般的速度袭来，一口咬断某个人的喉咙。复仇的豹子几乎从不失手。气氛沉闷而紧张，海明威想到马克·吐温写的那只狼。持枪的穆科拉低垂脑袋，状如高僧入定，却用狗一样的鼻子和耳朵捕捉草丛中的细微动静。接下来便是坟墓般的寂静。夜幕降临了，他们趁夜幕悄悄后退。每一棵树影的摇曳都像那只大豹子。忽然，海明威和穆科拉同时看见不远处，那只受伤的巨型猛兽艰难走出十几米，一头栽倒。漫长的一天一夜，它试图调动最后的力量报仇，却未能如愿。

穆科拉欢呼："它死啦，最大的大豹子死啦！嗬，欧内斯特！"

海明威打的这只豹子长达八英尺。滚烫的大号子弹旋转着穿过它的肺部。

这次对"黑暗大陆"的远征，诞生了《乞力马扎罗的雪》《非洲的青山》

海明威在非洲狩猎

和《弗朗西斯·麦康伯短促的幸福生活》。

海明威携同夫人波林，返回阔别七个月的基韦斯特，他定制的豪华快艇"彼拉号"刚刚交货，这艘皇后级的钓鱼船，时速达六十海里。海明威夫妇和另外六个雇员驾驶着彼拉号远赴墨西哥湾的深海钓鱼。他捕鲸，可惜唯一捕到的一条鲸鱼在最后关头跑掉了，作家懊恼不已。

写作生涯无处不在，甲板上想他的小说，酒吧里观察各色人等，打狮子的瞬间会闪出某个细节。几十个笔记本记得密密麻麻。生活与写作水乳交融，难分彼此，在这点上，海明威可能在各国作家当中首屈一指。

大房子里敲着打字机，越野车和船上都有打字机。大房子的大玻璃外面是金色的大海滩，近处有大游泳池。大个子作家欧内斯特站着敲，一般敲六七个钟头，兴奋的时候谁也别想叫走他，包括从好莱坞来的混血女影星。写亢奋了，他就出海去捕鱼，这是一种奇怪的身心节奏。

艺术和艺术家都保持着上帝赐予的神秘。

作家写下的每个字都被出版商买去，有些短篇小说只有一千字，却能卖到几千美元。这还不算近乎无限的重印、再版、海外版权。但是作家对自己严格得令出版商摇头。六七个小时，打出七百字到九百字，如果算上他反复修改的时间，一小时不超过五十个字。而眼下的网络写手，每天写一万字还嫌写得慢。金钱毁掉的东西实在太多，金钱的逻辑甚至让全球冰川持续退缩，让全球雨林锐减……

《非洲的青山》写得不好。作家的创造力是否下降了？他和两位编辑朋友到一个大牧场打灰熊，他打死了一头大灰熊，在他的狩猎生涯中又添上新的一笔，不禁得意扬扬。然而编辑先生汤姆委婉拒绝了他新写的小说。他大发雷霆，三天不跟这个人说话。第四天他主动向汤姆道歉。好作家写平庸小说的例子比比皆是。天才有时候是庸才，勇士的内心有时也会怯弱……海明威在咖啡馆读一篇抨击他的文章，怒火中烧，一拳砸烂桌子上的名贵花瓶，赔了一千多美元。

自负和愚蠢常常是一对难兄难弟，海明威倒不是这样，他的自负、任性、脾气火爆是出了名的，可是他沉静下来的功夫也是有目共睹的，笔下常有情绪的节制，表达的凝练。

行动巨人的含蓄与宁静源于遥远的童年。小时候他每年都去密歇根州的夏季别墅，度过两个月的假期，河流、树木、大量阅读，以不同的方式浸润他。

中篇小说《乞力马扎罗的雪》动笔了，不知道会写成什么样。非洲大陆最高的山峰，终年积雪。作家曾经在山间打猎，无数次凝望乞力马扎罗山的方形山巅。小说这么开头："乞力马扎罗是一座海拔一万九千七百一十英尺的常年积雪的高山，据说它是非洲最高的一座山。西高峰叫马赛人的'鄂阿奇——鄂阿伊'，即上帝的庙殿。在西高峰的近旁，有一具已经风干冻僵的豹子的尸体。豹子到这样高寒的地方来寻找什么，没有人做过解释。"

这段话是引子。接下来是典型的海明威式的对话和描述。

"奇怪的是它一点儿也不痛，"他说，"你知道，开始的时候它就是这样。"

"真是这样吗？"

"千真万确。可我感到非常抱歉，这股气味准叫你受不了啦。"

"别这么说！请你别这么说。"

"你瞧那些鸟儿，"他说，"到底是这儿的风景，还是我这股气味儿吸引了它们？"

男人躺在一张帆布床上，在一棵含羞草树的浓荫里，他越过树荫向那片阳光炫目的平原上望去，那儿有三只硕大的鸟讨厌地蜷伏着，天空中还有十几只在展翅翱翔，当它们掠过时，投下了迅速移动的影子。

"从卡车抛锚那天起，它们就在那儿盘旋了。"他说，"今天是它们第一次落到地上来。我起先还很仔细地观察过它们飞翔的姿态，心想我一旦写一篇短篇小说的时候，也许会用得上它们，现在想想真可笑。"

"我希望你别写这些。"她说。

············

"请你告诉我能做些什么吧。总有一些事是我能干的。"

"你可以把我这条腿锯下来，这样就可以不让它蔓延开去了。不过，我怀疑这样恐怕也不成。也许你可以把我打死。你现在是个好射击手啦。我教过你打枪，不是吗？"

"请你别这么说。我能给你读点什么吗？"

"读什么呢？"

············

"你觉得怎么样啦？"她说。现在她洗过澡从帐篷那边出来了。

"没有什么。"

"这会儿就给你吃晚饭好吗？"他看见莫洛在她后面拿着折叠桌，另一个仆人拿着菜盘子。

"我要写东西。"他说。

"你应该喝点肉汤恢复体力。"

"我今天晚上就要死了，"他说，"我用不着恢复什么体力啦。"

"请你别那么夸张，哈里。"她说。

"你干吗不用你的鼻子闻一闻？我都已经烂了半截啦，现在烂到大腿上了。我干吗还要跟肉汤开玩笑？莫洛，拿威士忌苏打来。"

"请你喝肉汤吧。"她温柔地说。

　　"好吧。"

　　肉汤太烫了。他只好把肉汤倒在杯子里，等凉得可以喝了，才把肉汤喝下去，一口也没有哽住过。

　　"你是一个好女人，"他说，"你不用关心我啦。"

　　她仰起她那张在《激励》和《城市与乡村》上人人皆知、人人都爱的脸庞望着他，那张脸因为酗酒而稍有逊色，因为贪恋床第之乐而稍有逊色，可是《城市与乡村》从未展示过她那美丽的胸部，她那有用的大腿，她那轻轻爱抚你的纤小的手。当他望着她，看到她那著名的动人的微笑的时候，他感到死神又来临了。这回没有冲击。它是一股气，像一阵使烛火摇曳，使火焰腾起的微风。

　　《乞力马扎罗的雪》运用意识流手法恰到好处，场景描写与内心独白恰到好处，记忆自动呈现，大鸟、鬣狗、骑自行车警察的死亡意象，纠缠在帆布床上的垂死者。他的腿在丛林中擦破了皮，因忘了及时用碘酒，误用酸性药物麻痹了微血管，生了坏疽病，卡车和小型飞机又迟迟等不来。小说的主要人物只有他和她。漫长的死亡等待，帆布床上的男人的身子动不了，大脑思维又停不了。巴黎、马德里等地的生活场景海浪般涌来，这是垂死者的自我凭吊。

　　海明威在非洲的丛林中打猎，受过伤，恐惧过死亡，于是集合印象，调动想象，写下这一名篇。有个贵妇愿意包揽他重返非洲的全部费用，他用微笑拒绝了，贵妇却在小说中留下影子。极美的女人则是波林与另一个女人玛莎的混合体。

　　这是一部写非洲狩猎生活的最好的小说。写故事又大大超越了故事，给拍电影的人留下难题。作家才三十多岁，已经是几部杰作的作者，人们称他是《太阳照常升起》的作者，《永别了，武器》的作者，《死于午后》的作者，《乞力马扎罗的雪》的作者。作家本人的传奇故事和作品一并盛传。不单20世纪罕见，未来的若干世纪只会更罕见。海明威式的生活在这个星球上不可能复制了。

海明威在一页废掉的稿纸上，这样罗列他的平生喜好："眼睛看到的，耳朵听到的，口里吃的和喝的；睡眠与读书；观赏画作、城市、海洋、各种各样的鱼；拳击，观察与思考；乘船出海去同大自然搏斗，骑着马背着枪，出发去狩猎；去看雨、雪、青草、风，搭帐篷野营，观察季节的变化……与朋友交谈，回家看孩子，和一个女人、另一个女人、更多的女人交往，但其中只有一个女人真正和你要好；结交朋友，开车或步行的速度，动物、怯懦和勇气，自尊与合作；鱼群的迁徙，河流，钓鱼，森林，田野，飞鸟，狗，公路，好的作品和绘画，革命的原则和实践，基督教的无政府主义论，斯特里姆海湾的千姿百态、季风、逆流、西班牙斗牛场、咖啡、美酒、普拉多、庞普罗纳、哈瓦那、圣地亚哥、谢里丹、开斯普、怀俄明、密歇根、佛罗里达、堪萨斯和蒙大拿等等。"

这很像无意识状态下的自动写作。彼拉号快艇、福特牌敞篷越野车、小型飞机、猎枪、子弹还没有列进去。巴黎和芝加哥还没有列进去，还有他长居十一年的基韦斯特小渔村，还有乞力马扎罗山、阿尔卑斯山……深广融入自然与人事，物理半径与心理纵深合拍，恐怕只有20世纪的作家才有可能。工业文明给人类提供了便捷，又保留了前工业文明时期的人的自由，保留了人与大地的亲密关系，保留了生存的主动性和创造性，虽然哲学家们在19世纪就洞察了人的异化即将大规模上演。

形形色色的异化是20世纪西方文学的第一主题。福克纳《喧哗与骚动》的卷首语说："人生如痴人说梦，充满着喧哗与骚动，却没有任何意义。"福克纳和海明威都是让无意义变得惊心动魄的作家。艾略特写长诗，揭示诸神隐遁的荒原，卡夫卡、加缪的小说揭示荒诞，庞德注目地铁入口处"人的阴暗麇集"，川端康成试图栖身于唯美，萨特六十几岁上街游行，大声说，这个社会是建立在利润的基础上的，所以要推翻它。20世纪60年代，伯特兰·罗素组建国际法庭，审判美国人血洗越南的罪行……

海明威的硬汉形象正在小渔村树立，这个形象连接了墨西哥海湾、非洲丛林、古巴、瑞士和西班牙。在法国，在美国，在西班牙，他已经是家喻户晓的人物，苏联大量印刷他的作品，哦，那可是普希金、契诃夫、托尔斯泰的俄罗斯。

海明威的主题延伸了托尔斯泰的主题，他与大地的亲密无间，则连接了海德格尔在德国南部黑森林的卓越思考。

打猎，捕鱼，这一类古老的行当，并不意味着向自然界施暴。

德国弗莱堡大学教授马丁·海德格尔，胡塞尔的得意弟子，穿戴和举止却像个农民，亲手建造托特瑙山的小木屋，那是一块冲向全世界的思想高地。《存在与时间》的作者正在成为"神秘的哲学之王"。

欧内斯特·海明威则用小说建立了一个虚无的王国。他是虚无国之王，稳坐第一把虚无交椅。但是生活并不虚无，他过着从小就想过的自由自在的生活，在别人饿肚子的时候食不厌精。在基韦斯特，大海边的小渔村自给自足，他看不到饥饿。快艇和越野车画出他日常生活的半径。坐飞机对他也是家常便饭。尽管嫉妒他的人远不及喜欢他的人多，但海明威听不得抨击他和他的作品的话。他把批评他的报刊文章全都搜集起来，不是为了三省吾身，而是要择机发起反攻，将对手逐一打败，打得对手落花流水他才解恨。必要时要动真家伙，揍那些敢对他说三道四的家伙。

作家的这股子蛮劲从何而来？从斗牛身上来吗？《死于午后》赞美一条抵死了三十个斗牛士的公牛，又写斗牛士的兄弟如何弄死公牛，吃掉它的睾丸，还写下一大段血淋淋的话，像一封暴力宣言书。评论家撰文，指出他抗拒理性，他读到一半火冒三丈，当众砸烂咖啡杯子，却把文章从杂志上撕下来，交给波林保存。波林因勉强扮演一个不算高尚的角色而脸红，局促不安。海明威拍拍她的俏脸。

波林过得委屈。她照料两个孩子，伺候任性的丈夫，在第一时间阅读丈夫的手稿，陪丈夫去非洲打猎，去深海捕鱼。她竭尽全力做大作家的好妻子，避免像哈德莉一样失去海明威。她读过哈德莉写给海明威的充满绝望的信件。

纽约《绅士》杂志发表海明威的散文《为下流话辩护》，引发新一轮的批评浪潮。海明威回击：下流话是生活的产物，作家为什么不可以讲？作家有必要把自己装扮成绅士吗？橡树园的绅士们在某些场合摘下面具，讲下流话一个比一个起劲，唾沫星子横飞，平时绷着的绅士脸笑得稀烂，活像时下的某些官员。

海明威从三岁起就不要虚伪，从五岁起就憎恨虚伪！

长居小渔村的海明威不穿名牌服装，他穿运动衫，趿着木拖鞋，开始蓄大胡子。他笑呵呵出现在各种场合，像一头狮子巡视属于它的领地。大个子海明威移动的速度慢，打拳击却快如闪电。他击倒对手，笑得像孩子。据贝克记载，有一名拳击高手猛击他的面部，打破了他的嘴，他怒目圆睁，腮帮子鼓起三秒，然后，把满口血吐到对手的脸上。真正的男子汉总是要品尝失败的滋味。

在彼拉号快艇上，有个眉清目秀的小伙子（类似今日"小鲜肉"）变着法子向海明威靠近，"船长"喝酒他陪酒，"船长"享受夜晚的海风、仰望浩瀚星空，他慢慢依偎过来，仰望船长的胡子，说是透过胡子看星星别有韵味。有一天黄昏，海明威在甲板上睡着了，隐约感到有蛇一般的软体动物缠住他、抚摸他，他醒来，发现一张湿润的嘴凑近他的嘴。男子汉勃然大怒，倒提"小鲜肉"的两条腿，扔进了大海。

这个被扔进波涛的小鲜肉叫乔西。

正当壮年的海明威，威风凛凛又和蔼可亲。人们指着他的背影说：瞧，那个人就是欧内斯特，他打死过三头非洲狮子，他写的小说风靡世界，他挣的钱比金枪鱼还多，他喝下的美酒要装满十部大卡车！

硬汉作家无所畏惧，走路慢腾腾，说话有点口吃。他的皮肤是古铜色，混合了岩石与丛林的颜色。胸部的黑毛一大片，每一根都诉说着雄性故事。然而，有个绅士模样的批评家叫伊斯曼，他在他的文章中说海明威的胸毛是粘上去的。有一天，西装领带一丝不苟的伊斯曼，衣着随便的海明威，海明威的好朋友、出版商帕金斯，三个男人在纽约碰到一起。谈笑间，海明威解开衬衣扣子亮出胸毛，并动手解伊斯曼的扣子。气氛突然紧张。帕金斯劝解已经迟了，伊斯曼的衬衣扣子被强行解开，"露出那秃顶老头般的胸膛"。伊斯曼大笑，试图掩饰他的尴尬，同时扣上名牌衬衣的纽扣。海明威叫道："你这假男人，凭什么说我的胸毛是粘到胸口上的？"伊斯曼申辩，海明威用拳头说话了。二人在帕金斯的办公室厮打开来。帕金斯死死抱住海明威，生怕这个拳击手打伤伊斯曼。

名人打架引起轩然大波，伊斯曼宣称打败了海明威。海明威对《纽约时报》的记者说："伊斯曼是在胡说八道。他根本不是我的对手，他像个女人，张开双手，跳着向我冲来，乱抓一气，我只略用一点力气就把他制服了。"

海明威打完架，写他的小说去了。

1935年12月，在基韦斯特的一个小酒吧，有一对母女走了进来。母亲在附近的邮局拍了电报，顺便和女儿一起进酒吧。她女儿是个身材高挑、五官标致、金发垂肩的姑娘，她的出现吸引了酒吧里的每个人。她朝穿着短裤和肮脏的运动衫的海明威看了一眼。"名人"海明威立刻走过去搭讪，先向她母亲问好。

金发姑娘名叫玛莎，正在宾夕法尼亚的马沃学院深造，陪她母亲到基韦斯特岛度假。她和其他美国人一样，知道小渔村有个大人物海明威。这会儿，她又对海明威多毛的腿、肮脏的运动衫感到好奇，转动美目多看了他一眼，招来他的搭讪。玛莎红着脸告诉这位作家，她的一本小说《狂热追求什么？》已经写了一半。海明威更来劲了，他滔滔不绝，由于激动而口吃得厉害，小他十多岁的金发姑娘一直望着他。

海明威冷漠的眼睛在他靠近心仪的姑娘的时候自动调温。

母亲回了马沃，玛莎不顾母亲的劝说留了下来。

海明威开着越野车狂奔海滩，玛莎的金发在海风中高高扬起。12月和接下来的1月是岛上最吸引人的时光，越野车画出了几百公里的美妙弧度。彼拉号

海明威与玛莎跳舞

快艇的船员们列队迎接玛莎，俨然迎接快艇新的女主人。玛莎天天去海明威的家，有时住下来，就像当年的波林住进海明威在巴黎的家。当初哈德莉不安，现在波林不安，虽然她已经是两个男孩儿的母亲。

玛莎客居海明威的海边寓所，两个人还经常单独行动。海明威的眼神和旋风般刮来刮去的身形表明，他为金发姑娘神魂颠倒。这个凭借直觉与本能行事的男人，这个驰名欧美的小说家，不要在小渔村闹出什么乱子才好。波林不得不经常面对比她年轻漂亮的玛莎，如同在巴黎哈德莉每天面对她，吃饭，交谈，外出，三个人上演一台戏。玛莎在她的房间写小说，邀请海明威先生指点，而这位乐于指点的老师常常不请自到。二人互相凑近的理由无穷无尽。玛莎把海明威的一段话用作《狂热追求什么？》的卷首语，脑子发热的海明威还念给波林听。

这一年海明威三十七岁。

波林知道现在到了她婚姻的紧要关头。在她的眼皮子底下，丈夫和玛莎正在发生"心有灵犀一点通"的事，岂止一点通，他们简直是心心相印，每一个眼神都相通。波林作为丈夫新作的第一个读者的地位也动摇了。海明威兴冲冲地把散发着油墨香味儿的稿子送进玛莎的房间。海明威甚至不敲门就直接冲进去了，玛莎从不抱怨。显然，她期待着。

1936年，西班牙内战升级。佛朗哥的军队与政府军争夺西班牙的控制权，纳粹德国和意大利支持佛朗哥，苏联支持政府军。成千上万的多国志愿者前往西班牙，为正义而战。玛莎作为战地记者去了马德里。北美报业集团的总经理邀请海明威去西班牙，海明威立刻同意了。波林不让他去，她知道，吸引丈夫的不仅是战争，她的妹妹和母亲一并劝阻海明威。帕金斯也希望风头正劲的海明威继续写小说，而不是去战地采访，或加入支持政府军的游击队。

海明威和玛莎一样，以战地记者的身份赶赴马德里，写文章，参与拍摄纪录片《西班牙土地》。西班牙是他热爱的国家，玛莎让他魂牵梦萦。两个理由足够充分了，当然，后一个理由他嘴上并不讲，玛莎也不道破。夫妻俩心照不宣地分手，妻子送丈夫上前线，心情很复杂：战争和玛莎都可能夺走她的丈夫。

在马德里，海明威和玛莎都如愿以偿地找到对方，找到身体的同时也找到了灵魂。久别重逢，战地相见，他乡遇红颜，玛莎姑娘的双颊像着了火似的红艳，她顶着一头金色长发追随着海明威，让见过她的人无不惊艳。当她出现在马德里的一座旅馆，海明威的两个朋友被她的美貌与气质惊得说不出话。他们后来撰文，还仔细回忆过当时的情形。

在西班牙的其他地方，在纽约，在巴黎，两个相爱的人不愿分手，又不得不分手。1937年和1938年，海明威有一大半时间待在西班牙，不断出现在玛莎身边，有时邂逅，男人与女人大叫着扑向对方。玛莎又玩捉迷藏，不打招呼就走了，故意消失几天，一点音信都没有，惹得性急的海明威到处找她，拍电报，开车乱转。海明威可能是玛莎的初恋。恋爱中的姑娘有时候诡计多端，吊吊情郎的胃口。然后她突然出现，连日柔情似水，让海明威进一步为她着迷，深陷她精心罗织的情网。纯真的女孩子也免不了这类把戏，当年波林玩过，现在玛莎又玩。青春一刹那，绽放的花朵自知释放秾艳的时间短，玩把戏是一种不自知的自我珍爱的方式，但也是鲜花衰败的前奏曲。对付海明威这种过于强大的男人，玛莎可不能掉以轻心。

海明威的朋友们猜测、议论，为波林的处境担忧。有一天在马德里，海明威居住的酒店被炸，有朋友看见海明威与玛莎从同一个房间携手出来，以为发现了新闻：两人在战火中碰出了爱的火花。

海明威问玛莎：是一桩新闻吗？

玛莎回答：是他们的新闻。

以海明威的性格，不可能在认识玛莎一个多月后才有火花。在基韦斯特的小酒吧，海明威初见她的几秒钟，火花已摩擦出来，而她多看他的那一眼闪烁着芳香四溢的玫瑰花。有些事先于双方的念头发生了，这叫感觉的微波辐射。

战士海明威手持苏联军队援助的武器，和抵抗佛朗哥的山区游击队战斗在一起。他一向与左翼作家走得近，好朋友中不乏苏联、法国、西班牙的共产党人。当年在巴黎结识的西班牙画家毕加索，已经是一位共产党员。萨特直到1980年去世，一直受到法国"毛派"知识分子的尊敬。萨特被称为"20世纪人类的良心"。

海明威和游击队员们并肩作战，结下了友谊。他熟悉了西班牙的南部山区和像一块又一块用作雕塑的巨石的游击队员，他们外表冷峻，内心滚烫。海明威打心眼里喜欢他们，从老战士安德莫尔到十九岁的新兵华金。他战斗不是为了写小说，他爱，他爱得面无表情。骨子里他是个西班牙男子汉。拿枪的手和握笔的手一样硬。政府军的将军、中下级军官、胆小鬼、酒鬼和游击队里的杀人狂，幽默风趣而又勇敢无畏的苏联《真理报》记者……战争中的各色人物蜂拥向作家笔下。当然还有他的金发好姑娘玛莎。

作家写的话剧《第五纵队》、小说《四十九个短篇故事》，反响一般，缺沉淀。沉下去又自动浮上来的东西，才是好东西。意志不可去染指感觉的原初性。作家爱西班牙，熟悉城市、山区，参加战斗，了解上百个他所热爱和憎恨的人，这些写作所需的元素都在，但好作品就是出不来。什么原因呢？海明威要写出海明威式的作品。帕金斯鼓励他，不断写信指出他的不足。

海明威酝酿一部长篇小说，厚度在《太阳照常升起》的一倍以上。他不告诉任何人，包括他的好姑娘玛莎。玛莎的形象肯定要进入他的小说，如同哈德莉进入他的短篇小说，波林进入《永别了，武器》《乞力马扎罗的雪》《弗朗西斯·麦康伯短促的幸福生活》。有趣的是，海明威笔下的女主人公都不是男主人公的妻子。

1927年，哈德莉飞到巴黎挽救她的婚姻。1937年，波林飞抵巴黎挽救她的家庭，这位董事长的女儿、香水巨头的侄女、两个男孩的母亲，把自己的发型梳理得跟玛莎一模一样，而她曾经是个美得炫目的短发姑娘。丈夫与玛莎的情事在马德里、巴塞罗那、巴黎和纽约传得沸沸扬扬，波林却佯装不知。女人在这方面是有智慧的，波林尤其有智慧，有耐心。有一次，玛莎去纽约，第二天，海明威就追逐芳踪赶往纽约。海明威的朋友拍电报跟波林说，传言她的丈夫在纽约病倒了，她回电："的确，谣言是不可信的。欧内斯特在去纽约的途中到米阿米玩，难道说身体会不好吗？谢谢你对我的关心。"

米阿米是一座风光迷人的小岛，波林满脑子装着玛莎飘在海风中的金发。却又接到玛莎写给她的一封信，信中说，十分喜欢与海明威在米阿米吃的牛排。玛莎这封信，和十年前波林写给哈德莉的信惊人地相似。

海明威写信告诉波林，说他要在西班牙待到战争结束，事实上他出现在巴黎、纽约和哈瓦那。他躲避记者，请朋友替他撒谎，都是为了他的金发姑娘，同时也为波林考虑。海明威不是没有良心，只是良心斗不过他奔向下一个目标的雄心或者野心。他总是瞄准下一头狮子，下一条马林鱼，下一本好小说，下一个"好姑娘"。这个劲头明显发端于他那野性十足的童年。他抨击弗洛伊德，却看不见潜在水下的冰山式的潜意识。他暴躁，动不动就大发脾气，因为他知道自己即将面临决断。支撑决断的东西叫作生命冲动。他冲动，却对冲动的源头一头雾水，所以才会暴躁不安。

在巴黎的旅店，波林与海明威大吵大闹，她冲向阳台，要从楼上跳下去。海明威像豹子一般扑过去，拦腰抱住她。她挣扎。楼下的行人纷纷驻足。巴黎大街小巷的人都在议论海明威夫妇。玛莎终于浮出水面，浪漫之都的人们形容玛莎的美貌超过任何一个电影女明星。而可怜的波林在吵闹之后继续梳妆打扮，梳着玛莎式的金色长发，抹着玛莎爱用的香水，出现在丈夫面前，小手频频摸脸蛋，调动丈夫当初对她爱的记忆。她的妹妹和母亲不远千里前来助阵。她豁出去了，近乎歇斯底里地豁出去了，她希望打动丈夫的心，暗暗企盼玛莎松开那只抓紧她丈夫的手。

海明威吵完架创作欲高涨，正如他打完架就想写小说。当年他与哈德莉争吵，第二天就诞生了短篇小说杰作《阿尔卑斯山牧歌》。《乞力马扎罗的雪》中那位美貌的、非常有钱的女人则有波林的影子。暴风雨刚刚过去，宁静悄然而来，作家精神抖擞，敲打字机，写得又快又好。卧室的大吵大闹和书房的哈哈大笑发生在同一天上午。波林做了可口的午餐，坐等丈夫走出书房，她还抽空补妆，再洒一次香水。她做好了夜晚来临的准备。

大老粗作家海明威登上全美作家联盟的大会讲坛，朴实的演讲引起轰动。陪在他身边的金发美女是玛莎。纪录片《西班牙土地》由玛莎联系罗斯福总统夫人，邀请罗斯福出席在白宫举行的首映式。海明威想用影片游说总统，支持西班牙政府军。作家想得太天真了。进白宫之前，玛莎大吃夹心面包填饱肚子，原来她知道白宫的饭菜并不好吃。海明威对罗斯福夫人印象不错，却厌恶罗斯福总统。传记作者贝克写道，罗斯福摆出"哈佛派"的派头使欧内斯特感到恶心，他觉得罗斯福缺乏男人的派头，外貌倒十分像女人。

1937年8月，海明威再次动身去西班牙。波林的母亲给他写了一封长信，试图劝阻他。他回信说：他的妻子波林固然美丽贤惠，全家人享受着天伦之乐，但他已经答应了西班牙人民，他要回到那片土地上去。

海明威途经纽约，《绅士》杂志的发行人吃惊地看见他剪过了头发，剃光了胡子，西装领带笔挺，皮鞋锃亮。这是好姑娘玛莎喜欢的海明威形象。而他们第一次在基韦斯特的小酒吧相遇，作家穿着肮脏的运动衫和差不多同样肮脏的短裤。

9月初，容光焕发的海明威与玛莎在马德里相聚。

话剧《第五纵队》的男主人公恰似作家本人，生一副宽肩膀，走路慢吞吞，爱吃酒，爱打架，说话有点结巴，讲粗话倒是流畅。女主角则是玛莎的化身，白皙、高挑、漂亮，一双笔直秀腿，把房间收拾得整整齐齐，还有一件银狐皮披肩。

海明威是一个把自我中心主义发挥到极致的作家，所幸他的世界无限宽广，世界进入他内心的方式又非常独特。他用燃烧的血液来思考，凭借直觉打量一切，所以才把纽约的作家看成瓶子里挤作一团的蚯蚓。他不写城市，他钟爱丛林。在他看来，钢筋水泥的膨胀不过是资本逻辑催生的怪胎，毫无美感可言。画家们会把摩天大楼搬上他们的画布吗？画钢筋水泥卖不出去。为什么卖不出去？人类祖先的野性基因不止一百万年，而工业文明不过两百年。

海明威写战争，写西班牙南部的石头山，写出没于山洞的游击队员。几年前写《非洲的青山》失败了，青山与他的笔难以搭调，西班牙的那些光秃秃的石头山更合他的胃口。游击队员们硬得像石头，作家塑造的罗伯特·乔丹硬得像石头，乔丹的身份是一名美国的大学教授，志愿到西班牙作战。他的任务是炸掉一座桥。当他费尽周折完成任务的时候，炸桥行动却在整个战役中失去了意义。海明威曾写过一个短篇小说《胜者一无所获》。奋斗者惊心动魄，奋斗的意义被悬搁起来，这个主题一直延伸到后来的巅峰之作《老人与海》。

海明威写文章说："我们对战争的看法是：战争不是好东西，虽然有时候必须进行。但归根到底，战争不是好东西……我诅咒战争，让战争见鬼去吧。我需要的是写作。"

海明威不会歌颂战争，尽管他写的是一场"伟大的战争"。他表现战争，把卷入战争的各种人物写生动，让人物自己说话。他写战争写得太好了，只要人类还有战争，他的作品就会继续流传。

《丧钟为谁而鸣》动笔于1939年。没有人能够宣称自己是一座孤岛，所以，"别问丧钟为何而鸣，它为你敲响"。海明威用铅笔写满了一大堆笔记本，并带着装着笔记本的手提箱辗转多国，爱开玩笑的玛莎不敢有半点儿马虎。上飞机，下邮轮，坐汽车，她不离手提箱半步。直觉告诉她，手提箱装着一部世界名著的手稿。

海明威回家写作，打字机从早晨响到黄昏。他的工作室靠近游泳池，午后喝咖啡，晚饭后海边散步，夜晚游泳，次日一早接着写。四十岁的作家精力充沛。可是波林捣乱，几乎天天邀请一群人到家里来，理由是让这些热爱作家的人们，目睹作家的生活和写作。这些男女激动地议论正在拍摄的电影《弗朗西斯·麦康伯短促的幸福生活》。作家抱怨，发脾气，却不便赶走客人，同时还得哄着一肚子怨气的妻子。基韦斯特的这个家，十年来，但凡是海明威的工作时间，它就安静得只会让人听见海浪和打字机的声音。1939年的夏天，它却像酒吧一样热闹，像市场一般喧嚣。波林明白，她的婚姻即将结束。她未能打赢耗时三年的婚姻保卫战。当初她挤走了哈德莉，现在，玛莎抢走了她的男人。

海明威飞到古巴去。玛莎在哈瓦那郊野找到一处僻静的房子，她很满意，因为房子在山坡上，远眺大海，近看村庄，是个写作的好地方。海明威去看了一眼，掉头便走，出海打鱼去了。玛莎雇人把房间和花园收拾得连她本人都陶醉，再请海明威来看，作家乐了。玛莎叫他爸爸。这个称呼饶有意味。海明威同时是朋友、情人、丈夫和爸爸，契合了他的"好姑娘"对他四种以上的需求。两个人躺在床上聊一整天，亲热的动作仿佛只是交谈的插曲。海明威一直惦记着哈德莉，在7月21号他的四十岁生日这一天，他给哈德莉写了两封信，信中说，随着他认识的女人越来越多，他就越发认识到她的价值。哈德莉再婚后过得不错。基韦斯特一度流行疫病，海明威迅速寄钱过去，让波林带着两个儿子搬到外地暂避。

上午写作，下午打网球、游泳、喝酒、斗鸡、钓鱼、闲逛，听古巴人讲故事。夜里，在海风中与他的金发姑娘长时间温存。婚礼的细节由玛莎考虑，包括制订去中国蜜月旅行的行程。聪明的好姑娘深知她处在什么样的时刻。杰作早已在她身边启动，她从第一章读到了第二十三章。海明威写信对帕金斯说，离开波林后他的工作进展神速，每天可以写到八百字。其间携玛莎去太阳谷一个月，边写作边打猎。太阳谷是美国新辟的钓鱼狩猎的度假胜地。

海明威在古巴的日子过得温润香甜。四年的情郎即将变成新郎。作家神清气爽，有时候趾高气扬，仿佛全世界都在耐心等待他的新书。

海明威嘟哝：我这是第三次做新郎啦。

玛莎立刻补充：欧内斯特先生，这是你最后一次做新郎，同意吗？

海明威耸耸他的宽肩膀说：同意。

玛莎的母亲到哈瓦那来了，同女儿一起敲定婚礼程序，海明威却不知跑哪儿去了。原来在酒吧跟人谈天说地，抽大雪茄，完全忘了岳母大人的光临。玛莎怒冲冲推门而入，海明威服服帖帖跟她回家。创作高峰期的海明威时常会忘记一些人与事，包括玛莎。

《丧钟为谁而鸣》中有个耐人寻味的细节，乔丹与玛莉亚在睡袋里度过宝贵的后半夜，因为第二天要炸桥。清晨，雪地来了一名佛朗哥的巡逻骑兵，乔丹举起手枪将骑兵射杀，随后紧张思索。全神贯注之时，他瞥了一眼正在梳头的玛莉亚，小说这么写："此时，这个女人在乔丹的生活中没有地位了。"我读到这一句很诧异，这种句子其实可以不写的，但海明威写了。《永别了，武器》的结尾，"我"去向凯瑟琳余温尚存的尸身告别，"像告别一尊雕塑一样。我冒雨跑回客栈"。

海明威式的冷漠真是冷彻骨，这座冰山也是一座休眠火山，一旦喷发，能量惊人。《道德经》提出，事物相反相成，符合这个星球上所有的极端性人生情态。海明威必须冷，身体与大脑都指示他必须冷。大胡子男人的生命体是一团滚动的火焰，所过之处，烧焦草木，摧残花朵。西方的作家艺术家，没心没肺的比较多，而中国缺心眼儿的大诗人似乎只有李白，导致"世人皆欲杀"。自私，暴躁，撒谎，反复无常，忘恩负义，这些公认的坏品质常常出现在好作家的身上，海明威堪称典型。

长篇小说《丧钟为谁而鸣》即将完稿问世，同期"上演"的还有第二次世界大战。作家将凭借这部书享受升居天堂般的荣耀，而数以亿计的人正在靠近地狱。希特勒的闪电战席卷欧洲。日本入侵中国已达九年。从1931年到1937年，日本军队的大量侵华物资由美国人提供，包括铁矿石、枪支弹药与精密机床，直到"七七事变"日本人威胁到美国人在华北的利益。

资本无国界牟取暴利，大发战争财是国际资本集团的最高宗旨。

玛莎痛骂美国政府在战争中扮演的角色，一介小女子，却哪里懂得华尔街的精密盘算。她飞到芬兰采访，返回哈瓦那，依然怒火中烧，漂亮的面孔由于紧绷着而更显轮廓的精致。作家不需要扮演政治家的角色。海明威先生的每一部力作都有可能流传一千年，而总统先生们像走马灯似的转换。海明威本人恢复了不修边幅的状态，胡子又长又硬，衬衣肮脏，拖鞋断了带子，头发看上去有一尺长。玛莎却不叫他去三十里外的理发店。她专心读他的每一页手稿。陪他去打猎，在越野车上读手稿，抬眼时，看见她的男人手提沉重的猎物，像一头雄狮般向她走来，那乱蓬蓬的头发与她的秀丽金发都在风中飘扬。

作家写到最后一章，紧张得要命。这部小说写了一年半，书中的每个人物与他同呼吸共命运，连吃饭都要走神。小说的结局是静静地等待敌人和死亡的罗伯特·乔丹，石头后面一棵大树下的乔丹握紧机关枪，倾听自己最后的心跳。

小说终于写完了，作家躺在地板上，听着海浪扑打礁石的声音。这部书要题献给他的新婚妻子玛莎。小说出版了，巨量首印，好评如潮。好莱坞迅速花重金买走了拍摄权。

1940年11月初，海明威与波林协议离婚，每月付给波林至少五百美元，直到他去世。同月，海明威与相处了四年的玛莎完婚。

海明威携玛莎飞越太平洋去中国旅行，途经香港。海明威对香港的印象不太好。在陪都重庆，他与蒋介石夫妇谈了三个小时，感到失望，他认为蒋介石算不上一个政治家。他对米酒、药酒感兴趣，而玛莎一见酒瓶里泡的小蛇就要呕吐。他们去成都待了一些日子，结结巴巴学说四川话。海明威很快习惯了辣椒花椒茴香，迷上宫保鸡丁、麻婆豆腐和东坡肉，可怜的玛莎总是拉肚子。当年庞德醉心于中国古典诗歌，使海明威对中国历史有了好印象。海明威费劲地提到四川的李太白、苏东坡，而玛莎只想早点回国。

海明威已经有了三个儿子，想让玛莎为他生一个女儿。他出海钓鱼，进山打猎，痛饮各种美酒。战壕里的士兵们打扑克，吹口琴，乐不可支，一分钟以后就可能被炸成碎片。残酷的世界大战和个人的美好生活都在继续。你打你的，我过我的。人是适应力很强的一个物种，哪怕再多活十秒钟，有些人也笑得起来。

几年间，作家更多的时光是在书房度过。古巴哈瓦那郊外的"了望田庄"，是玛莎当年精心营造的爱巢兼工作室，现在新修了标准网球场、游泳池和拳击场。作家上午写作，下午和晚上是一连串的赏心乐事。名气越来越大，生活越来越舒适了。电影《丧钟为谁而鸣》在拍摄中，英格丽·褒曼出演女主角玛莉亚。

海明威的一部新小说《过河入林》，像《非洲的青山》一样遭冷遇。后者在我的书架上蒙尘已久，针尖大的书虫们在书页间自由爬行——看不下去。不管他海明威的名气有多大，读者和文学批评家都不买账。纽约的文学人士显然并不全是"蚯蚓"。福克纳对美国文学界说，海明威"内心怯懦"，海明威在古巴骂道："福克纳那个狗东西！"骂完了他去打网球，找一帮人通宵喝酒。内心烦躁的时候他需要热闹。花园，海风，金发丽人，豪华快艇，一尘不染的房间，用人们悄无声息，餐桌上的酒菜永远丰盛。然而作家要打瞌睡，梦中回到橡树园，那个佛罗里达著名的中产阶级小镇。

孔子说："士而怀居，不足以为士矣。"知识分子不能把自己弄舒适，更不能想方设法把自己弄舒适。身体一直舒适，大脑就要犯迷糊，这几乎是个自然定律。一直舒适的后面肯定潜伏着无聊。上海大陆新村九号，鲁迅先生温暖、窗明几净的家中，书桌前却从来不放软椅。战士鲁迅依然是战士，深夜一个人喝闷酒，守着伟大思想家的宿命般的孤独。"心事浩茫连广宇"，"月光如水照缁衣"。

海明威的狮子头还是不能想大事，他的大脑总是需要身体的血性引领。《过河入林》中的那个上校，看上去是海明威的化身——这位上校抱着他的女人躺在平底船上喃喃道："请你紧紧抱住我，好让咱们俩暂时成为一体……"

书中的爱情故事就不是海明威式的了。辛格在《海明威传》中说，他写强奸都比写这种"太高大"的情侣要好。

哈德莉、波林、玛莎，她们是风格不同的女人，一个比一个漂亮，都愿意做海明威的好妻子。但是天下女人几乎都有个共同点：希望丈夫多陪自己。战地记者兼作家玛莎也不例外。热恋时，海明威为她彻底改变了形象，西装笔挺，领带鲜亮，衬衫和袜子天天换，胡子、头发及时修剪，但现在他又恢复了以前的肮脏。玛莎吼他："欧内斯特，你为什么不洗澡啊？"小他十几岁的金发美女拿他没办法。对丈夫，她似乎失去了吸引力。海明威写作，大量读书，书房里有四千六百多册书，很多书他不止看三遍。工作之余他喝酒去了，或者去河边钓鳟鱼，海浪中游泳，飞到度假胜地太阳谷打猎、滑雪。他总是需要太多的朋友，朋友们也拥到家里来，无论是在基韦斯特三层楼的家，还是哈瓦那的了望田庄。有一次，海明威在美国驻古巴的领事馆举行招待酒会，发现香槟不够喝，对玛莎大发脾气。玛莎当场气哭了。她一度跑得很远，半个多月无音信，海明威开着越野车到处找她。

玛莎在丈夫身边患了"悠闲恐惧症"，丈夫忙得很，她闲得很。她抱怨海明威不关注欧洲的战火，催他去伦敦或是别的地方。海明威耸耸宽肩膀。他首先是个作家，他已经两三年没有好作品问世了。跑到欧洲去就会写出好小说吗？托尔斯泰并未参加俄法大战，却写出了伟大的战争小说。好作家海明威丢了，海明威到处寻找海明威。他找不到海明威，或者说，他找到的都是冒牌的、走样的海明威。表面上他忙忙碌碌，没有一天不写作，其实灵魂的焦灼未曾断过。他向谁诉说？他对自己都说不清。六七年的光景，他和他的金发"好姑娘"之间的激情像海潮般退去了，海风中、海月下，不复有不眠之夜。他会忠于玛莎的，这不成问题。然而意识是一回事，影响意识的潜意识是另一回事。海明威显然是一个冲向无意识的作家。无意识像不断后移的地平线。

肮脏是个信号。酷爱整洁的玛莎却宁愿守着不洗澡的丈夫。嫁鸡随鸡、嫁狗随狗吧。她的要求只是希望丈夫抽出一些时间陪她，希望丈夫少一点粗鲁。适当的时候她会怀孕的，是否生女儿只有上帝知道。战争推迟了她做母亲的时间。

在哈瓦那的一家豪华酒店，有一位上流社会的贵妇实在看不惯海明威的做派，当场指出他不该说脏话，不该旁若无人地饮酒，不该拿名人的派头……大块头作家慢腾腾走向贵妇，笑着说："夫人，您长得真难看。"

贵妇涨红了脸，高举一只戴着名贵手镯的手表示严正抗议。海明威瞥一眼手镯，又说："夫人，您长得太难看啦。"

玛莎听说了这件事，气得拒绝跟海明威去钓鱼。

海明威在任性、邋遢、粗鲁甚至粗野的时候才更像海明威，把他装进名牌服装是不行的。这位美国数一数二的作家拒绝住到纽约去，他永远需要混乱的生机勃勃，他的大海和他的丛林，远远胜过纽约的水泥森林。令人有些奇怪的是，他的一个又一个女人舍不得离开他，生怕失去他，但在他身边显然都没有安全感。波林的悲剧可能在玛莎身上重演，但是玛莎不走开。她消失一段时间，去加勒比海采访，到白宫拜会罗斯福总统，丈夫十分想念她的时候她才回来。她回到了望田庄，欣喜地发现海明威剪了头发，修理了胡子，还天天洗澡换衬衣。只是好景不长，过一阵子，她的欧内斯特又变回老样子，还嘲笑她的采访工作，顺便讽刺罗斯福。他以他的方式来疼爱妻子。有一些人在玛莎的窗下喧闹，使她整夜不能入眠，海明威咆哮："我要用枪把那帮家伙全部干掉！"

海明威想要保持精神的紧张度，身体的强刺激，情绪的大起伏，而温情脉脉的家庭生活难以满足他的超常要求，虎狼般的目光在所谓好日子里黯淡下去。玛莎愣愣地望着丈夫。有一天晚上海明威醉酒驾车，玛莎使尽全力把他推开，以时速十公里的速度开回去。对玛莎来说，海明威的作品和人身安全都很重要。

美国驻古巴大使布里格说："作为东道主的海明威，对待客人无比温和，招待周到。可是，如果同他一起生活，简直是受罪。"

波林与海明威生活了十三年，分手时痛苦万分。玛莎爱了海明威八年，好姑娘变成好女人，尽管她坚持要修改丈夫的形象。围绕玛莎的成功男人比金枪鱼还多，包括电影明星，但这位屡上杂志封面的著名美人从未动过芳心。

海明威驾驶着彼拉号快艇参战了，在加勒比海监视德军潜艇，海上巡逻达两年之久。人们称他"海明威上将"。后来他跟随陆军第四师，以特殊身份跟巴顿将军一起喝酒，讨论军事问题。他在伦敦冒着被德军超音速战斗机轰炸的危险到处跑，后又乘坐轰炸机到一万两千米的高空。他的身上再添弹片，又出了车祸，头部撞成脑震荡。他是率先进入巴黎的战士之一，手拿卡宾枪和铅笔。他率领一支几十人的城市游击队，对外界宣称他的队伍有二百人。一家旅馆门外贴着醒目的告示："海明威占领好旅馆，地窖里美酒喝不完。"

"二战"期间的海明威几次冲向欧洲，当有人说他并未拿枪作战时，他狠狠地骂道："这些狗娘养的！我从小就抱着枪睡觉！"更多的军官和士兵证明海明威手中有枪，有杜松子酒，有铅笔。他还像十八岁在意大利米兰以西的前线那样，到处找仗打。玛莎作为随军记者也上前线，她要写小说。

在伦敦，海明威认识了一个难以形容的好女人，她名叫玛丽·威尔士。

1944年5月，玛莎终于把海明威拽到伦敦，下榻"多齐"豪华旅店。这个旅店成了海明威发布新闻、接待来访者的地方，伦敦的报刊乐于刊载他的任何消息。玛莎不高兴，她想直接闻到硝烟味儿，而海明威十八岁就饱尝了战争的残酷。他的战争小说的女主角都不是男主角的妻子，玛莎可能忽略了这一点。《永别了，武器》中的凯瑟琳是英国姑娘。作家在巴黎邂逅波林，在基韦斯特盯上玛莎，在伦敦又将如何呢？邋遢相是他不经意释放给玛莎的一个信号，他满脸胡须，他不换衬衣，玛莎却忙着外出采访。她是有事业心的女人，她想兼顾自己的梦想和杰出的丈夫，事实上却有可能两头皆输。她的几部作品反响甚微。

5月17日，海明威飞抵伦敦，几天后就有了故事，这个故事将延续到他生命的尽头。

玛丽·威尔士在美国出生，长大后嫁给一个叫诺尔的澳大利亚人，长期待在伦敦，为一家生活杂志撰稿，她住在格罗斯万大街，离多齐旅店不远。她在5月22日的日记中写道："今天我穿着新买的猎人服，步行回家，经过格林公园，心中感到我生活得挺好的。但我一事无成，也没有孩子……而且有时候，我感到对诺尔十分陌生。"

写下对丈夫感到陌生后的第二天，她的生活被一个人改写了。这是上帝的安排吗？

玛丽和欧文·肖去梭河白塔饭店吃饭，这家饭店聚集着诺曼底登陆前的军人和记者。大厅数百人就餐，闹哄哄的并且十分闷热，玛丽入座后脱下她的外套，露出紧身衣。欧文急忙提醒她，别把魔鬼般的身体线条露出来，可是迟了，军官们和记者们的视线纷纷转向玛丽。伦敦不缺漂亮姑娘，但玛丽照亮了整个大厅。如花的面容，得体的举止，优雅的坐姿，没有半点女明星的名气和光环，平日毫无训练的表情、肢体语言，却让全场一下子安静下来。在场的人嘴巴都闭上了，眼睛都在用力。少顷，有节制的议论声响起，包括三星将军在内。一个大胡子男人慢慢走向玛丽的座位。欧文是海明威的弟弟的朋友，于是做了介绍。作家冷静的目光在靠近玛丽时再一次自动调温。玛丽和当年的玛莎一样知道海明威。

从这天起，海明威又开始重视自己的发型和胡子，并且不满自己的体重。

6月6日，海明威在一艘驱逐舰上参加了诺曼底登陆，随后作为随军记者又回到伦敦。他的妻子玛莎登岸了。此前的5月25日，海明威出车祸，头撞在挡风玻璃上，伤势严重，缝了五十七针。十天后他就带伤上了前线。

海明威写了一首诗《玛丽在伦敦》："用钥匙轻轻地转动，把门打开。轻问一声：我可以进来吗？悄悄地进来了，那么温柔可爱。吻一吻手和眼睛，让死去的心灵复苏，驱散寂寞和烦恼。"玛丽多次到多齐旅店来看望海明威，可见玛丽的温柔，以及二人在伦敦互相走近得多么迅速。5月22号她写日记，次日在梭河白塔饭店吃饭，因闷热而脱下外衣（一个寻常动作导致不寻常的结果），25号海明威出车祸，中间两天的时间，玛丽与海明威互相拜访。玛丽到多齐饭店有人陪着，而海明威约她却是一个人去，小跑穿过格罗斯万大街。半个月后两人就有轻轻的一吻了。

玛莎去了意大利。玛丽频频走进伦敦多齐旅店，手中还有海明威房间的钥匙。他给的，她接受。开向妻子的那扇门关闭了，另一扇门悄然打开。他在医院躺了十天，玛莎只探望他两次，还嘲笑他满脑袋缠纱布的样子。海明威强忍怒火，医生不允许他的面部肌肉运动，否则缝合的伤口会撕开。玛丽捧着鲜花走进他的病房，再次脱下外衣，医生们愣了又愣。海明威竭力忍住得意的笑容。

玛莎催海明威到伦敦，海明威却在伦敦碰上了玛丽。小他九岁的玛丽长居伦敦，符合他对英国女人的全部梦想，正如他小说中虚构的英国姑娘凯瑟琳。玛丽美得令他患上了失语症，说话比以前更结巴了。阅人无数的大作家不断写小诗，赞美英国第一流的女人：哦，这一朵静悄悄绽放的伦敦绝艳之花。

海明威说："世界上任何东西的美都不能和女人的美相提并论。"

7月中旬，海明威离开伦敦。

"海明威上将"携手朗哈姆将军进军巴黎，巴黎是诞生《太阳照常升起》的城市。1925年，一颗耀眼的文坛新星在巴黎升起，他把"迷惘的一代"推向了全世界。1944年的秋天和冬天，作家为巴黎而战。朗哈姆是他的老朋友，也是巴顿将军的得力部下。作家率领游击队与德军作战，同时担负搜集情报的任务。巴顿请他吃鹿肉饭，喝美酒，若干年以后，这位显赫将军写下回忆大作家的文字。

海明威在下榻的瑞芝旅店接待大量来访者，让他心花怒放的是玛丽的款款到来。她来了就不走了，心在哪儿人在哪儿。玛莎也回到了丈夫身边。两个美丽的女人面对面在聚光灯下争奇斗艳。玛莎有一点咄咄逼人，玛丽和蔼地微笑着。玛丽的特点是艳光自敛，美得不张扬。另外她是生活型的女人，不属于事业型。她并不想修改海明威的形象和生活习惯。

在巴黎，海明威夫妇之间的"战争"十分激烈。个性与个性相拼，玛莎说了一大堆，语速快得像发射的子弹，海明威结结巴巴。一个女人如果不爱了，何必说许多？受伤的不仅是爱情，还有她多年来精心培育的自尊。也许她不应该有丈夫，更不应该嫁给海明威这种男人。婚姻死掉了，好在她还年轻……

海明威对玛莎余怒未消，有一天做出要打她的样子，气得她掉眼泪。对抗海明威的女人，除了海明威的母亲之外就只有玛莎。玛莎的事业空间从战地延伸到白宫，范围从新闻稿升格为文学作品。做姑娘的时候她就试图控制海明威，年轻美貌加才华是她的本钱。可是斗弄不过打狮子、捕鲨鱼的丈夫，她的个性在海明威的个性面前显得有点小儿科。她不服输，于是她越发输得快。

玛莎气哭了，发誓不理海明威。没过多久又改口说，除非海明威去她的房间请她，否则她决不下楼吃饭。海明威奉命上楼去邀请生气的妻子，不料在走廊上碰到玛丽，于是把妻子抛到脑后。那一天玛莎非常伤心，九年，三千多个日子在她眼前流过，伴随着流到凌晨的眼泪。她真不知道自己错在哪儿。她决定主动提出离婚，而海明威似乎正在等她表态。哈德莉和波林在离婚后一直保持同海明威的联系，但未生孩子的玛莎有可能与丈夫彻底一刀两断。她没有去责怪玛丽。

作家一门心思围着玛丽转，嗅她的气息，欣赏她的韵味儿，顺便研究她的鼻子和下巴，认为她的鼻子胜过他见过的所有女人的鼻子，而圆润下巴连接的脖子，胜过英国女作家伍尔夫的著名脖子。总之，玛丽通身洋溢的美让海明威安静下来，雄狮静静趴着守在玛丽的身边，只有一次躁动不安——海明威在伦敦玛丽的家里看见诺尔的画像，妒火中烧。玛丽和朗哈姆夫妇等人在客厅喝咖啡，他在装框的画像前走来走去，神经质地把画框带进洗手间。他拔出了左轮手枪，高声嚷嚷要开枪。客厅的人并未当真，然而只听"砰砰"两声枪响，画框和水池都被打烂，水流了一地。玛丽生气了，海明威以书面演讲的方式来表示歉意。

朗哈姆将军对玛丽说："欧内斯特就是孩子气。"

战士海明威继续在前线同德军作战。据贝克描述，德军的飞机向他俯冲，机枪子弹溅起的泥土涂满他的夹克，他站在战壕里一动不动，怒视飞机。夏天他在瑞芝旅店发布新闻。夏末他去伦敦与玛丽会合。

战争与爱情是他以前几部杰作的主调。

秋天，玛丽回芝加哥办理离婚手续。海明威在法国打完仗，回古巴的了望田庄，与玛莎离婚，他得在古巴住半年。他赢得了爱情，告别了第二次世界大战。

战后的海明威，在文集《自由世界的宝藏》的序言中写道："美国在这次战争中表现出强大的威力，值得庆幸的是她不是受人憎恨的国家。除众所周知的成绩外，美国在这次战争中，杀死别国的无辜平民比我们的敌人杀死的还要多，这是我们感到十分痛心的。原子弹是一种能毁灭一切的庞大之物……我们不应该像法西斯那样疯狂，恃强凌弱，横行霸道。我们不应该有虚伪，假装虔诚或图谋报复之心。相反，我们要教育自己尊重别的国家的权利、地位和职责。"

"恃强凌弱，横行霸道。"海明威一语击中美国的要害。

1944年底，海明威与玛莎离婚；次年3月，他和玛丽在古巴首都举行了婚礼，此前在巴黎瑞芝旅店举行了订婚仪式。婚礼上的玛丽已有身孕。8月，他们在前往太阳谷的途中，玛丽因胎儿异位导致生产时大出血，一度生命垂危，海明威守着病床几天几夜不合眼，伺候病人细心而周到。儿子波比生病了，他也表现得像一个好父亲。三个儿子都爱他，以他为骄傲。雄狮自有温柔的一面。海明威朗诵他献给玛丽的小诗："玛丽那敏锐的目光，那光洁可爱的脸蛋，那吸引人的胸脯，这一切，就像船头的装饰那样美丽可爱。"

玛丽逢人就说海明威这好那好。为了她，他缩减下百分之九十的酒量，甚至一到紧要关头，就滴酒不沾。雄狮在紧要关头的自控力是非凡的，那么强的创作欲望，那么多的故事要写出来，可他下笔跟庞德一般吝啬，不肯多写一个字。野小子野出了野性边界，洞察了动之为动，静之为静，迈向澄明之境。

然而艺术这种东西跟意志是不同步的，人变好了，作品未必就好。好男人写平庸之作的例子太多。

海明威花很多钱把了望田庄装饰一新，雇了司机、园丁和中国厨师，餐桌上常有玛丽也爱吃的四川菜。他拿自己的头发做试验，染出了银灰色，然后敦促玛丽把一头秀发也染成银灰色。波林不止一次到田庄来陪伴儿子，玛丽非常热情，两个女人断断续续相处了数月，像姐妹一般亲热，弄得海明威乐不可支。作家很想以此为题材写一本小说。他同时面对两个女人的时候多，哈德莉与波林，波林与玛莎，玛莎与玛丽。玛丽是否将为这类特殊情形画上句号呢？辛格写道："玛丽管海明威的方式就是不管他。"也许她读过在欧洲影响甚巨的《道德经》，深谙道家精髓"无为而治"。海明威却为她戒酒，减下体重五十多斤，大胡子变成小胡子，甚至养成了换衬衣的习惯，常系上一条玛丽送的黑皮带。玛丽喜欢热带气候，时常在家里的平台上享受日光浴，不去海滩亮出她的魔鬼身材。

1948年，海明威夫妇访问意大利，漫游威尼斯。此外，捕鱼，打猎，打网球，辗转太阳谷或米阿米岛。海明威在太阳谷准备了一万多发子弹。

辛勤的工作之余，生活是一连串的赏心乐事。作家有时候不敲打字机，而在笔记本上写，完成后把手稿交给女秘书。两三年间他写了一千多页，著成了《过河入林》和另外一部长篇小说《伊甸园》。他长居古巴，拒绝加入美国文学艺术联合会，他不想成为在瓶子里搅作一团的蚯蚓。海明威守着"永远在重新开始"（瓦雷里）的大海，傲视纽约的水泥森林。他说："纽约住一阵子是可以的，待久了不行。"

电影拍城市生活尚可，小说和诗歌写城市难有佳作。

城市是一台欲望搅拌机，现代城市尤其搅得厉害。资本逻辑不会考虑生活的自主空间，不会考虑人的自主空间。利润谋求更多的利润，利润绝不会考虑人。它诱捕人，压榨人，摆弄人，设定人的喜怒哀乐，乃至人的一举一动。

庞德在《在一个地铁车站》中写道："湿漉漉的枝条上开满了黑色的花瓣。"

作家在古巴生活舒适，心情开朗，写小说一日近千字。而其他作家一天写五百字就不错了。20世纪中叶，世界各国的作家保持着19世纪的严谨。虽然出版商们排着长队等待海明威的小说，拍电报问询写作进度，但海明威对提高产量毫无兴趣。一个字三美元或是五美元，不是他首先考虑的事情，写好下一本书才是他关注的核心。有了玛丽，他心情特别好，他产生了错觉，以为心情好就写得好。他把《伊甸园》的书稿给人看，听着赞扬声格外入耳。他和玛丽以及儿子们的一大乐事，是拆看大量的读者来信，因为捧他的人远远多于批评他的人。享受生活的同时享受巨大的声誉，从来不知谦虚为何物的海明威，认为自己超过了莎士比亚。他一贯吹牛，夸大其词，这一次吹得有点大。20世纪的西方作家没有人敢说比肩莎士比亚或托尔斯泰，犹如迄今为止的中国作家，没人敢说比肩鲁迅。《伊甸园》是本描写战争与爱情的厚书，仅此而已。海明威有一大群单靠激动来评判艺术的读者，尽管这类读者的整体素养比追捧好莱坞的观众要好。在拉美国家，读者这个词好于观众。

海明威吹嘘说，如果他爱上谁，谁就跑不掉。如果他没有在伦敦遇上玛丽，瑞典美女英格丽·褒曼就跑不掉。海明威看不起褒曼的丈夫罗伯托，说瘦小的罗伯托是"一只二十二磅的老鼠"。褒曼担任了《丧钟为谁而鸣》的女主角，就不再有机会成为他的小说原型。他的小说人物都有原型。男主人公主要是他自己，有时兼顾他的朋友，比如朗哈姆将军。他一高兴就把朋友的名字直接写进书中。他讨厌的人在他笔下扮演讨人厌的角色，他喜欢的人则相反，这个写作习惯起于巴黎，延续了二十五年。《过河入林》中有一位十九岁的女子雷娜塔，和五十岁的陆军上校康特威尔坠入爱河。这位上校的一举一动都像海明威，雷娜塔的原型则取自威尼斯姑娘阿德里·安娜。

1948年的冬季，海明威携玛丽在意大利北部山区打猎。他们租了一间靠近滑雪场的乡村小屋，准备过冬。海明威的书在意大利畅销很多年了，作家所到之处都受到欢迎，平民和贵族都乐于接待他。有一天，一群男人狩猎，一个从未打过猎的女子参与其中，又淋了山雨，浑身湿透，额头被子弹盒撞起一个包。傍晚，男人们喝酒，疲惫的安娜在壁炉旁用手指梳理一头黑发，炉火照着她颧骨有点高、轮廓精致的脸庞，她的侧影朝向人群这边。海明威朝这个未满十九岁的姑娘走去，把自己的木梳折成两半，一半递给安娜。安娜在威尼斯读书，热爱艺术，擅长素描与漫画，有虔诚的宗教信仰。她头发凌乱疲惫不堪的时候，依然吸引阅美无数的海明威。四十九岁的海明威叫她女儿，她愉快地接受了。玛莎、玛丽以及女秘书尼达都曾叫过他爸爸，这个现象饶有意味，应该不是孤立的。西方人对人性多元的理解，由此可见一斑。

这一年的圣诞节相当愉快。海明威的一篇文章在《福布斯》杂志刊登，得稿酬四万五千美元，创下当时各国作家们写单篇文章的稿酬纪录。写作一直很顺利，后来《过河入林》开印就是五十万册。

玛丽滑雪、打猎兴趣高涨，她的红色紧身衣穿行于白色的、绵延起伏的山林，山谷中传来她那感染人的笑声，湖面上传来她的枪声，尽管她扭了脚踝滚下山坡。

1949年春天，海明威在威尼斯请安娜吃饭。不久，他又在巴黎瑞芝旅店与安娜重逢，贝克写道："海明威一见到安娜便如痴如醉地望着她。玛丽心里自然明白，也寄予同情，当然并不感到愉快。"当初，海明威一见波林、玛莎、玛丽，眼睛也是直勾勾的。他一见猛兽、猛禽或大马林鱼，一进马德里斗牛场，眼睛同样是直勾勾的。

作家在古巴和巴黎访问妓女，并接受穿戴夸张的妓女的回访。在威尼斯，他跟美女们周旋。有一位威尼斯公主巴西娅，公开宣布愿意在她的宫殿为海明威造一幢房子，然后和他一起幸福地居住。玛丽不可能坦然接受这一切，她当然会吃醋的！海明威的传记作者罗斯小姐也会吃醋的，罗斯小姐紧紧跟随她的传主，从巴黎到纽约寸步不离。她要记录作家的每一段生活，并且发表出来。

4月，海明威回到他的了望田庄，惊喜地发现安娜写来了三封信。他每天沉迷于回味威尼斯的生活，回味安娜的一颦一笑，包括她淋雨后难看的样子。《丧钟为谁而鸣》中的玛莉亚，初见乔丹时几乎光着头。海明威笔下的漂亮姑娘们似乎乐意从难看出发。6月，他去哈瓦那拜访两位妓女，回家时被玛丽轰出门去。

《过河入林》杀青了！为了庆贺杰作的诞生，海明威夫妇、海明威的第三个儿子格雷格里乘坐彼拉号快艇出海，但是风浪很大。一个大浪打歪船体，海明威倒在湿滑的甲板上，头部撞向一根用来固定斜桅的夹钳，撞出一个大包，血流满面。第二天他又到处走动。医生说，好在他头皮厚，脑壳结实，不然他早就没命了。

海明威的新作题献给海明威夫人玛丽。他写给《假日》杂志的文章则由安娜画插图。他说，同时爱上玛丽和安娜并不是不道德，如果成功的话，对他的创作非常有利。贝克写道："欧内斯特认为真正的创作来自爱情。"

9月，《过河入林》出版，开印就是五十万册。多数评论家抨击这本书，少数评论家把这部小说和作家捧上天，有人认为海明威的名字可以同莎士比亚并列，艾略特的评价也属于"佳评"。海明威忙着收集《纽约时报》的佳评，第一时间寄给安娜。而威尼斯一位漂亮女教师阿芙德拉宣布，她才是小说中的那位雷娜塔。《欧洲》杂志刊登了安娜和阿芙德拉的照片，加上按语，说雷娜塔是两个女人的化身。这样一来，女教师更来劲儿了，对外界透露她两次前往古巴，与海明威一起住了整整一个月。海明威急忙写信给安娜，说没有这回事。闲话专栏作家巴松火上浇油，说海明威趁玛丽去探望父母期间，与一个意大利伯爵夫人同住在了望田庄。经查证，这原来是阿芙德拉搞的恶作剧。威尼斯女教师像那位公主一样发疯了。

10月，安娜和她母亲一起来到古巴，海明威夫妇专程去接船。三个月以后，玛丽专门为安娜母女举行盛大的欢送会。九十天的时间，安娜小姐住在海明威家里。她在楼上画画，他在楼下写作。他蹑手蹑脚上楼想去看她画些什么，却在中途又退了回来。舞会上他不请她跳舞，餐桌上他目光犹豫，听着她的笑声发呆，这可不像人们熟悉的海明威了。圣诞节他们全体出海钓鱼一周。温暖的海风不断扬起安娜的黑发。后来他对安娜说，一见她就兴奋不已，创作欲持续高涨。他之所以在那三个月当中写得非常棒，是因为安娜在场。新作叫《老人与海》。十六年前他就熟悉小说中讲的老人打鱼的故事，但一直没敢写。安娜来到了望田庄，时常由玛丽陪着，两个女人进进出出的身影闪入作家的视线，包括她们下泳池，并排躺在平台上享受日光浴。二十年来，海明威习惯了这类场景。他自己讲："一个作家写作，两个漂亮女人在等着他。"情绪的燃点已经类似条件反射。作家的心理场难以测量。安娜给他奋斗的激情，玛丽赋予他大海所独有的广阔宁静，二者共同孕育出《老人与海》。她们都是海明威的缪斯。

作家和他的漂亮女人早已死去，而不朽的作品留了下来。读这本只有两万字的《老人与海》，我个人的感受殊难形容，究竟读了多少遍也记不清了。宁静是狂风巨浪的宁静。故事简单，故事背后的情绪丰富得像大海，难怪拍电影抓不住神韵。电影专注于故事是它的宿命，它赢得票房的同时，也在丢失它注定要丢失的东西。

小说故事与电影故事不可并论：前者不断地逸出故事，后者只是故事本身。

海明威审阅这部小说手稿两百多次，删去十万字，考虑过五十多个书名。生活中任性的男人，在打字机前严格自律。写作千万次，没有一行字是马马虎虎的。写《老人与海》，他对自己一向精益求精的文字抡起板斧，抡了两百多次，并且，精准删削。作家为何对自己如此严格呢？楼上画画的安娜以不在场的方式在场吗？

第一版《老人与海》的封面是安娜设计的。在了望田庄的那些日子，安娜知道海明威正在写什么。她倾情投入了这部书。分手后，二人像以前那样书信不断。一年多柏拉图式的恋爱不可能让海明威害单相思，二十岁的大姑娘在海明威家里一住三个月，她是他的女神和幸运之神。

1951年1月17日，是杰作画上句号的日子。这一天，安娜与玛丽同机离开哈瓦那。小说写完了，女人走掉了，不知道冥冥中有谁在安排。了望田庄面向大海的房子空空荡荡，而每个角落都有她们挥之不去的笑容。半个月以后，玛丽回到丈夫身边。安娜小姐飞鸿传书。

薄薄的《老人与海》问世，首印五百万册，同期连载小说的《生活》杂志发行量达五百万份。福克纳高度评价这本书，认为它超越了海明威以及他本人所有的作品。一个意大利女翻译家说，她读完小说哭了一下午。为什么会哭这么久？也许她哭的是人类命运。

"人能够被毁灭，但不能被打败。"

嗅觉灵敏的制片商迅速买走改编权。这部小说却提供了一个范本，标画出故事影像再现的边界在何处。《老人与海》充满了诗意的弹性空间，而影片中的海浪被打鱼的故事所限定，所圈闭。直奔故事的海浪难免千篇一律。伍尔夫的代表作《海浪》更难捕捉……

海明威得意地对媒体表示，《老人与海》"动中有静，意在其中"。

作家再一次证明了自己的创造力。福克纳说，这一次，海明威发现了我们的造物主上帝。有趣的是，海明威正想骂福克纳，因为福克纳在小说出版引起轰动后的数月间保持沉默。福克纳公开说话了，海明威转怒为喜。两年前福克纳获诺贝尔文学奖，海明威拍电报祝贺，福克纳却没有回复。

1953年春，当电影《乞力马扎罗的雪》在纽约隆重上映时，海明威与他亲爱的玛丽携手踏上乌干达的土地，带着他1933年开始用的"普斯林费尔德"牌猎枪，两名当地的持枪手一路跟着。海明威弹无虚发，普斯林费尔德猎枪打死过无数的兽类、野鸭、松鸡，也打掉过朋友含在嘴上的香烟。他希望玛丽打死一只非洲狮，结果，玛丽头一枪收获的是一只羚羊。

剥狮子皮的时候，海明威跟玛丽生吃了一块狮子肉。按照土著的习俗，这样打猎运气好。玛丽在日记中写道："现在我们正兴高采烈地围坐在篝火旁，回想起过去的一年是多么美好！"在了望田庄，玛丽过四十三岁生日那天，她独自上楼待了一小时，想到她和海明威结婚七年，情感与日俱增，快乐无处不在，她感动得掉下眼泪。几天后，《老人与海》获普利策文学奖。玛丽是海明威的幸运之神。

海明威夫妇这次非洲狩猎持续了半年，行走在丛林深处，乘坐小型飞机迁移到别的地方。玛丽在空中俯瞰绝妙的纳特伦湖，又步行来到一个火山口，远眺乌干达的大平原。在基乌湖畔，玛丽伫立于黄昏美景中不肯走开，这是她见

海明威与第四任妻子玛丽在一起的狩猎之旅

过的最美的湖。而她的丈夫海明威1933年就在湖边丛林里打过狮子。夜里，夫妻宿营在湖边。

　　小型飞机飞向内罗毕，下面的尼罗河像一条蜿蜒的巨龙，非洲著名的大瀑布出现在眼前。飞机低空飞行，绕大瀑布飞了三圈，玛丽用彩色胶卷拍照。一群朱鹭突然朝机头飞来，飞行员急忙避开并让机头朝下，螺旋桨却缠住了电线。飞机摆脱电线后失掉平衡，撞入荆棘丛。海明威夫妇和飞行员跳出飞机。他们不顾伤痛，以最快的速度冲上山坡，点上篝火，避免野兽袭击。夜里，玛丽盖一件毛衣睡在篝火旁，海明威手持二十多斤重的大猎枪守在她身边。半夜她醒来，凝望疲惫的却不肯合眼的丈夫。

　　终于，欧内斯特眯起眼睛开始打盹儿，这个老猎手五秒钟就能睡一次。

　　一艘满载游客的汽船救了他们。然而，一架巡逻飞机发现了小型飞机的残骸，判断海明威夫妇遇难了，于是世界各地的报纸刊登了讣告，政界军界和文坛影坛数不清的名人致哀。而同时海明威和玛丽却跛脚走在美丽的乌干达土地上。他们找到另一架小型飞机，刚舒了一口气，可是飞机升空几分钟就掉了下来，机头栽向丛林，顷刻燃起大火。飞机撞变形了，救生门打不开，海明威用他受过无数次伤的铁头撞门，他早就发现头部比肩膀管用。大火中他像挨了子弹的豹子一般凶猛，铁头终于撞开铁门，他先把自己的妻子推下飞机，然后，纵身向丛林一跃。

两个人都幸免于难。猛烈的撞击，海明威把自己撞成脑震荡，上半身二度烧伤，不断挥舞的手臂三度烧伤。跳出飞机的海明威像一团大火球，玛丽只受了轻伤。

第二天玛丽拍电报，于是全世界才知道海明威夫妇还活着。随后在突尼斯，浑身是伤的作家还为《观察》杂志写了一篇约一万五千字的文章，讲乌干达和他在乌干达的经历。文章是事先约好的，作家说话算数。

不久，海明威夫妇现身威尼斯。他用狮子油治疗烧伤，效果蛮好。全世界又知道了：雄狮般的男人用狮子油涂抹烧伤的皮肤。关心作家的人分布在五大洲，祝贺的电报成千上万。

海明威为何去威尼斯呢？为了他的安娜姑娘。他、安娜和始终微笑着的夫人玛丽，他们三个人天天在一起。玛丽将永远记得她的丈夫为她赴汤蹈火。安娜却一直是姑娘安娜，不肯听从父母的劝告谈婚论嫁，尽管她快满二十五岁了。她明白，她是欧内斯特的缪斯之一。5月，他们一同去西班牙看斗牛，返回意大利后，英格丽·褒曼见到海明威喜出望外，三人舞变成了四人舞。女影星奥黛丽·赫本也盛情邀请海明威……

1954年，《老人与海》获诺贝尔文学奖。海明威在古巴对记者说："获得诺贝尔文学奖，我自然十分高兴，可是，消息传来时，我正写得入兴。如果因得奖而影响写作，那我宁愿不得奖。"在写给一位将军的回信中他又说，"瑞典的事"他一点也不受感动。道喜的人、采访的人汹涌而至，他由衷感到厌倦，便和玛丽出海捕鱼去了，彼拉号在海上游弋多日，回港加满燃料又出去了。

人类的一流人物，对公众的追捧兴趣有限，因为追捧者中盲目的居多，瞎起哄的不少。有一些行当需要"混个脸熟"，但是，一流人物却不愿受这些身外之物的束缚，"屈平辞赋悬日月，楚王台榭空山丘"。法国作家萨特甚至拒绝诺贝尔文学奖。维特根斯坦拒绝成为超级富豪，一夜间把巨额遗产送光，跑到一所学校当园丁……

欧内斯特确实能量足，瑞典的那点事不足以吸附他。在这个星球上，没有什么事情能让他偏离他喜欢运行的轨道。他经历了那么多，壮游漫游全世界，好朋友坏朋友数以千计，他却一直是橡树园的那个野小子，对未知世界充满热情的野小子。

《老人与海》透出的深广宁静，直接来自他巨大的人生喧嚣。

了不起的人，了不起的书。

海明威以身体伤病为由，未去瑞典，他去了海上。美国驻瑞典大使替他领奖并宣读获奖感言，感言不足千字。作家写道："由于作家是单独地进行写作，因此，如果是一位出色的作家，他就必须面对永恒，否则每天都会走下坡路……作为一个作家，我已经说得太多了，作家只写出他要说的话，而不是去讲他所写的东西。"

海明威以他的特殊方式面对永恒，永恒青睐于他。

大海在，人类在，他的书在。

这位行动的巨人，十八岁起就经受伤痛的折磨，海洋中、陆地上、天空中他都受过伤。全身的伤疤没人去数，也许到处流浪的芝加哥姑娘玛丽雅数过。由于爱，由于深爱，他对死亡高度敏感，跟朋友多次讨论死亡的方式，例如在雪崩中死去。他曾经潜入深海不想再浮上来，想到可爱的儿子们，他又浮出了海面。他打死的动物数不清，他养的猫狗也数不清，爱猫爱犬的死让他泪如泉涌。

上午写作，下午斗鸡或看斗鸡。海明威有一只雄赳赳的、据说未曾落败的大公鸡。哈瓦那的人说，嘀，那头雄狮抱着大雄鸡！玛丽称她丈夫是"古巴民族英雄"。海明威在古巴住了二十年，他赞赏古巴革命，赞赏真正为大众谋福利的卡斯特罗总统。在机场，他一再亲吻古巴国旗，面对热情洋溢的人群，称自己是"古巴公民"。他把诺贝尔奖的金质奖章赠送给古巴永久保存。如今，哈瓦那的了望田庄是海明威的永久性故居，海明威夫人玛丽定下的故居。

接下来的几年，巨人拖着病躯继续转悠诸国，像暮年的李太白不顾致命疾病到处跑。1956年7月，海明威寄给庞德一张面值一千美元的支票。这一天是海明威五十七岁生日。硬汉的心肠大约日趋柔软了吧！他自己讲，这是本着中国人"先人后己"的原则。可是转眼间，他又骂福克纳是"狗娘养的"，福克纳的新书，"比中国重庆把大粪运往宜昌的粪码头发出的臭气还要臭"。

这就是海明威，欧内斯特·海明威。

他和玛丽乘"法国之星"豪华邮轮去意大利，碰上美国头号传记作家欧文·斯通，斯通告诉他，船上的书店陈列了自己的九本书，而海明威只有三本。海明威的脸唰地红了。第二天他做手脚，付小费，让书店撤下斯通的三本书，增加三本自己的书，扯平了。见了斯通先生他扬扬得意。晚上邮轮放电影，又是根据斯通的传记《生的欲望》改编的，海明威看了几分钟掉头便走。他对斯通解释："我看我自己的电影，看一部要坐三次才能看完。"

欧文·斯通的人物传记畅销世界。欧美传记文学发展得好，名家层出不穷，使大量普通人得以靠近人类的优秀人物。中国的人物传记应当向西方作家学习。

海明威六十岁去西班牙看斗牛，津津有味看了二十多场，跟斗牛士交朋友，他到大牧场、太阳谷打猎，儿子们雄赳赳跟随着他。哦，还有他学习野地生活的乖孙们，谁娘娘腔，谁的样子不男不女，海明威一个大巴掌扇过去。

他驾驶皇后级的彼拉号游艇出海捕鲨鱼、鲸鱼、马林鱼。玛丽是捕鱼的行家啦，她的魔鬼身材比出水的马林鱼还要漂亮。

作家身患数十种疾病，要命的重病就有七八种，胰腺癌，皮肤癌，糖尿病，肝肾病，脑震荡……他又长期失眠，头疼，背痛……可是海明威说："决不愿意坐在公园的长椅上消磨时光。"他向媒体表示：八十五岁还要享受海风中的男女之欢。

海明威十几岁就预先品尝了死亡，哦，他死了四十几年还在死。几乎每本书他都有精彩的死亡描写。亲爱的玛丽是不会死的，因为他看不见玛丽的死。所以，玛丽夫人不死。海明威这么写："玛丽小姐是始终不渝的，她勇敢，妩

老年的海明威与玛丽

媚，机灵，看着她就令人振奋。伴着她就其乐无穷，真是一位好妻子。她还是个很出色的捕鱼能手，枪法相当准的猎人，游泳健将，第一流的厨师，品酒的内行，优秀的园丁，业余天文学家。懂艺术，懂经济，又懂斯瓦希里语、法语和意大利语，能用西班牙语管理船只和家务。她也很会唱歌……她认识的陆军将领、空军将官、政治家和要人，数目之多，超过我所认识的阵亡的连长、从前的营长、酒鬼、恶棍、草莽歹徒、胆小鬼、夜总会常客的领袖、酒店主人、飞机驾驶员、赛马赌徒、形形色色的作家色鬼……"

很少有作家如此赞赏自己的妻子。

病痛折磨自己也折磨家人。海明威半夜三更在床上悄悄呻吟，不是一天接一天，而是一月连一月。写作不得不停下。哦，他的老打字机，他的旧笔记本，他的写作，他的大海和他的丛林，他的女人……多么美妙的世界啊，可是他的躯体多么糟糕，要命的是它越来越糟糕，比预感的糟糕还要糟糕。糟透了。有些事情只有自己清楚，海明威不会告诉别人。这种事情，哦，关于这种事情除了自己任何人都是别人。玛丽也是别人。

别人意味着：不相干的人。

黄泉路上，每个人都是孤魂野鬼。

海明威有一次记不起一些鸟类的名字，难过得流泪了。玛丽一只手搭在他的宽肩膀上，微笑着面对他，却转眼跑到旷野里放声大哭。

受伤的狮子伏在草丛中自己疗伤，受重伤的狮子独自死去，没有同伴。亲近它的是那些大鸟，盘旋在乞力马扎罗山峰的大鸟。气味儿相当难闻的一群群鬣狗，它们转动可恶的头……

1961年的某一天，海明威趁人不备，想用猎枪自杀。大儿子波比扑过去紧紧地抱住枪管，儿子的泪水顺着枪管往下流。海明威叹口气。医生来了，又是医生，各种各样的医学博士。又一次，海明威径直走向正在转动的飞机螺旋桨，但驾驶员及时关闭了发动机。玛丽深知丈夫求生的欲望大于死亡，一家子奔向太阳谷狩猎场，那儿也有上好的医院。

时值6月，钓鱼打猎的好时光。在他们居住的地方，玛丽把枪支藏在地下室。她亲爱的丈夫佯装不知，余光却在瞟。丈夫还坚持和她分房睡。

1961年7月2日，距离他的生日仅有十九天，阳光灿烂的早晨，几十年来每天写作的早晨，欧内斯特·海明威用心爱的双管猎枪射向了自己的脑袋。被枪声惊醒的玛丽冲下楼……

毕加索

PICASSO

一半上帝一半魔鬼

打倒风格！上帝有风格吗？可他造出了不存在的东西，我也一样。

——毕加索

我手头有三本毕加索传记和一本《毕加索访谈录》，其中一本是剑桥大学联合会主席阿莲娜·哈芬顿写的，出版于1988年，洋洋数十万言，笔触细腻，资料丰富而可靠。阿莲娜花五年时间采访，接触了数百人，包括毕加索的亲人、朋友、经纪人和情人们。另外两本传记是法国人写的。作家写画家有点勉为其难，语言与绘画是两种不同的表达方式，尤其是抽象绘画。作家更多的是捕捉画家的生活，从生活中寻找命运与艺术的契合点。毛姆的《月亮与六便士》是作家写画家的杰作。罗曼·罗兰的《约翰·克利斯朵夫》是作家写音乐家的杰作。

毕加索是西班牙人，他父亲唐·何塞是画家，马拉加市博物馆馆长。毕加索生于1881年，他生不逢时又生逢其时，前者是说：西班牙帝国在19世纪后期急剧衰落，它与美国在海上交兵，它败给美国。20世纪的上半叶，西班牙经历连年内战和世界大战。

何谓生逢其时？本文作一解答。

阿莲娜在《毕加索传：创造者与毁灭者》的开篇写道："他降生时，大家都以为是个死胎。"

毕加索生下来没有呼吸，接生婆使出了浑身解数，然后认定这是个死胎。举家悲伤。唐·何塞四十多岁才结婚，妻子玛丽亚小他十六岁。半个多小时过去了，婴儿一动不动，呼吸全无。产妇号啕大哭。接下来他们打算处理死胎。但是何塞的弟弟唐·萨尔瓦多摆摆手，他点燃了一支大雪茄，深深吸了一口，俯下身对准婴儿的鼻孔使劲吹进去。这位医生兼牧师会会员说，就看孩子的造化了。

雪茄烟的烟雾散去，孩子活了过来。"一脸怪相，像公牛一样怒吼着"。

不久，在圣地亚哥教堂接受洗礼和命名，这个婴儿有了长达五十个字的名字，祖父、伯父、教父和教母的姓都要冠进去，简称巴勃罗·毕加索。

他父亲身材修长，母亲个子矮小。后来他的小个头像母亲。

毕加索生下来就嗅着颜料，继而盯着画布，仰望父亲走来走去挥舞画笔。还不会说话时，就画了一个长长的、螺旋形的、粘满糖粒的东西，家里人一眼认出那是个热甜饼，他想吃。四岁他玩剪纸，把剪出来的动物和花卉贴到墙上。

婴儿的最初印象，婴儿心灵的最初几道涟漪看来很重要。当然，这个"很重要"不能细化，婴儿心灵涟漪的奥秘在上帝手中。

毕加索生长在五个女人之间，类似萨特的童年、普鲁斯特的童年。包括孔孟在内的许多中国古代大文人有两个特点：一是父亲去世早，二是父亲长年累月在外宦游。

女性气息包围着小公牛般的毕加索，她们的音容笑貌，她们的触摸、亲吻和搂抱。这对毕加索会产生什么呢？后来他的人物画，女性题材占比甚高。

毕加索有了一个妹妹孔色达，他对妹妹的疼爱让大人们都感到吃惊。对和家族中的同龄男孩儿交往玩耍，毕加索兴趣不大。他对父亲的恶作剧印象深刻：唐·何塞到市场上买鸡蛋，当着卖蛋人把鸡蛋敲碎喝下去，却吐出来一枚亮晶晶的银币。如是者三，卖蛋的妇人目瞪口呆。何塞走开了，听到身后响起一连串敲碎鸡蛋的声音。

何塞养鸽子，画鸽子，很多年以后，毕加索煞有介事地回忆，他父亲画了一幅巨画，想象一下吧，一个装着数百只鸽子的鸽笼，还有成千上万只鸽子……何塞的这幅画现存于马拉加博物馆，只画了九只鸽子，而且尺寸不大，根本不是什么巨画。儿童毕加索的印象与中年毕加索的记忆完全吻合，却与事实相差很远，可见画家特殊的记忆方式，他从未想过所谓真实的事物。印象就是真实，感觉就是真实，梦境、幻觉都是真实。艺术做什么？艺术改写现实，再造现实。艺术让现实更为现实。

艺术家忠实于童年印象，这一点非常关键。这里有艺术家与普通人的一道分界线。何谓儿童？儿童是现实与梦想的混成态。由于崇拜，由于喜欢或恐惧，儿童眼中的现实迥异于成人看见的世界。一般人长大的标志就是去掉孩提时代的想象。艺术家留住想象。杰出的艺术家强化想象。

不过我们也可以说，毕加索错得正确。甚至可以说，幸亏他错了，所以他才正确。如果他以所谓现实的标准去衡量记忆，裁剪记忆，那就没有毕加索了。

福克纳称赞海明威："《老人与海》的诞生，意味着海明威找到了他的造物主。"这话是说：艺术家让不存在的东西存在，就像造物主。

自幼充满艺术细胞的少年毕加索无法安心待在教室，他总是想逃课。成绩不好，数学差得没底，连二加一再加二都是他屡攻不克的难题。每次心算都走神，走起神来没完没了，没人知道他在想什么。小孩子毕加索抵触数字，唯一感兴趣的数字是"1"，因为墙上的挂钟走到一点就放学了。为了逃课，他送老师素描、水粉画，百般巴结讨好。有个老师在课堂上撕了他的一幅鸽子素描，他痛苦到抽搐，嘴唇嗫嚅，发誓要用弹弓袭击老师。他说到做到，弹弓射出的石子打得老师双脚跳，然后他被学校关了禁闭。他在校园游荡，到处涂抹，乱画一通，画笔粉笔被收缴就蘸了树汁画。上课他受到老师额外的监视，于是他反抗，使出各种招数，包括用蜡烛在课桌的抽屉里烧虫子吃，烧了半学期，把三厘米厚的桌面烧穿了……

1890年，唐·何塞失掉了市立博物馆的职务，丢了饭碗。1891年，唐·何塞带领全家迁往另一座城市拉科鲁尼亚。何塞在一所学校担任美术老师。过了一年，毕加索被安排在父亲的班上，先学装饰画。

六十多岁时老小孩毕加索回忆："因为我是个坏学生，他们就常把我关到禁闭室，那里有新粉刷的白墙，还有凳子。我很喜欢他们把我送到那里，因为我可以拿个本子，在上面画个不停。对我来说，那种惩罚就和放假一样。我甚至故意惹点事，让老师惩罚我。我在那里一个人，谁也不来打扰我，我可以画，画，画……"

他把两只正在交配的动物画到禁闭室新粉刷的墙上，还题写歪诗，禁闭期被延长了，为此他窃喜不已。那一年他九岁。

在家里，父亲训练他。"父亲把一只死鸽子的双爪切下来，固定在一个板子上，让我做局部写生，直到他感到满意为止。"画石膏人体的各个部位，直到父亲点头为止。严格的训练并未让毕加索感到严格，父亲去上班，他一个人可以画上半天。画够了他就出门去疯，"母亲监视着我的一举一动，担心我在街上捅出什么乱子。可是她所能看到的，只是我们做游戏的彭特维德拉广场的一部分。她没办法，只好跑进狭小的盥洗室，踩到马桶盖上，踮起脚，从窗户看我在玩什么"。不捅乱子的小孩儿成不了孩子王。乖孩子只能远远跟在孩子王的屁股后头玩，横竖跟不近的。

画几个钟头又疯几个钟头，毕加索的童年就这两件事。小学毕业考试，极简单的数学题他也做不出来，但他无师自通，不知想了什么办法去讨好班主任，终于拿到了毕业证。类似的举动显现出他性格中诡谲的一面。

上课走神，画画定神，疯玩费神。野孩子名堂多多，念头转得飞快，又能刹那间定住，挨打或受挫，能够瞬间反弹。毕加索想要得到的东西，变尽花样也要弄到手，但不会死搅蛮缠，否则，堂堂"首领"没面子。这里有个微妙平衡。意志起来了，而意志变成强力意志的过程弯弯曲曲，错综复杂。

身心灵动乃是天才成长的不二法则，强力意志乃是天才人物的共同特征。

毕加索十三岁时遇到两个对他的一生产生影响的悲剧：他八岁的小妹孔色达死于白喉病；他与同班女生安格丽丝的恋爱被切断。

妹妹的病逝，让毕加索陷入极度的痛苦，他发誓，如果主能救活妹妹，他宁愿为主牺牲自己的才华，永远不拿画笔。然而妹妹走了，毕加索认定上帝是灾难，命运是敌人。不久，他画了一幅素描《基督祝福撒旦》。他笔下的基督像"虚幻无常，没有脸，没有个性"。

忧伤的少年责备自己在上帝与绘画之间摇摆不定，才导致妹妹的死亡。深深的自责形成了内心褶皱，他将在未来漫长的时光中去打开褶皱。所谓内心世界的生成，通常要有激烈情绪的导入，由情绪点燃其他。

安格丽丝是一个富家女儿，长得玲珑可爱。班上只有两名女生。巴勃罗·毕加索郑重其事在作业本上写下"安·巴"二字，这是少年与少女名字的缩写。他画画，署名安·巴，兴高采烈赠送给十几个同学。恋情突然公开，安格丽丝不知所措，满脸通红。这是毕加索的诡计，他估计全班的学生都钟情于安格丽丝，他必须率先打破朦胧状态。少年毕加索老有经验了，他观察动物们的示爱，公鸡与母鸡，雄鸟与雌鸟……他展开了他的雄鸡翅膀。他成功了。少男少女在课桌间也互相靠近。阳光下的爱情和树荫里的爱情，手指一碰浑身战栗，战栗的后面隐隐约约潜伏着很多战栗。毕加索写情书。他收到小姑娘词不达意的回信再写情书。约会，心跳，表达，这是少年爱情的三部曲。后来他一度中断绘画写小说，写剧本，写诗歌。

双方的父母都发现了。安格丽丝父母那半贵族式的家庭与那位新来的绘画教师的家庭间，社会地位太悬殊了。

恋情难以切断。半贵族式家庭把安格丽丝送到另一座城市潘普洛纳上学。毕加索博物馆有画家在一册课本上留下的一行字，紧接着安格丽丝缩写姓名的后面，是"潘普洛纳"。

十三岁的小男孩儿恨得咬牙切齿。又是一次激烈情绪的导入，引爆出内心纵深。社会地位这个词，跟潘普洛纳一样难听。对社会不平等的追问伴随着自身痛苦，极大地影响了毕加索的价值观。穷小子走到哪儿都遭人白眼，哪有资格谈情说爱。正如在关于毕加索早年生活的编年史中所记载的那样："在他身上，纯真与痴情已不复存在。"他生下来就像一头怒吼的小公牛。半年的纯真与痴情，然后他亲手加以埋藏，同时在心里埋得很深，将要开出怪异的花朵。少年郎伤痕累累。几乎一夜间，他长大了。两年后他在妓院结束了处男。后来一个又一个女人由于他而痛苦，而绝望，而发疯，而歇斯底里。他的画布上没有爱情，爱情倒是他一次次攻击、嘲讽的对象。小公牛毕加索，老公牛毕加索……

　　妹妹孔色达走了，也带走了他曾经虔诚信仰的上帝。安格丽丝转校了，他的爱情画上了句号，而他的生命还有八十年。

　　唐·何塞调到巴塞罗那，毕加索随父迁徙，进了巴塞罗那美术学校。巴塞罗那是西班牙最大的港口城市，与法国的马赛隔海相望。

　　"他无法适应学校的各项规章纪律，不愿上课，也不喜欢学校这类教育机构。"天才儿童，往往质疑学校本身。学校限期一个月完成的素描作业他一天就完成了，然后去了其他学生不敢去的地方。他结识了两个街头少年，常去"幸福咖啡厅"，这个咖啡厅被笃信上帝的巴塞罗那人称为"地狱中心"，只有那些对灵魂得救感到绝望的人才是它的常客。"这些年轻人常常沿着巴塞罗那宽阔的兰勃斯大道散步，或一起在旧城狭窄的街巷漫游，要么就去逛妓院林立的唐人街，就在这里的妓院，巴勃罗·毕加索第一次体尝了性……他当时还不满十五岁。"

　　只有欲望和强烈的好奇心，少年毕加索没有爱情。

　　在笃信上帝的城市，他画的一系列基督像近乎亵渎。

　　拉科鲁尼亚的伤心体验，在巴塞罗那发酵。受社会蔑视的穷小子和自视甚高的神童，发生了剧烈冲突。此前他从拉科鲁尼亚带回家乡的画作《赤脚的女孩》《伽利西亚的老人》《戴帽子的乞丐》《年老的流浪人》《伽利西亚女人头像》，一律专注穷人。当时他才十三岁。从此他和穷人为伍，向资产阶级开火。这种价值取向是生活带给他的，是植入皮肉的"艺术指令"。小小年纪的毕加索，并不是把一切都想清楚了才动笔。直觉展开他的画布，热血喷涌他的笔端。没有所谓主题先行，直觉的运行本身就是布局，是色块、结构的天然融合。

　　他在课堂上画的人物素描"总是满脸怒气"。

　　叔父萨尔瓦多要他定期深入社会，他后来回忆："叔父有一天对我说，如果我不去接触社会，他就不再带我去看斗牛，于是，我当然要去接触社会了。

为了看上一次斗牛，我得接触社会二十次！"

穷小子的社会主要是贫民窟，他怒视富人与豪门。毕加索绘画的"黑色时期"，始于一张张穷人的脸。

没人带他去走街串巷，他自己选择。父亲和叔父也不太清楚他的伤心，他的绝望，他由此展开的痛苦思索。少年画家毕加索在巴塞罗那的美术课堂上打呵欠，同桌马努写道："他出类拔萃，令人瞩目。他很快就能抓住各种事物的特征，至于教授讲些什么，他根本不注意听……他有时显得很激动，而有时沉默无语，几个小时不说一句话。"

美术学校能培养艺术家吗？学校的课程安排有伤心课和绝望课吗？

毕加索一次又一次逛妓院，在那些浓妆艳抹的妓女身上消磨时光。他向谁报复？向半贵族式的安格丽丝的父母？向安格丽丝本人？少年心事当拿云，而毕加索的初恋已隔云山千万重。

小公牛毕加索是一头愤怒的小公牛。

19世纪末的西班牙被美国人撕裂，美国海军击败西班牙的无敌舰队，占领了西班牙殖民地马尼拉。西班牙帝国的末日到了。国内矛盾白热化，内战很难避免。在马拉加、巴塞罗那、马德里，"自称'98一代'的作家和艺术家们也成群结队，他们对'垂死的社会与自取灭亡的政府当局'深恶痛绝，主张社会主义与无政府主义"。

少年毕加索在时代的洪流中找到自己的坐标。"黑色时期"的绘画延伸到死亡主题，《死神的吻》《死神的叫喊》《两个极度痛苦的人》《在孩子床边祈祷的女人》——在妹妹孔色达的病床边他听到了死神的喊叫，而母亲的祈祷并未感动上帝。

毕加索十三岁遭遇失恋与妹妹的死，笼罩着他的若干年。艺术喷射建基于此，生活方式发端于此，波及他未来的几十年。

1897年秋，十六岁的毕加索来到马德里，进入西班牙最高美术学府——圣费尔南多美术学院。最高美术学府，在美术少年眼里如浮云。毕加索很少去学院，他到处追踪那些"使美艳无比的土耳其女郎黯然失色的马德里姑娘"，整天在公园做速写。

生活毫无规律，浪荡少年病倒了，有人说是梅毒。家乡的姑父、姑母中断了对他的资助。他们的原则是，对天才倾囊相助，对浪子绝不姑息。只有父亲唐·何塞继续给他寄钱。

毕加索病愈后画了一幅《困惑的毕加索》，憔悴，困惑，迷茫。马德里待不下去了，他和马努去了马努的老家：奥尔塔山村。山村有个吉卜赛少年，也喜欢画画。三个少年形影不离，在山洞里住了一个月。自由而纯朴的吉卜赛少年让"坏小子"毕加索惊喜莫名，几年来他的朋友几乎都是歪瓜裂枣。叔父萨尔瓦多断言：他只能一生放荡……

日后毕加索对人说："在奥尔塔，我学到了我所会的一切。"

劈柴，做饭，爬山，瀑布下冲澡，山林深处打蛇捕鸟，跟数十种植物打交道，整夜跟随牧羊人。观察光线的变化，躺在"巨大的"月亮之下，冒着雷雨冲上山岗，春日里乱走野地……八个多月的时间，自然每天向画家涌逼，但他没有自然这个概念，从来只有一棵草，一道光，一块石头或一片荒野。心里如歌如酒却不想多说话。三个少年的友谊与日俱增，这对毕加索来说，简直是脱胎换骨。很早很早以前，他跟吉卜赛少年一样纯朴，单纯地爱这个世界，相信上帝的仁慈。然而生活把他引向另外一边，他看见了生活的残酷，社会的残酷，人的残酷。

法国评论家保罗写道："那一时期的作品，最显著的特征就是富有真情实感。毕加索笔下的那些风景如此质朴生动，真挚感人，没有半点虚伪和丑恶。但在他以后的作品中，这一切都没有了，大概不会再有了……在他一生的绝大部分时间里——或许是永远，奥尔塔意味着一个'失去的乐园'。"

乐园有一条影影绰绰的毒蛇：奥尔塔外面的尘世。

毕加索不想离开这个乐园，真不想。他的某些受到压制的潜能在奥尔塔调动了：原来有个单纯的毕加索。他本不想浪荡，尘世逼他反抗。

一个夜晚，吉卜赛少年拔出他的刀，仰天狂呼，然后盯住毕加索说："我爱你胜过一切，我必须离开你，不然我会杀死你，因为你不是吉卜赛人！"

吉卜赛少年说完转身就走，消失在山村的夜幕中。毕加索顿时失魂落魄，冲上山岗狂喊：毒蛇尘世，我要回来！等着我的雷霆之怒吧！

从十三岁到十六岁，这位天才少年的灵魂再三受到鞭笞和雷击。

毕加索带着怒容、倦容离开了奥尔塔。

他回到1899年的巴塞罗那，沉默寡言，置街头骚乱于不顾。他首先要对付自己的骚乱。他下决心离家出走，把父亲的爱和姑父寄予的厚望完全抛开。他搬到全城最肮脏的烟花巷，"这一带的妓院是藏污纳垢之地，脏极了，没有电，没有自来水，到处是垃圾、污物、尿，臭气熏天，空气里弥漫着精液与汗液混合的怪味。窗帘又脏又破，床上的被褥污秽不堪……墙上涂着淫荡下流的画，灰皮一片片地剥落，疮痍满目。这就是巴勃罗择居的天地"。

后来毕加索写道："这就是决心与众不同，走自己的路。"

父亲是美术教师，叔父是名画家，姑父是有钱人和体面人，而毕加索无视这些。他搬到肮脏混乱的地方去，与最下等的妓女打成一片。

唐·何塞非常爱他，他知道这种爱，从小到大依赖这种爱，现在他以粗暴的方式摆脱这种爱。他不想成为父亲生活的中心，他把自己边缘化。

家里的生活条件是好的，上等街区的房子，干净而明亮，有画室和琴房，尽管这与姑父的帮助有关。

欧内斯特·海明威高中毕业后拒绝考大学，逃离著名的中产阶级小镇橡树园，跑到芝加哥的贫民窟，过得很享受。因为处处强势的母亲想要安排他的一切。

唐·何塞并不想安排儿子的一切。他全城找儿子，两个月以后才把儿子从烟花巷劝回家，让儿子洗澡，换衣服，饱餐美食，美美地睡觉。这位父亲不说一句话，虽然儿子的憔悴、肮脏使他想哭。他担心儿子染上梅毒。

毕加索已经积习难改了，城市最吸引他的地方，可能要数妓院。肮脏是别人眼中的肮脏，没自来水就喝井水河水，没电就点蜡烛。港口城市巴塞罗那聚

年轻时的毕加索

集着不同肤色的人，妓女和嫖客形形色色。毕加索能找到他想要的那些东西，而美术学院冠冕堂皇的教授们只是让他打呵欠。

毕加索常去"四只猫"酒吧，那儿有美术青年和文学青年，谈论，辩论，有时候激烈争吵，毕加索洗耳恭听。年轻人"言必谈尼采"。西班牙和法国的艺术青年笼罩在尼采式的强力意志之中。毕加索似懂非懂地读着尼采的书，他感到尼采的哲学最符合自己的需要。

无政府主义者巴枯宁在"四只猫"酒吧高喊："让我们相信那毁灭一切、消灭一切的永恒的精神吧！"毕加索记下了这句话。

他有了一个朋友，名叫卡萨吉马斯，喜欢柏拉图式的恋爱。毕加索带他逛唐人街的妓院，他止步于妓院门口。毕加索在墓地写生，画得很起劲，而卡萨吉马斯半天不下笔。"他心灰意懒，看破红尘，信奉虚无主义哲学，有什么值得赞美呢？"

毕加索要冲进滚滚红尘，冲到巴黎去。卡萨吉马斯一同去。临行前毕加索为自己画了一幅素描，题字是："我即国王。"

1900年7月，毕加索来到巴黎，再过三个月他才满十九岁。巴黎街头混乱的生机很合他的胃口，"巴黎人以街为家，他们在街头唱歌，在长凳、咖啡馆门口和公交车上接吻，在公共便池解手，在人行道上购买小贩们的各色货物……马夫吆喝着牲口，把鞭子甩得啪啪作响，蒸汽车鸣着汽笛，报童们挥舞着报纸……毕加索在这样的环境下，顿时感到无比自由"。

他说："塞尚若是在西班牙，准会被人活活地烧死。"

"他处处显得怪异，五短身材盖一顶便帽，领带五颜六色，短脖子围着花哨的方格围巾。但是在巴黎，没有人注意他。"

毕加索的身高"不足五英尺三寸"，大约一米五九。他健壮，胸肌发达，浑身是毛，他的胸毛与十几年后来到巴黎的海明威有得一比。他必须每天刮那些又粗又硬的胡子。

毕加索的画风受印象派大师劳特累克、雷诺阿的影响，他又抵制这种影响。到巴黎不久，他卖出了一幅油画《烧饼磨坊》。他逛红磨坊、烧饼磨坊和伦敦院，伦敦院是伦敦路上的一家妓院，毕加索是常客。

毕加索在巴黎初显身手，有人来找他了，这个人叫曼雅克，年轻的工厂主，精力充沛的艺术经纪人，自称"名门望族的败家子"。曼雅克看了毕加索几幅画，提出每月付毕加索一百五十法郎，收购他的全部画作。这是一笔相当可观的收入，当时他的房租每月只需十五法郎，生活费只需两法郎。

毕加索接受了，但心里不痛快。他不喜欢受人摆布。曼雅克给他钱，却要干预他的风格和题材，为他引荐一些他不想见的社交人物。他躲开曼雅克，而曼雅克能轻而易举地找到他。毕加索嘟哝，这个名门败家子烦透了！

很多国家的文艺青年来巴黎闯荡，聚集在拉丁区，十几年熬不出头的大有人在。毕加索来巴黎两个月，就有了可靠的经纪人，可他感觉不舒服，一直不舒服。年底，他回到马拉加，继而去马德里。曼雅克看不到他的作品，每月仍寄来一百五十法郎。这个经纪人认定了毕加索。

柏拉图式的青年卡萨吉马斯和毕加索在一起，他们共同闯荡艺术世界。卡萨吉马斯爱上了一个混血模特吉尔迈尼，这个时装模特却到处酗酒，喜怒无常。柏拉图式的青年越陷越深。毕加索对女模特印象不好，拉着卡萨吉马斯逛妓院，试图让朋友摆脱醉醺醺的疯女郎。然而，卡萨吉马斯悄悄回巴黎了。

1901年2月的一天，毕加索在巴塞罗那接到朋友的死讯，顿觉天昏地暗。卡萨吉马斯召集一群待在巴黎的朋友共进晚餐，大哭，掏出手枪向吉尔迈尼开了一枪，然后又对准自己的头部开枪。他死了，疯女郎并未受伤。这个噩耗之后很快是另一个噩耗：卡萨吉马斯的母亲经不起打击，在痛苦中死去。

毕加索整天躺在画室的地板上，两只眼睛像鱼目。"鱼目者，恒不闭也。"

深度的撞击，催生深度生存者。而在互联网时代这却是一个难题：大量的信息刺激使人日趋麻木，一连串的小瘾头把人撕成碎片。浅表性生存的成气候，殊难逆转。怀念亲人和朋友的能力将受到严峻考验。

十三岁，十六岁，二十岁，毕加索备受煎熬，生活逼他脱胎换骨。他必须告别浪荡的生活，必须用功再用功。夏天他回到巴黎，住进曼雅克给他安排的克利希大街的房子，去赛马场等上流人士光顾的场所。他成功举办了画展，曼雅克忙前忙后。由于曼雅克，他认识了麦克司·雅各布，又一个经纪人。"他爱毕加索是无条件的，他对任何人的爱都比不上对毕加索的爱。雅各布一生都在搞同性恋……对毕加索，他绝不搞同性恋"。曼雅克有同性恋倾向，毕加索心知肚明。

1901年的毕加索深陷在郁悒中，他开始用蓝色表现痛苦、孤独，表现内心的混乱与挣扎。他曾经放荡过，以后还会放荡，但他骨子里不同于那些吊儿郎当的后生，那些朝三暮四的纨绔。他痛苦并栖身于痛苦，反复打量痛苦。

1888年，凡·高写道："我用红色和绿色来表现人的恐惧感。"

1901年10月，"四只猫"酒吧里的朋友乔姆·萨巴蒂斯来到巴黎，毕加索天不亮就赶到火车站迎接。他需要朋友的慰藉。那个混血女模特吉尔迈尼跑到他的画室与他同居，一同怀念卡萨吉马斯。哭，喝酒，流着眼泪上床，颤抖着紧搂。毕加索画了一幅《卡萨吉马斯的葬礼》，画面令人毛骨悚然。他用画笔与死神搏斗。这种搏斗始于他十三岁那一年：妹妹去世了，上帝的尊容像个无常鬼。

"长期以来，毕加索一直在对生的热情与对死的专注中徘徊。"

象征主义诗人奥里哀写道："今天，一大批科学家和学者在彷徨，在失去信心。"

19世纪和20世纪，西方诞生了大量的哲学家、文学家、艺术家。两百多年间，工业文明与前工业文明激烈碰撞。思想和艺术显然是强对流的产物。到20世后期，艺术大师凤毛麟角。一千个当代西方画家，恐怕难抵一个毕加索，除了影响力，艺术品的市场价格也证明了这一点。我们正在进入只能回望艺术大师的年代吗？前工业文明对个体生命的塑造更扎实、更坚固，更具有张力吗？

二十岁的毕加索在巴黎，跟曼雅克的关系日趋紧张。他平生第一次写信向父亲要钱，他要摆脱曼雅克，不惜再次离开巴黎。冬季的一天，他和萨巴蒂斯出去了，心里惦记着父亲的回信。在另一个画家朋友的画室待到晚上，他走神，心不在焉。好多天了，他只惦记父亲的信。而曼雅克也到了神经质的地步，他足不出户，守着克希利大街那栋房子的邮箱。"萨巴蒂斯陪毕加索回克希利大街，一进屋，他们发现曼雅克正躺在床上，用被单盖着脸，嘴里喃喃重复：'信！信！'巴塞罗那的来信在地板上。"

毕加索拾起父亲的信，冲着床上捂着肚子呻吟的曼雅克做了个鬼脸，仰天大笑出门去。

回巴塞罗那白吃白住，毕加索的自尊心又受伤了。打小他就是孩子王，是一群街头娃的首领，自己决定要干什么和不干什么。他初次去巴黎，在自画像上骄傲宣告："我即国王！"掌握命运的人是他本人，而不是画商或者父亲。

毕加索没日没夜画画，画那些寒风中衣不遮体的穷人、饥饿的老人和孩子。《病孩》《悲剧演员》《海边的穷人》《弹吉他的老人》……为什么孩子要挨饿？为什么少女要卖淫？如果真有上帝，上帝为什么让他的孩子受尽苦难？

毕加索深陷在他的"黑色时期"之后的"蓝色时期"。在西班牙，在法国，痛苦的扭曲与变形，长期统治着他的画布。

"他已经阻止了自己的心去爱，但他不能阻止自己的心去想。"他迷上了一个歌舞演员拉·贝拉，每天去看贝拉演的短歌剧，演员在台上艳冶疯狂，画家在台下毛发倒竖。回家他凭印象画贝拉的速写，把她的每个动作、表情画得淋漓尽致。他的房间里到处都是贝拉的速写像，多达数百幅。

萨巴蒂斯回忆："那位美丽的歌舞演员使他着了魔……那些作品精致、秀雅，充满了魅力，……每一张都是一笔画成，铅笔没有离开过纸，就像用流畅的笔匆匆记下的某个观念的精华，毫不犹豫地捕捉每个最细微的姿势，每个人体美的细节，那么热情奔放，那么柔软妩媚。"

生活中练就的绘画基本功，十倍于课堂上的基础训练。

一边紧盯受苦受难的卑贱者，另一边是表现女人。两者都是取之不竭的题材，而且重要的是，画家的每一笔都出自内心，出自他痛苦的灵魂和变形的想象。

秋天，毕加索返回巴黎。

他住低级旅馆，拿走朋友家的面包和硬币，但事后告诉了那个朋友。在家里混吃混喝，他真是受够了，宁愿过贫困却自由的流浪生活。

"巴勃罗·毕加索骨子里流着吉卜赛人的血。"

雅各布费尽心思终于在小旅馆找到毕加索，要尽快把天才从那间悲惨小屋带走。雅各布教书，当店员，看手相，教钢琴，做男保姆，他攒了钱，飞快奔向毕加索，用租来的马车把天才画家的全部家当搬到伏尔泰大街137号。然而雅各布被解雇了，他和毕加索又推着小车转移到巴伯街35号。

雅各布给毕加索看手相，说他的命运线是极罕见的。

画家在巴黎举办了第二次画展，不成功。但评论家莫里斯指出："这位年轻人的整个作品被一种深深的悲哀笼罩着。他的作品之多，已经不计其数。毕加索，他在识字之前就开始了绘画，……他就像个年轻的神，要重新创造世界。但这是个阴郁的神。他所画的脸大都是痛苦的，没有一丝微笑；他的世界是无人居住的，正如麻风病人的房子，而他的画本身就是病态的。画家病入膏

蒙马特尔区"洗衣船"

肓了吗？我不知道。可是他的作品无疑充满了力量，天资，才华，如此的素描与构图……归根结底，难道还有人要看到他的绘画被医治吗？难道这个过早成熟的孩子不是注定要如此吗？他受的苦难似乎比任何人都深，他由此产生出病态的、对生存的否定意识。正是如此，他才贡献出杰作。"

这篇著名的画评文章直截了当，一针见血，没有精致的词语包装，没有绕来绕去的学术腔。作者莫里斯是法国大画家高更的好朋友，曾经造访著名的塔西提岛。毕加索跟莫里斯交朋友，仿佛这个能洞察他精神世界的人，也能为他的精神提供治疗的良方。

1904年，毕加索在巴黎蒙马特尔区有了新住址，一座破旧楼房的顶层。雅各布把这破楼称作"洗衣船"，它很像塞纳河上妇女们用来洗衣的船。这里住过印象派大师雷诺阿、戏剧家保罗·福特等人，据说贫困潦倒的艺术青年，爬上洗衣船就有好运。

这座怪楼的大门开在顶层，要到其他的三层去，须上顶层再往下走。冬季奇冷，夏天暴热，门窗、地板、天花板，风一吹就嘎嘎响。人们说，洗衣船原是专门为爱尖叫的女人和悍妇设计的。"爱情的叹息一下子就传到了隔壁，哪家若是发生了争吵，从底层到顶楼全都能听见。然后是毕加索养的狗发出嚎叫，凡·唐金的小女儿啼哭起来，意大利男高音停止了歌唱，卖三明治的小贩醉醺醺回到家，威吓说要把整座楼给拆掉。"

毕加索搬进洗衣船，在巴黎的西班牙人纷纷向他靠拢。有个叫马努罗的小子爱偷东西，借钱不还，他把画家杜里奥收藏的高更作品偷去卖掉。他还偷走雅各布的两条裤子，但雅各布跟他成了朋友。马努罗不道德，却崇拜天才，他认为毕加索是天才。他与雅各布上船下山（蒙马特尔山），紧随毕加索，俨然是天才的保镖。两个保镖还负责叫卖毕加索的素描，卖得很辛苦，但还是咬牙坚持卖。画家本人摆画摊，炎炎夏日用一块遮羞布遮住下体，向过往行人兜售画作。

毕加索喊破嗓子卖不出去。三个小伙子就一齐喊，震得门窗哗哗响。愤怒的小贩朝楼下扔东西，意大利男高音用最高音表达怒火，洗衣船的几十只狗加入了大合唱……蒙马特尔山治安混乱，毕加索出门要带手枪，睡觉把手枪放在枕头边。他去练拳击，向教练展示胸肌、臂肌、腿肌，几个回合练下来，被对手打得鼻青脸肿。

4月住进洗衣船，8月初，"命运线极罕见"的毕加索好运来了。

这一天午后下着暴雨，炸雷滚过塞纳河左岸的低空，毕加索正在制作铜版画，鬼使神差地，他放下手中的活，抱起了他的猫，径直走进暴雨。他喜欢暴雨中那近乎窒息的感觉。再说他太穷，半年没闻到女人味了，他需要那种浑身上下的肌肤被刺激的感觉。

"一位美丽端庄的妇人被雨淋得浑身湿透，跑进了洗衣船。他拦住她的去路，把小猫送到她的怀中——这既是奉献，又是介绍。他笑了起来，她也跟着笑了起来，然后他带她去看他的画室。"这位端庄的妇人日后回忆，这是在蓝色时期的末期，在那可以呼吸到创作气息的画室里，有许多未完成的大作品。但毕加索的工作室多么混乱！

这女人叫费尔南代，二十三岁。家里经营帽子商店，她十七岁跟店员结婚生子，一天丈夫和儿子却忽然消失了。她又结婚，又不幸，对生活感到幻灭的费尔南代走进了洗衣船。船上有的是幻灭者和奋斗者，毕加索两者兼具。

那个雷雨天，毕加索和费尔南代在洗衣船的顶层初试云雨。这是毕加索在妓女之外的第一个女人。他穷得不能再穷了，"贫贱夫妻百事哀"。毕加索的女人没鞋穿，两个月不敢出门，更严重的是他们经常挨饿。

马努罗消失了一段时间，天才艺术家连一块偷来的面包都没有。缺吃少穿的男女饥肠辘辘搂在一块儿，冬日搂得更紧，仿佛只是为了互相取暖。费尔南代害怕她的商人父亲，不敢回家。她在洗衣船上生炉子做饭，洗衣服，收拾房间，忍受虫子、汗臭、怪味和整条船的喧嚣，可她根本没动过回家的念头。毕加索跟朋友出去三天五天，她耐心等他。次年夏天，毕加索应邀去荷兰度假，费尔南代在热得要命的洗衣船顶层度过夏天。她跟那只猫昼夜蜷缩在一起。

海明威宣称："我爱上谁，谁就跑不掉。"

西班牙人毕加索天生就是一团火焰，女人靠近他的初衷可能是为了取暖，但是直到烤焦，她们也不肯后退。法国、西班牙、俄罗斯，甚至包括以严谨著称的德国，女人们凭借直觉选择她们的男人。毕加索身无分文，身高五英尺多一点，大多数女人都比他高，费尔南代高他半个脑袋。他整天郁郁寡欢，总是几个钟头不吭一声。他只画资产者不愿掏钱买的穷人，穷人，穷人。

谁把苦难买回家呢？谁愿意把痛苦、绝望挂在墙上？

毕加索不管这些。他只管灵魂，不问市场。他全身的肌肉看上去像反抗的符号，又写满费尔南代所渴求的温存。良家女毕竟不同，她可以不擦地板，但是她的男人绝对不允许她上街买东西。朋友来访，费尔南代躲在帘子后面回避。

洗衣船上藏娇娃，"珍重芳姿昼掩门"。

那个暴雨天费尔南代穿的一件白色亚麻裙子，被毕加索隆重地供起来。

费尔南代写道："毕加索出于一种病态的妒忌，强迫我过隐居般的生活。"

"他那执着的表情有些古怪，令人注目。他不是一个善于交际的人，但人们能感觉到他内心炽热的火焰，正是这种火焰的光辉赋予他一种我无法抗拒的魅力！"

毕加索以苛刻的方式珍爱他的良家女。强烈的嫉妒使他产生幻觉，幻觉的源头是：当年无数次想象那个同班少女嫁为人妇。他总是对朋友说，费尔南代是很美，可是她老了！这句话成了他受人嘲笑的口头禅。他是国王，国王的特征是占有欲。

慢慢地，画家的调色板上有了一点玫瑰色。又过了几个月，调色板上出现了粉红色。费尔南代惊喜不已，是她让粉红色挤进蓝色的海洋，《演员》以及稍后的《坐着的裸女》，欢快明亮的调子在增加。

1905年，三个重要人物相继走进洗衣船，似乎联手佐证毕加索罕见的命运线。一个是阿波利奈尔，大诗人，后来巴黎有一条街以他的名字命名。诗人从小辗转多地，长大了，到德国和波兰做家庭教师，回国后，靠着文学天才成为"青年巨人"。他写诗，写文学和美术评论，在巴黎声名鹊起。

"他来到毕加索'洗衣船'的画室才两次，就发现了蓝色时期的存在，……毕加索用形象表现的东西，他当然是用语言加以阐发。而且，在阐发中又对'蓝色时期'进行了再创造，……毕加索找到了自己的阐释者，其蓝色世界的居民们也找到了自己的维护者。阿波利奈尔写道：'这些无人爱抚的孩子懂得一切。这些如今无人再爱的妇女记忆着一切。……老人们站立在冰冷的雾中，他们有权毫不羞愧地乞讨。'"

穷人世世代代找不到自己的代言人。"穷在闹市无人问，富在深山有远亲。"富人不想细看穷人，中资、小资更不愿意细想穷人的处境。然而穷作家和穷画家原本是穷人队伍的一员，他们当中的佼佼者通常天性倔，骨头硬，不肯趋附有钱人的价值观。当然，也有一些贵族把目光投向穷人，例如拜伦勋爵，托尔斯泰伯爵。

阿波利奈尔写道："人们都说，毕加索的作品显示了一种早熟的幻灭，但在我看来，事实恰恰相反。他所看到的一切都会令他感奋不已，照我说，他是利用他无与伦比的天赋，构想出一类既欣喜又恐惧、既可怜又可叹的人物形象。他的讨人喜爱的精确的自然主义，伴随着深深根植于西班牙人心中的神秘主义……人们觉得，他笔下的那些身着破衣的瘦弱的杂技演员们，正是人民的儿子，他们多才多艺，精敏灵巧，聪明善良而又贫穷不堪。"

知音。巴黎美术界那么多声音，阿波利奈尔的画评成为绝响，他评价马蒂斯，评价毕加索，评价勃拉克。穷人的生活让毕加索"感奋"，而不只是悲哀、孤独、凄凉。杂技演员们使尽了浑身解数依然贫困，然而，他们的挣扎苦中有乐。欢乐是他们抵挡命运的一副盾牌。

所以要追问：什么是贫穷？

正是在巴黎的各种马戏团，毕加索找到通向玫瑰色的那扇门。

美国女作家吉尔特鲁德·斯坦因到法国很多年了，她住在巴黎佛勒鲁斯路27号，那儿是富人区，但经常有穷画家、穷作家去摁响门铃，斯坦因女士笑呵呵走出来。普鲁斯特、庞德、阿拉贡以及后来的海明威，都是她的座上客。她在一家画廊认识毕加索，但不喜欢毕加索的油画《执花篮的女孩》，尤其讨厌女孩的那双脚，建议画家把双脚裁去。她的画家哥哥里奥替毕加索做了解释，于是这幅日后的世界名画进了佛勒鲁斯路27号的大门。

"毕加索逐渐地，愈来愈法国化了"，斯坦因回忆，"（他）投身于法国诗歌和马戏场，……我们收藏的他的第一幅画《执花篮的女孩》，你若喜欢的话，是他玫瑰色或马戏团时期的作品。……充满了优美、雅致和魅力。自那以后，他的素描越来越坚实，线条越来越有力，色彩也愈发富有生气，他已然不再是孩子了，他已长成了男子汉……"

斯坦因走进了洗衣船，毕加索为她画肖像画，先后画了九十次，她常常在画室一坐几个小时。他并不看她，他捕捉平时对她的印象与直觉。费尔南代形容说："她的声音，她走路的样子都像个男人。她长得五大三粗，又矮又胖，很结实，脸庞长得很美，五官端正，眼睛闪着智慧的光芒，样子很高贵。"

斯坦因把美貌的费尔南代称作毕加索的"漂亮装饰"，但是静悄悄的费尔南代有一双灵动的、善于捕捉的眼睛。一个从芝加哥来的有钱男人被她迷住了，对斯坦因说："我一定要向她表示爱情，并把她带走，离开那个小毕加索。"斯坦因含笑问他，知道天才艺术家与像他这样的美国男子之间的距离吗?

那个富有的男子想出高价买走斯坦因的肖像画,毕加索一声冷笑。

斯坦因写短篇小说《马蒂斯、毕加索与吉尔特鲁德·斯坦因》。在她的沙龙,毕加索认识了野兽派创始人马蒂斯。这个画派强调直觉,表现手法夸张,强烈的色彩、大线条大色块,拒绝采用明暗法,以求得单纯的视觉冲击。马蒂斯等人在巴黎的第一次画展引发观众的惊恐,讥之为"野兽"。野兽派由此得名。而马蒂斯本人文质彬彬,亲切和蔼。费尔南代回忆,毕加索在一些聚会上常常闷闷不乐,相当压抑,而马蒂斯谈笑风生,他的头脑惊人地清晰,富于智慧。

《毕加索传》:"马蒂斯在生活中与艺术中追求的是静穆,而毕加索渴望冲突、骚动,对时代充满着怀疑与忧虑。……毕加索在艺术上没有明确的理性目标,只有一个模糊的然而又是执着的追求,那就是对尘世的挑战、震撼、破坏和再创造。"

1906年4月下旬,阿波利奈尔带着画商沃拉尔德爬上了洗衣船,毕加索正与雅各布闲聊。画商一口气买下毕加索的三十幅画。毕加索惊呆了,一个字都说不出来,眼里饱含泪水。阿波利奈尔的表情像跟他本人没关系似的,其实画商折服于他对毕加索的作品犀利的阐释。沃拉尔德留下两千法郎,这是一笔巨款。

毕加索穿上了好西装,费尔南代买了巴黎时装和香水,二人回巴塞罗那。费尔南代写道:"我在西班牙和巴黎看到的毕加索迥然不同,他快乐,不再粗野,精神焕发,生气勃勃。他平常的个性和态度都改变了。"

画家从巴黎带回家的漂亮女人满足了他的荣耀感。母亲围着费尔南代转。5月中旬,情侣去了一百英里之外的山区,一直待到8月。毕加索对山脉、石头、河流有强烈的兴趣。"多少个夜晚,他们彻夜不眠,倾听着走私者讲的故事。……费尔南代回忆说:'一股特殊的气味也会使他心旷神怡,似乎抽象与理智都不能打动他。'"

画家一遍又一遍画费尔南代。《闺阁》中四个不同姿势的裸女都是费尔南代，这是"另一种女人"，完全不同于画家熟悉的妓女。

群山环抱的原始村落让毕加索神不守舍。原始主义早在他十六岁那一年，在奥尔塔的八个月就萌芽了。神秘，原始，野性，同样吸引凡·高与高更。

毕加索在原始村落本打算待到年底，但旅店老板的女儿染上了风寒，他连夜逃走。他对疾病、死亡非常恐惧。这种恐惧发生在真正的艺术家身上，将会催生一系列杰作。

毕加索回到巴黎，西班牙山区的野性体验渐渐发生了内爆。

马蒂斯写道："我常常从皮尔·索瓦日的商店路过，看到他的橱窗里陈列着许多黑人小雕像。它们用线单纯简洁，极富特色，就像埃及艺术一样美，给我印象极深。我买了一件，在那天访问吉尔特鲁德·斯坦因时带给她看。一会儿，毕加索也来了，他立刻被这件雕像吸引了。"

雅各布回忆："马蒂斯从桌上拿起一件黑人木雕给毕加索看，毕加索爱不释手，看了整整一晚上。第二天早晨我去他画室，看到地板上铺满了画纸，其实每张纸上画的都是相同的素描：一张女人脸上只有一只眼睛，鼻子很大，与嘴合在一起，肩上垂着一绺头发。立体主义诞生了。"

但是且慢，立体主义还没有诞生，它只不过有了方向。

商店橱窗里蒙尘已久的黑人小雕像，谁去注意呢？资产者买回家做个摆件，炫耀他永远看不懂的东西。巴黎数以千计的画家视而不见。然而，马蒂斯惊讶了，毕加索着魔了。

在巴黎特洛卡代罗宫的人种博物馆，内爆持续发生。

毕加索后来对法国文化部长马尔罗说，在那可怕的博物馆里只有我一个人，那些面具、印第安人制作的玩偶、布满灰尘的人体模型把我包围了。《亚威农少女》肯定就是那天在我脑中形成了，但绝不是出于形式的考虑。那是我画的第一幅避邪画，绝对如此。可怕的光线与氛围让我想逃走，但没走，我呆在那儿，呆在那儿。我忽然明白那一刻极为重要，某些事情在我身上发生了。那些面具跟其他任何雕刻不一样，它们在反抗！反对一切！一切都是敌人，一切！不是具体的人和物，而是一切的总和！我也反对一切，我相信一切都是不可知的，一切都是敌人！我终于理解了黑人雕刻不是立体主义，立体主义还不存在！那些雕像是武器，用来帮助人们避免精神的袭扰，帮助他们独立。如果我们赋予精神以形式，我们也会独立。精神，无意识，情感，它们是一回事。

毕加索蔑视"艺术"这个词，或者说，蔑视"艺术"这个词在日常状态下的用法。艺术和文学，人人都在讲，流传越广，越远离它的本真性。

对此时的毕加索来说，一切事物都是敌人，"全部创造都是敌人"。他画画不是为了创造艺术品，而是为了制造武器："抵御向充满创造性的精神力量屈服的武器，反对一切身外之物的武器，反对一切创造情感的武器，反对自然、人性和创造万物的上帝的武器。"

毕加索声称："显然，自然还要存在，因此我们可以强奸它！"

阿莲娜写道："这是彻头彻尾的破坏性的艺术宣言，但它却被接受、兼收和认同。究其原因，一半是因为它反映了历来最严重的破坏；一半是因为人们在接受它时已大大降低了它的破坏性和否定性，接受的不是'其全部'，按照阐释者的说法，而是其资产阶级社会、传统艺术、性压抑、过时的道德与习俗的一面。毕加索是在大胆地呼唤艺术与社会从一切桎梏下解放出来，他的这一最终目的在被认识之前，一直被人们忽视或摒弃。"

以极端反制极端，并且，在这个反制的过程中，让两个极端都显现出来。反抗，破坏，谋求着它的表达形式。

"庆幸的是，还有另外一个世界，充满着美、温情和田园牧歌式的幻象。"

剧作家雅利是巴黎著名的破坏者，他让他笔下的戏剧角色在《宇宙国王》中喊道："号角吹响了！我们要破坏一切，甚至要破坏那破坏本身！"

"雅利憎恨当代社会的各个方面，憎恨资产阶级的虚假、做作和伪善。"雅利随身携带两支手枪。一天晚上，雅利在街上被人拦着借火抽烟，他很有礼貌地说："您请。"说着掏出手枪，向空中开了一枪。这件事成为新闻，开枪与呐喊震动了巴黎，这是名人雅利的行为艺术。

雅利送给毕加索一支勃朗宁手枪，举行赠送仪式，麦克司·雅各布写道："那只左轮手枪找到了它真正的主人……那真是一颗预示新世纪到来的彗星。"

《亚威农少女》则是一枚炸弹，画中描绘了五个令人毛骨悚然的妓女，萨蒙说："那几张脸丑极了！"阿波利奈尔喃喃称之为革命。斯坦因噤若寒蝉。马蒂斯发誓要对这一野蛮嘲弄现代绘画的做法进行报复！诗人德兰表示担忧："有一天，毕加索会吊死在他的大画后面。"

早在多年前，少年毕加索的一幅油画《科学与仁慈》获大奖，全家人为他自豪，而他躲在这幅画的后面向路上行人扔石子，打伤了行人……野孩子，坏小子，和现在的破坏者显然有联系。

毕加索说："没必要去画一个执枪的人，一只苹果就可以表示革命。"

画家乔治·勃拉克看到《亚威农少女》，立刻意识到，"这完全是一场预期中的革命"。他说："它使我感觉到，仿佛有人正在喝汽油同时又在点火。"

勃拉克决心做毕加索的合作者，"我们就像两个爬山的人，用绳子系在了一起"。提供绳子的人是阿波利奈尔。

毕加索与勃拉克联手，在阿波利奈尔的敏锐眼光、犀利画评的助推下，发起了一场艺术运动。到1931年，处于特别幸福时期的毕加索对朋友说，他感到他又像在1908年那样幸福。勃拉克和他满腔热情地工作，他们付出了比平常艰苦百倍的努力。

费尔南代被忽视了。她的男人废寝忘食。她变得非常勤快，每天忙家务，为三十个人在画室的聚餐做饭。毕加索不再把她的美貌藏起来。1908年她二十七岁，已经在洗衣船上生活了四年。他珍重她的芳姿却不掩门，这意味着什么呢？

女人的直觉让费尔南代不安。她未能生孩子，这是个隐忧，毕加索也不提。1909年夏天，她和毕加索回到西班牙，再次去了画家魂牵梦萦的奥尔塔。山区质朴而强劲的风把爱情吹回来了，听店主弹吉他，与农民促膝谈心，走入那个吉卜赛少年住过的山洞。画家每日黄昏搂着他的娇美女人散步。他通宵工作，有时摸一摸睡在旁边的金色长发。秋天返回巴黎，一个俄罗斯画商买下毕加索的五十幅画。费尔南代为她的男人带来了好运气。

毕加索搬到克希利大街11号。家里有了女仆，费尔南代可以睡到中午。

五年的洗衣船生活结束了。船上开启了毕加索的粉红色时期。《亚威农少女》后来成为全世界最昂贵的油画之一。粉红色取代蓝色，费尔南代功不可没，可是她带给画家的好运也是她自己的噩运。

为了躲避费尔南代，毕加索常常跑回他的洗衣船顶的旧画室。

冬天冷，夏天热，他不在乎。1910年7月，他只身回到西班牙，造访法、西交界的塞莱小镇上的那座早已废弃的修道院，当年那个爱偷东西的好朋友马努罗，跟他妻子住在那儿。

毕加索带了猫、猴子、画布离开巴黎，不带无事可干的费尔南代。

费尔南代闭门垂泪。8月中旬她终于收到他甜蜜的信，当天就奔向火车站。在小镇上，在山风中，二人重新如胶似漆。费尔南代意识到，山里的风挽留爱情，而巴黎的风吹散爱情。尽管她如此年轻，容貌身材堪称一流，巴黎时装勾勒她浑身的线条。她对绘画和画家有相当独到的眼光，并且洗衣做饭款待客人，可是……

离开小镇前的那个夜晚，费尔南代伏枕望月到天明，她的男人呼呼大睡。

1910年8月，巴黎卢浮宫的《蒙娜丽莎》被盗，举国震惊。警方迅速行动。一个叫皮埃尔的比利时青年，携带从卢浮宫偷来的黑人小雕像走进巴黎日报社，炫耀他如何潜入卢浮宫。这个艺术青年想一鸣惊人。消息第二天就登报了，阿波利奈尔吓坏了。皮埃尔偷来的那个小雕像，有一个放在他家里。毕加索也难逃干系，他曾买了皮埃尔的另外两个雕像，两个人慌作一团。费尔南代遇事不慌，她建议把雕像扔进塞纳河。后来她回忆，他们心烦意乱，度日如年。夜里他们离开家，走向塞纳河，假装在那儿玩纸牌，就像两个无家可归的流浪汉。

雕像装在一只箱子里。河边行人来来往往。画家与诗人心怀鬼胎，徘徊到半夜不敢扔，又灰溜溜抬回家，一路上东张西望。连夜策划下一步的行动方案。第二天早晨，阿波利奈尔去了巴黎日报社，道出小雕像的实情。警察上门了，在他家里搜出皮埃尔的信件，当即把他带走。

逃之夭夭的皮埃尔继续散布消息，承认《蒙娜丽莎》是他盗走的。可怜的阿波利奈尔雪上加霜。诗人后来写道："圣泰监狱的大门在身后一关上，我立即产生了一种死亡的感觉。那是一个月色明朗的夜晚，我能看见监狱的高墙。"

两天后，毕加索被带走。在警察局，他看见了有恩于他的老朋友，"苍白，蓬头垢面，没刮胡子，衣领被撕了，衬衣没系扣子，面色憔悴，身体虚弱"。而毕加索否认与这个戴手铐的男人相识，老朋友当场哭了起来。毕加索得以脱身回家。

画家格雷兹事后写道："他们面对面站在一起时，那朋友竟完全乱了方寸，矢口否认他们认识。阿波利奈尔曾痛苦地对我谈及此事，丝毫不掩饰他的沮丧。"

五天后，阿波利奈尔出狱，惶恐等待结论，三个月惊魂不定。他无比压抑，更使他感到压抑的是毕加索的背叛。

绝交不可免。大诗人不再为立体主义摇旗呐喊。

毕加索背叛老朋友的同时又背叛了费尔南代，这个艺术的破坏者也破坏生活，伤害跟他亲近的人和有恩于他的人。他骨子里胆小，胆小使他背叛。另外他的爱情是一团火，这团火已经烧了七八年了，对他来说时间够长了。费尔南代既是爱侣又是缪斯，而毕加索无视这些，他只想扑向另一团火。

1912年，毕加索跟一个叫伊娃的女郎私奔到塞莱小镇，享受山风中的恋情。这个背叛者对斯坦因说，费尔南代的美貌总是吸引我，但我无法忍受她的粗俗。

粗野的男人指责他的女人粗俗。斯坦因女士包容艺术家的一切毛病。艺术创造力才是一切。

我也曾在《品中国文人》第1卷中写：古代杰出的艺术家，只要不是无缘无故地杀人放火，干一切事都正常。李白的没心没肺，源于他不同寻常的生命冲动。

毕加索在写给卡恩韦勒的信中说："我非常爱伊娃，我要用我的画来表达对伊娃的爱！"爱一个就画一个，毕加索先生就是这样。这使人想起海明威，爱上一个女人就把这个女人写进他的小说。

伊娃温顺、节俭、纯洁、娇美可人，乐于付出她的全部，看上去她比费尔南代年轻得多。毕加索悄悄回巴黎，把他的爱巢瞒得滴水不漏。他写信给卡恩韦勒："眼下不要把我的地址告诉任何一个人。"毕加索像个丛林动物，"生性诡秘，每当得到特别珍贵的东西时，他都会加倍予以保护"。当初，他把费尔南代藏起来，不许她上街买东西，正如豹子把捕获的猎物拖到树上去。

毕加索迁移居所，"打一枪换一个地方"，从一个小镇迁到另一个小镇，避开火眼金睛的费尔南代。在索古，他租了一栋叫"袖珍钟"的别墅，勃拉克夫妇租了另一栋"和风"别墅，便于合力推进立体主义。热恋中的毕加索把伊娃的名字到处题写，称她"朱丽叶·伊娃"或是"巴勃罗·伊娃"；在别墅墙上他画了一幅静物画，瓶子、曼陀铃，一张乐谱，画上写着："我的朱丽叶。"

一名泥瓦工小心翼翼地把绘画从墙上移下来，装箱运往巴黎。

毕加索又非常迷信，不把伊娃的娇容画成立体主义肖像。这个男人宣称，伊娃是他真正爱上的第一个女人。而类似的话他曾对费尔南代说过无数次。

似曾相识的田园风光与不一样的爱情。雅各布造访塞莱小镇后写道："伊娃的温良恭俭有口皆碑，她喜欢写作，爱笑，沉静，对来访的客人精心照顾。"

爱的冲动和艺术创造的激情，总是同步发生。此间毕加索画了很多，制作了20世纪第一幅拼贴画《藤椅上的静物》，上面是报纸、烟斗、玻璃杯、柠檬、扇贝壳。"他不是摹仿现实，而是取代现实。"

在毕加索的画展上，一幅人体作品被画成了火警安全门。画家的随意联想显现出任性的一面。舆论大哗，质疑的声音不绝于耳。阿波利奈尔的批评直指毕加索的要害："毕加索理解事物而不热爱事物，他对事物的解释是冷酷无情的。他的爱，即是统治欲。"

热爱事物固然好，却有可能妨碍对事物的理解。冷与热的分寸难以把握。

毕加索的统治欲也表现在对待同行的态度上。西班牙画家格里斯对他毕恭毕敬，在巴黎率先称他"大师"，尽管他才三十岁。勃拉克和斯坦因都看好格里斯，而毕加索怒气冲冲质问斯坦因："你说，你为什么要捧他的作品？你知道你并不喜欢它。"斯坦因转过身向朋友抱怨："胡安·格里斯是毕加索唯一想除掉的人。"

阿莲娜在《毕加索传》中写道："战争使毕加索与斯坦因的关系日益密切，而毕加索却滥用了这种关系。"

西班牙小子格里斯正在挨饿，他的画商跑掉了。斯坦因想对格里斯施以援手，至少不让有才华的画家缺面包。然而毕加索落井下石，让斯坦因改变了主意。毕加索在上等餐馆吃得满嘴流油，举杯畅饮，一想到已经揭不开锅的格里斯正在走向垃圾桶，便乐不可支。其实他想错了，另一个画商收购了格里斯的作品。有一次两人在饭店偶然碰面，格里斯在自己那一桌点了很多菜，并且吃得香，喝百年窖藏的红葡萄酒。毕加索瞪着格里斯的吃相，看样子像是要吃掉对方。

毕加索讨好斯坦因。女作家收藏的一幅塞尚画的苹果静物被她哥哥拿走了，她十分伤心。毕加索对她说："我要为你画一幅苹果，画得像塞尚的苹果一样好。"

斯坦因女士的藏画中，塞尚和毕加索的作品最多。

1913年，毕加索已经大有名气了，可他嫉妒小他六岁的西班牙小子格里斯。

凡·高嫉妒高更，沙莱里嫉妒莫扎特，托尔斯泰看不起莎士比亚……艺术家们的互相嫉妒、轻视，应该有某种基础性的东西，这一层有待探讨。

这一年5月，唐·何塞去世。毕加索跌跌撞撞奔丧，他曾经抗拒父亲的爱，如今所有的父爱都涌上画家的心头。迟了。遗憾是永久性的。亲戚们纷纷反对他的时候，并不宽裕的父亲默默给他寄钱，写信只是三言两语。父爱不以言辞来表达，儿子的爱也深埋心底。这种父与子的情感状态并不罕见，眼下倒是多见。对艺术家来说，这种遗憾要开花。

"毕加索的内心感到无比内疚。"

从巴塞罗那返回塞莱小镇，毕加索神思恍惚，无法继续工作。伊娃忧虑地写信给斯坦因说："我希望巴勃罗会重新开始工作，因为只有这样才能减轻他的悲痛。"

画家根本画不下去。他几次冲回西班牙，在老家马拉加，在马德里，在巴塞罗那，他凭吊父亲的遗物、遗迹、遗画，更深地陷入悲哀。伊娃随他颠簸，生病了她不吭声，继续风雨颠簸……毕加索在西班牙回避他母亲，也许不想听母亲回忆父亲。他在自己的内心世界独自面对父亲的亡灵。

7月，他在巴黎病倒了，伊娃也病倒了。她原本生得娇弱，又连月奔波，并且深忧她的巴勃罗。她发现自己的手帕上有血，怀疑得了肺结核，一直瞒着，她害怕他一旦知道了真相，就会离开她。

病中的画家发现了一个有趣的现象：巴黎的报纸都在捕捉他的健康状况。这表明他的名气日盛。1914年春，尽管第一次世界大战的阴云已经笼罩了欧洲，但毕加索的一幅《马戏团演员》在拍卖会上卖了一万一千五百法郎，超过了凡·高和高更的作品。策展人是毕加索的老朋友卡恩韦勒。

8月，战争爆发，法国宣战。阿波利奈尔自告奋勇上了前线，为法兰西而战。勃拉克、德兰也参了军。中立国西班牙的公民毕加索没有参军的义务。

战时的巴黎简直像一座空城。毕加索的大多数朋友都走了，只剩下斯坦因、雅各布和毕加索不喜欢的格里斯。

一天傍晚，毕加索与斯坦因在大街上溜达，看见一支伪装的炮队，用立体主义的形式和色彩装扮起来。毕加索对斯坦因说："是我们创造了炮队的伪装。"

现在毕加索很有钱了，他的工作室堆满了颜料、画布，"他肯定想使用一辈子"。洗衣船上的苦日子他记忆犹新：正画得兴起，颜料却用完了，又掏不出钱去买，不得不硬生生把灵感中止在喷发状态。这简直要他的命。从那时起他发誓：决不能再缺颜料。当年他还缺过画布，于是在烟盒、墙壁、啤酒瓶、破凳子上作画，后来这些被别人收集起来的作品都卖了好价钱，"破凳画"价值数十万法郎，只因它是全球唯一。

则普林飞艇飞越巴黎的上空，警报声不时响起。巴黎的艺术家们喝着啤酒看飞艇。战争使毕加索的情绪更为亢奋，而这个著名男人在亢奋状态下，越发看不见身边人的病痛、焦虑。他学俄语格外起劲，只因教他俄语的老师是美丽的男爵夫人，她叫海伦。"他和男爵夫人共度过许多漫漫长夜，她尽心教授，他苦心钻研。伊娃被抛在舒尔谢路的大房子，她发现自己咳嗽越来越勤了。"

冷漠乃至冷酷，是艺术家的一种普遍特质吗？尤其是西方艺术家。而中国历代文豪大都是"暖男"，是心疼妻子或侍妾的好男人。

毕加索、斯坦因、伊娃常去饭店用餐，画家与女作家的谈话不时被防空警报打断。伊娃剧烈咳嗽，"一次次从饭桌旁起身，跑进洗澡间，竭力要瞒着她在咳血的事实"。

伊娃的脂粉越抹越厚了，只是为了掩饰她面部的苍白。

这些细节本可以一眼看见，而毕加索视若无睹。这个在某些时候比野兽更冷漠的男人，进入他自己的内心很深很深。他很难走出他自己，对父亲，对朋友，对娇媚而柔弱的恋人，他没有责任感。他是一团不停滚动的火焰，它照亮四周，它也烧焦草木。跟天才生活在一起是危险的。天才画家往往滥用他的魅惑力。

毕加索讲过："破坏一切！"

毕加索的朋友、剧作家雅利宣称：连破坏本身都要破坏！

伊娃是《建筑师的桌子》的灵感来源，灵感让毕加索处于持续的高热状态，而伊娃在家里发着高烧。她的病不是支气管炎，病征早已指向可怕的肺结核。毕加索的手整天拿画笔，却不去摸一摸伊娃的额头。

伊娃性情温柔，沉默寡言。

1914年12月中旬，伊娃病逝，年仅二十九岁。毕加索写信给斯坦因："我悲痛欲绝……她待我总是那么好。"悲痛不假，冷漠也是真的。卡恩韦勒非常愤怒，说这是毕加索的一桩罪行。葬礼后是圣诞节，"这是毕加索一生中最凄悲的圣诞节。在舒尔谢路的家里，他孤零零思忆着伊娃，……夜间，他拖着沉重的脚步来到环形咖啡馆。……他总是坐在后屋，沉浸在自己那个幽暗世界里"。

这个幽暗世界却向毕加索提供了艺术灵感。凭吊，怀念，忧伤，无论对父亲还是对伊娃，他一直从负面情绪中提取他的能量。

这是残酷的，而画家并不自知。

自从妹妹死去以后，死亡仿佛节节胜利。

第一次世界大战期间，毕加索的艺术也是节节胜利。但俄罗斯评论家别尔季耶夫写道："一股宇宙的寒风揭去了一层又一层的叶子，所有的花和叶子都被剥掉，事物的一切外表都被剥掉，所有的肉体，所有表现为永恒之美的形象，都已解体，我们觉得，再不会有全人类的春天了……在毕加索的可怕的冬天之后，仿佛一切都不再像往昔那样如花似锦了……他无情地揭露那人化的、物质的和假想的美好幻象，透过女性那富于魅力的、迷人的美丽，看到了分崩离析的恐惧。作为一个有深刻洞察力的人，他透过面纱、外衣和层层遮盖，直看到物质世界的深处，看到那里的形形色色的魔鬼。"

这段有名的画评要稍做阐释。让我们把目光从画家身上挪开，看一看哲学家。哲学家们看透黑暗，但一般并不想成为黑暗的组成部分。哲学家审视恶，并不以身试恶，更不会作恶多端。萨特用几十万字，盛赞"干尽坏事"的谢奈为"圣徒谢奈"，而谢奈的以身试恶，是为了反抗社会的邪恶，他有明确的想法。艺术家凭借直觉与本能行事，在幽暗世界长驱直入，摄取负能量并搬上画布。

毕加索与他的妻子奥尔迦

掂量恶之为恶，是为了重建善之为善吗？这一简单的因果叙述，已经在一次又一次的战乱、饥饿、歧视和大规模的胡作非为中失去了分量。

三十多岁的毕加索，在人们的心中、印象中逐步建立起"牛首人身"的形象。这是一头西班牙公牛。巴黎《艺术》杂志的记者写道："他个子矮小，体格健壮，像个斗牛士。他的皮肤是灰黄色的，一双黑眼睛相距很近，嘴的线条很有力，而且清晰。……人们说他有种神秘的力量，只消目光一瞥便能把人杀死。"

既是公牛又是斗牛士的毕加索去了罗马，他写信给斯坦因，宣称："我有六十位舞女，我睡得很晚。我认识所有的罗马女人。"

高兴了，他由着性子说，就像他九岁那年把父亲画的九只鸽子说成是成千上万。扬扬得意，于是乱说一气，斯坦因对毕加索的德行早已习惯了，她笑盈盈抱着欣赏的态度洗耳恭听。信中提到的一个俄罗斯芭蕾舞演员奥尔迦·科科洛娃，引起斯坦因的注意。"她姣好的容貌和教养有素的举止，使毕加索忘了伊娃。"

这个芭蕾舞演员是军官的女儿，小毕加索十岁。

"有些人，如考克托，遇见他时感觉像触电一般；另一些人如费尔南代，被'他那四射的光芒，他身上那内在的火焰'所吸引；更有一些人，被这位通晓鸦片和女人、熟知花街柳巷的风流才子搞得耳迷目乱，对他的活力、他的深藏不露的神奥、他的资质和魅力简直着了魔。"

而斯坦因女士有足够的理由担心：奥尔迦将是下一个费尔南代，甚至是下一个伊娃。

1917年，三十六岁的毕加索还没有结婚。他选择婚姻还是看重门第。军官的女儿，有教养，人群中举止得体，当然她不会缺美貌。从佛罗伦萨回巴黎后，毕加索举行了婚礼，斯坦因、马蒂斯、勃拉克、雅各布等人都来了。让毕加索喜上加喜的，是大度的阿波利奈尔带来了对他和新婚妻子的祝福。毕加索顿时热泪盈眶。

新婚夫妇搭乘南方快车前往拉米莫色雷小镇，在一位贵族夫人的豪华别墅度蜜月。在别墅的墙上，毕加索画了一幅壁画，"它是对女性和阿波利奈尔的赞美，在两个裸女之间，毕加索题上阿波利奈尔的《四季诗》"。

> 那是海滩上的美好的时光，
> 我们赤着脚，光着头，告别了清晨，
> 爱情飞快，像一只蟾蜍的舌头，
> 一下子缠住了愚者的心，智者的心。

两个月以后，正直、勇敢、才华横溢的诗人阿波利奈尔逝世，享年才三十九岁。他在前线头部负伤，在西班牙又染上流感。他去世后两天，1918年11月11日，战争结束。在巴黎一家饭店听到噩耗的毕加索正在刮脸，他惊呆了，镜子里的表情让他吓了一跳。

"他本能的反应是立即画幅自画像，把那副从镜中盯着自己的、人类未加伪装的面孔画下来。它既是驱邪除祟的符咒，又是对死亡威胁的恐惧。此后的二十年，毕加索所有的自画像都秘不示人，……他谈到镜子时总是说：'多么愚蠢的发明啊！'镜子反映了他自身的敏感、脆弱，对命运可能的安排感到的恐惧。这种形象，他宁可根本没有看到。但他不能消灭镜子。在阿波利奈尔死后许多年，他才开始感到安全，可以结束对自画像的忌讳了。"

20世纪20年代，仿佛全世界的精英都聚集在巴黎。普鲁斯特在巴黎，庞德在巴黎，海明威在巴黎，乔伊斯在巴黎，菲茨杰拉德在巴黎，欧洲各类贵族和百万富翁云集巴黎……萨特、庞蒂等青年俊杰，正在巴黎高等师范学校念书。

斯坦因女士在她的豪华沙龙对海明威等人宣布："你们全是迷惘的一代！"

超现实主义诗人阿拉贡、布勒东亮出他们的旗号，达达派绘画、表现主义戏剧有席卷一切之势。布勒东在《文学报》上宣称："抛弃达达主义。摆脱你的妻子。丢掉你的情妇。摒除希望与恐惧。到林间去播种你的儿女。舍本求末去吧。放弃优越的生活和前途无量的事业。上路吧。"

法国赢得了战争，法国知识界却发现人类输掉了文明。

20世纪20年代初，风光迷人的塞纳河上漂浮着自杀者的尸体。

第一次世界大战酝酿着第二次世界大战。这个第一和第二都是不祥的数字。敏感的作家和艺术家们对未来忧心忡忡。反思意味着永久反思吗？

高更说："人是谁？人从哪里来？人到哪里去？"

毕加索的日子过得挺好，他有了一个儿子，取名保罗。奥尔迦怀孕期间，画家画下了女巨人，这直接来源于他的童年印象，怀孕的女人让他恐惧，以至于藏到桌子底下。保罗满月了，保罗几个月了，婴儿对周围的感觉使这个父亲兴味盎然，他注视，他观察，他试图感觉婴儿的感觉。

优秀的艺术家，有能力在九十岁清晰回望两三岁。

歌德、托尔斯泰、普鲁斯特、罗素、萨特的晚年，对孩提时代的清晰回望令人叹服。百年如昨，真好。这在互联网时代是大难题，程式化的生存正在抹掉个体记忆。坚实的个体似乎越来越属于少数人……

芭蕾舞演员奥尔迦恢复了身材，重上舞台，并进入上流社会的社交界。她让丈夫也穿上了名牌西装，有时候还系领带。

毕加索以立体主义的风格设计芭蕾舞舞台，大获成功。这个人的双手显然有魔力。绘画、雕塑都是超一流。狂热的观众甚至高喊："毕加索万岁！"

可是这位众星捧月的天才艺术家，对公众性生存毫无兴趣。贵族、名流、来自诸国的崇拜者济济一堂，华灯高照，上等人与上等人交谈，彬彬有礼的仆人穿梭。穿西装的毕加索面无表情。他唯一亲近的是他指间的香烟。他留给人最深的印象是沉默寡言，是与生俱来的孤独。

人类杰出人物，孤独必不可缺。

"他像孩子一样，喜欢暴露和戳穿成人世界的虚伪与浮华。"

布勒东写道："我们小时候都有玩具，今天，那些玩具会使我们哭泣，使我们愤怒。……这位给成年人制造悲剧性玩具的创造者，迫使人类成长。"

阿拉贡在《巴黎日报》撰文说："我们愿表达对毕加索的衷心的和全面的赞赏，他蔑视一切神圣不可侵犯的惯例，从未停止过创造动荡不安，……毕加索远远超过了他的同行，如今他将被看作青春的永恒的化身，和毋庸置疑的左右大局的大师。"

在一个公爵夫妇举办的盛大的晚宴上，一位最尊贵的客人抱病而来。毕加索的目光一直停在他身上，忽略了公爵夫妇和所有名流。那位客人正是普鲁斯特，《追忆似水年华》的作者，他和卡夫卡、乔伊斯并称现代小说的三驾马车。

毕加索和普鲁斯特一样对气味极其敏感。他们捕捉记忆、印象、感觉的方式，异曲同工。普鲁斯特凭借一小块马兰德点心，让整个贡布雷浮现出来……

尼采又来了，毕加索再次痴迷尼采，这次是布勒东带给他的尼采，九天九夜谈不够的尼采。布勒东还专程去维也纳，拜访弗洛伊德，"布勒东鼓动越来越多的追随者去发掘梦的世界，表现下意识的东西。超现实主义运动诞生了。布勒东以吞噬一切的热情、不凡的仪表和富于探索的智慧，成为这一运动的'教皇'"。

早在1918年，布勒东在阿波利奈尔家里认识了毕加索。两位大诗人对毕加索影响巨大。正是通过对尼采和弗洛伊德的领悟，毕加索的艺术创造力一直保持井喷状态。这个几小时不说一句话的男人，甚至让巴黎时装店的女老板震撼："他在那儿！他一来我就感觉到了。虽然我没看见他，可我知道他在那儿！哦，他不声不响出现了，他看我的那一眼有点特别……我呀，我顿时浑身战栗！"

法兰西、俄罗斯的女人，可能一半都是诗人，另一半有很好的艺术修养。

普宁说："俄罗斯的知识女性无条件崇拜天才。"

崇拜的前提是理解。理解的后面是热爱。以理解为基础的热爱能够持久。

这与时下的追星粉丝有天壤之别。

毕加索的头一批崇拜者的代表人物之一雅各布，写信给第二批崇拜者的代表人物考克托说："你对毕加索看得很准，他憎恨他的绘画就像憎恨魔鬼。他这个人浑身充满矛盾，他憎恨自己过的生活，而同时又憎恨他想要过的另一种生活。他憎恨一切又热爱一切！他也热爱他那些令人赞叹的作品。正如维柯谈到上帝时所说的，毕加索并非其身，他在创造自身。"

崇拜者不盲从，要审视，要质疑，要追问。而所谓粉丝，大都具有黑压压一大片飞来飞去的昆虫特征。海德格尔精准描述："生命的阴暗麇集。"

阿莲娜说："毕加索蔑视社会这架他不停踏着的单调水车，它使他感到窒息。他仿佛被一群嗡嗡嘤嘤的昆虫包围着。"

"毕加索对奢华生活不屑一顾，他对卡恩韦勒说，他所期望的是像一个有钱的穷人那样生活。他经历过社交界的那种喧闹气氛，如今却令他深恶痛绝。"

芭蕾舞演员奥尔迦，珠光宝气出入巴黎上流社会的社交界，舞会、酒会接二连三。人是氛围动物。虚荣恐怕是半数女人的宿命，尤其是那些有钱的女人，那些穿金戴银的阔太太。普希金的绝色老婆冈察洛娃，毁掉了这位俄罗斯近现代文化的奠基人，人类自由的真正丰碑。现在毕加索的老婆奥尔迦，跟有头有脸的人物昼夜周旋，虚荣心与权力欲同步增长，早年的教养不知扔哪儿去了。也许她只是阶段性的，虚荣两三年，早年受的良好教育自会反弹。

遗憾的是，她的男人叫毕加索。

奥尔迦想要知道丈夫的过去：抓住他的过去，以便掌控他的未来。奥尔迦要全力阻止她的婚姻走下坡路。孩子保罗都六岁了，家庭趋于稳固……她愈加需要他对她的全神贯注，于是，适得其反，她得到的关心越来越少。她终于怒不可遏向他发泄，撕毁了阿波利奈尔和雅各布写给毕加索的许多信件，因为信中提到费尔南代。有一次，斯坦因当众朗诵她的洗衣船回忆录，其中一段涉及费尔南代，奥尔迦勃然变色，冲出了公寓。自尊心极强的毕加索陷入尴尬。

接下来，夫妻间的事变发生了。

1927年1月8日下午，天气寒冷刺骨，毕加索徘徊于地铁口附近的拉菲耶画廊前，漫无目的，他此时的状态，正是布勒东、阿拉贡等超现实主义者所推崇的精神状态：最适于意外发现，造就新的开端。最适于产生奇思妙想。

十二年前笔者思及这一层，在《品中国文人》第1卷中谈李白："顶级艺术往往是意外的产物，诗仙李太白也不敢夸口说：明天喝他五斤兰陵美酒，写下两首好诗。"

毕加索要破坏毕加索，但是怎么去破坏，他并不自知。他有屡试不爽的良好直觉，于是在严寒中徘徊于地铁口。不是一次，而是若干次。涌出地铁口的人群一片混沌，恰好像新开端的某种前奏。一堆脸和某一张脸，川流不息。

漫无目的的目的性，毕加索这样的艺术家真是驾轻就熟，他已经创造出许多杰作了，可是他一步就跨入了虚无，把以前那个毕加索远远抛开。

无中生有，生出那个不曾有过的东西。把自身归零，把脑子里的一切清空。中国古代可能唯有庄子有此能耐：今日活成一棵树，明天却变成一股风……

高峰的攀登者，往前一步都是十分艰难。四十六岁的毕加索，声誉如日中天，却具备反对自己的能力，他大踏步迈向高寒缺氧的无人之境。

《安睡少女》，该画作的主角是毕加索 　　毕加索与玛丽·泰莱丝
的情人玛丽·泰莱丝

艺术喷射之前的意外事件，是丽人的突然出现。

"人群从地铁口涌出，其中一个棕色皮肤、年轻美貌的姑娘，高而直的希腊式鼻子，灰蓝色眼睛，这一类标准面孔，毕加索只在想象中、在画布上见过。"

十七岁的玛丽·泰莱丝日后回忆：他冲过来一下子抓住我的胳膊，急促而有力地说，我是毕加索！你要和我完成一番大事业。

希腊式美女并不知道毕加索，也不懂艺术，她只是感到好奇，她每天出入地铁，人流成千上万，这个叫毕加索的男人冲上来就抓住她的胳膊。她生于富裕家庭，喜欢户外运动、游泳、自行车、体操、爬山和远足。罕见的美貌、完美的身材与逼人的青春气息，使小个头毕加索一下子冲过去，胸肌撞开了五六个人。

在地铁口激流般的人群中，毕加索与小他二十九岁的妙龄少女泰莱丝约定：两天后见面。

泰莱丝回家讲了这件事，她母亲知道毕加索，她对女儿的做法丝毫不加阻拦。报刊上关于毕加索的报道太多了，包括他曾经吸毒、狎妓、出卖朋友，包括他的悍老婆和乖儿子。然而泰莱丝的妈妈和她女儿并不看重这些。这一对法兰西母女，抱着对天才人物相同的好奇与向往。

两天后，二人赶往圣拉扎尔地铁站赴约。由于无话可说，毕加索就带她去看电影。毕加索的习惯不是小打小闹的挨挨碰碰，他那常年紧握画笔的糙手，一下子就去捉那玉手。

希腊式丽人写道："我抗拒了六个月。但是你无法抗拒毕加索。一个女人抗拒不了毕加索。"毕加索的财富她根本不在乎，她是过着好日子长大的。

我听常去法国的中国水墨画家周华君先生讲：时下的法国少女谈对象，仍然是首先看重人——人的活力、人的才华就是人的光辉；法兰西的姑娘们小事糊涂，生存大方向却跟明镜似的。哦，两百多年来的法兰西，大师如云。不同领域的大师联手主导社会的趣味，塑造人们的价值观，维系生活之意蕴层……

7月13日，泰莱丝十八岁生日这一天，男女间的事发生了。十七年后，六十三岁的毕加索还在纪念这个日子，他在信中说："今天，1944年7月13日，是你在我心头诞生的第十七个年头，也是我降临人世的第十七个生日。在这个世界上，自从遇见了你，我才开始了生活。"

换句话说，毕加索认识泰莱丝以前，等于没有出生。

国王讲不出这种话，毕加索脱口而出。当然，作为人类的巅峰人物之一，走马灯似的国王或是总统，无法与他相比。

毕加索跟希腊式美少女相约的当月，名画《坐在椅子上的女人》诞生了。此后一发不可收，井喷似乎可以永远井喷，"他为巴尔扎克《无名之杰作》所作的版画，大部分始于此时"。毕加索代表作之一《耶稣受难》也作于此时，他颠覆了传统耶稣，"甚至连圣母玛利亚脸上也没有温柔，她满面怒容，神情凶暴"。

"毕加索选中了上帝，把上帝当作他终生的对头。"

从1927年7月13日起，"毕加索开始了他一生中最无节制的性生活，包括性虐待在内。泰莱丝对他绝对服从……她是他的激情的创造物。《坐在椅子上的女人》的主调是性变态"。

运动型的少女正好与毕加索配成双。

"她回忆到他们最初发生关系时的情景，他请她服从他的奇思妙想，而她还很天真，他的要求总是让她发笑。"

半个世纪后，泰莱丝写道："当年毕加索总是对我说：正经点！"

1928年的夏天，毕加索带上奥尔迦和七岁的保罗，参加一个儿童夏令营，泰莱丝已先行一步。"在儿童夏令营与自己的小情人幽会！这种情形在他们如火如荼的关系中又加上了冒险、超现实主义和假面舞会的味道。"

泰莱丝在儿童夏令营，度过了她的十九岁生日。

"毕加索欣赏那位丰满健美的小情人游泳，或是在沙滩上蹦蹦跳跳，心满意足之后，他把她带到更衣室去，在那里，她蹦跳得可就更厉害了。"

在夏令营他画了一系列更衣室作品。后来他用超现实主义的无意识笔法，写下一本《更衣室教程》，泰莱丝以隐形的方式到处出现："时而是一角西瓜，整个夏天没有一刻安静，见什么笑什么；时而是一片蓝得不能再蓝的颜色；时而是一只白色或丁香色的鸽子；时而又是空气，或是一匹大笑的马。"

迄今为止，人类对潜意识的探索依然举步维艰。20世纪的艺术家们，试图闯入深水区，寻找潜意识的蛛丝马迹。艺术史家威廉·茹宾说："毕加索可能是本世纪最伟大的心理学家，一位取代了那个维也纳医生的西班牙人。"

也是在这一年，毕加索开始了牛首人身怪米诺陶的拼贴画创作。

古代神话中的半人半牛怪米诺陶，住地下迷宫，以人肉为食，它象征潜藏在潜意识迷宫中吞噬一切的怪兽。"在毕加索的拼贴画中，牛首人身怪米诺陶巨大的头与双腿连在一起。"毕加索想要表达的不仅是性，还有更多东西，这些东西连画家本人也只能模糊感觉到。他把千奇百怪的自由联想画下来，或拼贴起来。

弗洛伊德的弟子卡尔·荣格发现，毕加索的作品与他的一个患有精神分裂症的病人很相似。荣格认为，毕加索就是精神分裂症患者，他的作品中反复出现某些画型，动机是"下到地狱去，到潜意识中去"。

毕加索五十岁生日前后，在巴黎和苏黎世的两次大型回顾展，数百幅作品吸引了数万观众。评论文章大量涌现，包括荣格、巴塔耶、布勒东、阿拉贡这些文化精英，他们也不断把笔触伸向毕加索的作品和他本人。

冷漠的艺术家，突然温柔如春水，《生活乐趣》以一种兴奋的静物形式，拢集快乐的世界。显然，怪兽般的毕加索在捕捉差异。在邪恶与美好之间会形成一股强对流，这个强对流张力区，向来是艺术家们喜欢的栖息地。《底座上的静物》，静物不静，"仔细看时可以发现，水果中藏着玛丽·泰莱丝富有性感的曲线，在红与黑的桌布上，曲线与隐在桌子里的男子交织在一起。这幅静物画充满象征、暗语和隐秘，是一种双重肖像和多元变形。毕加索对伪装的肖像画有特殊嗜好"。

儿子保罗正在长大，毕加索喜欢把保罗画成三四岁的样子。对泰莱丝的爱和对儿子的爱，毕加索以隐藏的方式凸显出来。阿莲娜写道："泰莱丝对毕加索的热情犹如烈火，无论他在不在眼前，她的生活完全被这热情所支配。"

1933年，毕加索衣锦还乡。同行的奥尔迦一身名贵服饰，装出来的笑容却瞒不住质朴的西班牙人。毕加索去了她不知道的地方，那儿有泰莱丝。

回巴黎后，画家发现报上正在连载费尔南代写的回忆录《毕加索和他的朋友们》。他大发雷霆，认定自己义愤填膺。他正过着国王般的生活，费尔南代仅能糊口，带给他粉红色的女人上了年纪，一脸菜色。她的回忆录陈述事实而已。

毕加索大怒，奥尔迦大闹。可怜的奥尔迦要同时对付两个女人，一个是过去的，一个是现在的。

"一天，毕加索怒不可遏，一把揪住奥尔迦的头发，将她摔倒在地板上。"

事后他非常内疚，说："这是我一生最糟糕的时刻。"

他对朋友也是如此。西班牙画家、洗衣船上的穷小子格里斯，受尽毕加索的排挤。格里斯靠着惊人的才华和艰苦的工作，终于出人头地，名满法兰西，却失掉健康，1927年就去世了，仅活了四十岁。而在他极度困厄时落井下石的毕加索是最早赶去吊唁的人之一，斯坦因冷冷地对他说："你没有权利来吊唁。"

毕加索嘴硬："我有这个权利！"

而在这最糟糕的一年，毕加索的杰作是四幅铜版画《瞎眼的米诺陶》，"牛首人身怪又一次成了他自己的象征，一位手捧鸽子的美少女，正在温情脉脉引导怪物。在瞎眼米诺陶周围有一种悲剧气氛，敏感而强烈。牛首怪挣扎着，沿着海岸摸索路径。少女看上去像泰莱丝，在她的形象之外还有一种超常的东西，更像歌德笔下'引领我们向上的永恒女性'"。牛首怪希望减少自己身上的兽性。

毕加索形容自己："貌似公牛，或像多头的凶龙，或像喷火的狮子。"他像神一样千变万化，豹、熊、树、野猪、水与火。

凶龙咬人，喷火的狮子伤人。毕加索却说："如果上帝把我塑造成魔鬼的样子，那么上帝一定是魔鬼。"

1935年，毕加索在诗中写道："牛的眼睛，有上千条理由保持沉默，对那喝多了咖啡而撒尿如雨的跳蚤，尽可视若无睹。"

喝咖啡喝到神经质的跳蚤正是奥尔迦，毕加索只喝茶。奥尔迦的尖叫没完没了，这头公牛终于不再"保持缄默"，他要反击。十四年的婚姻早已名存实亡。他吹响了反攻奥尔迦的号角，同时得知泰莱丝有了身孕。

"毕加索异常激动，跪在了泰莱丝面前，表达由衷的感激。"

9月，泰莱丝生下了一个女儿。

毕加索跟巴塞罗那的妹妹劳拉通了电话，骄傲宣布他有了女儿。劳拉问："你什么时候有了女儿呀？我一点都不知道！"

毕加索回答："对，对，必须增加生产。"

接下来是要跟奥尔迦离婚，画家开始了旷日持久的离婚诉讼。

毕加索在巴黎的豪宅看上去一片混乱，尤其是他的几个工作室。追随他多年的管家萨巴蒂斯写道："画室有一种惊人的效果，所有随意摆放的东西有一种危险的对称，一个香槟酒瓶上的软木塞，一面小旗子，一个绒球，一个螺旋形的铁圈，铁圈上坐着一个娃娃，一把小掸子，一顶丑角戴的帽子，废钞票，旧东西的碎片，一根银丝上挂着形形色色的小物件……毕加索为每样东西找到了归宿，它们都按照他的趣味，经他的手，固定在各自的位置上。"

杂物的归位，是在无意识状态下完成的，无意间伸出去的手更精准。兴奋，沉思，走来走去，挪动了东西的位置，画家并不自知，画家在杂物之间恍兮惚兮。他写书，写诗，都以意识流见长，这叫"自动写作"，超现实主义推崇的方法，让物的物性自动显摆出来。意志从来不去干涉感觉的原初性。法国新小说派在这条路上走得更远。

海德格尔："艺术让实存更加实存。"

显而易见的是，艺术家远比一般人更善于跟物打交道。

摄影师兼设计师赛西尔·贝东在《毕加索谈话录》中写道："他给我展示各种作品的精巧工艺，矮凳变成踏板，一张书桌，外表上根本看不出来。大扶手椅蒙着亚麻布，毕加索踏着西班牙舞步，突然以一个利索的动作扯掉椅子上的布面，露出一只橘红色的海螺……然后又是一只杏黄色的，碧绿色的。毕加索的眼睛随着每一种颜色的出现，闪烁着兴奋。这些都是真正的西班牙色彩。"

毕加索为小女儿着了迷，为她洗尿布，动作很利索，不比泰莱丝或保姆差。只要是画家感兴趣的事情，几分钟他就成了内行。泰莱丝每每感到惊讶，正在洗尿布或是熬粥的毕加索，抬眼便去捕捉她的惊讶……

严格意义上的眼观六路，耳听八方，说的是诗人、艺术家。

他几乎从不逛商店，上街就是上咖啡馆，带着他的四脚朋友埃弗特和忠诚的萨巴蒂斯。杜高马咖啡厅、花神咖啡厅、穹顶咖啡厅……包括哲学家萨特与波伏瓦后来常去的那些咖啡厅，如今是巴黎的旅游热点。人们自发地崇尚这里。

"总是那一套仪式：侍者小跑迎上去，帮毕加索脱下他那件常年不换的胶布雨衣。笑容可掬的经理为毕加索点上香烟。"

《存在与时间》的作者海德格尔的装束像个农民，而这套装束在欧洲知识界几乎人尽皆知。萨特总是穿同一件衣服，爱因斯坦很难想起换衣服，毛泽东的一件睡衣有七十多个补丁。中国古代的庄子说："物物，而不物于物。"

古今中外的杰出人物，没有一个是拜金拜物之徒。而现代物欲很大程度上是虚构出来的，是概念消费，是虚荣心的外化，是包装精致的张牙舞爪。物欲汹汹之辈，贪婪索取这个星球上的有限资源。自然是什么？自然是"存货"。

崇拜者考克托说："毕加索喜欢过金桥下的流浪汉的生活。"

萨特则断言："巴黎街头酒鬼们的生活质量，超过法国总统。"

毕加索讨厌咖啡馆里那些衣冠楚楚的绅士，拿眼睛瞪他们，觉得他们个个是木偶，是玩偶，是摆在这儿摆在那儿的某种东西，却不及他画室中的杂物，毫无灵性可言。绅士们过来搭讪，毕加索动动指头挥退他们，吐出去一口浓烟。

"你只有每天看见你自己死亡，你才会知道你还活着。"超现实主义诗人埃鲁阿写给毕加索的这两句诗，让画家津津乐道，逢人就要朗诵。他常去探访埃鲁阿，宣称：一个埃鲁阿抵得过无数绅士。

1936年春，毕加索在戛纳度假，写信给泰莱丝："我比昨天还爱你，而不如明天爱得深。我爱你，爱你爱你爱你，我的玛丽·泰莱丝！"

快十年了，牛首人身怪毕加索还是能爱。事实上，深爱和移情别恋，两股力量一直在拉扯他，他不是通常意义上的薄情郎，只不过内心的西班牙式火焰太猛烈。与费尔南代相处八年，同奥尔迦生活十多年，如今运动型女郎泰莱丝二十六岁了，她在戛纳游泳，棕色皮肤带着海水的气味回家，和那个比昨天更爱她的男人蹦蹦跳跳，一跳三个多钟头。

毕加索的女人们受冷落，被抛弃，甚至挨暴打，但她们一个个并不挣脱他的引力圈。这是一个谜。分手二十多年的费尔南代一直单身，埋头写回忆录。看来她的灵魂需要这个。

玛丽·泰莱丝晚年喟叹："一个女人抗拒不了毕加索。"

柏格森式的生命冲动，尼采炸药包式的思想，对西方的男人和女人都产生了巨大而持久的影响。美的诸般要素，首先是活力。

"对李白来说，生命的强度在道德之先。"而对于尼采来说，生命的张力本身就是道德。他赞赏丛林猛虎的美丽斑纹。

勤奋工作的毕加索善于睡觉，吃东西从不挑食，穿衣服很随便。在戛纳的海风中他可以一天睡十二个小时，然后持续工作二十个小时。

毕加索在戛纳出了一次车祸，他写信给萨巴蒂斯："数日前我出了车祸，我全身受伤！开始我以为肋骨断了好几根，昨天照了片，所幸尚未骨折，但是我仍然遍体鳞伤！"

过了二十天他又写："至今我的模样仍是惨不忍睹，仿佛被汽车撞得体无完肤。"事实上，毕加索只受了点轻伤，但一贯的神经质驱使他认为自己身受重伤。

"惨不忍睹"的毕加索，却在车祸后不久，就跟埃鲁阿夫妇去了一个名叫瓦劳利的小村庄，这里从罗马时代起就是陶器制造中心。毕加索观看工匠们烘黏土，成型，烧制……完全着迷了，住下来就不想走，半夜溜出去敲开工匠的门，他想拜师学艺。学不了就偷艺。五十五岁的绘画大师要从头学起。未来的制陶大师在瓦劳利启程了。他彻夜转悠小村庄，想要闻到古罗马时代制陶的味道。他的鼻子比狗鼻子还要灵敏。艺术家的鼻子，常常比眼睛更能捕捉它的对象。

简单说来，艺术家的五官灵敏度高于常人，享受美与生活的能力高于常人。

埃鲁阿问他：肋骨还疼吗？

毕加索一脸茫然，说：什么肋骨？

1936年仲夏，西班牙爆发了内战。战争的气息飘到了巴黎，让毕加索处于持续的亢奋状态。他爱西班牙，他得为他的祖国做一点什么。不过，艺术家不会让意志去命令感觉。灵感像烧制陶器的火候一样难以把握。他忙着跟奥尔迦闹离婚，搬进经纪人沃拉尔德为他提供的新别墅，那儿离凡尔赛十公里。泰莱

《穿蓝袍的静坐女子》，
画中的主角是毕加索的情
人——朵拉·马尔

朵拉·马尔

丝和小女儿玛雅被安顿在别墅。画家的工作室由一个谷仓改装而成，干完活的毕加索回到泰莱丝和不足两岁的玛雅身边。后来玛雅回忆："爸爸跷着脚尖转来转去，跳各种舞，哄我吃东西。爸爸总是怕我死了，他相信孩子不吃东西就会死。"

爱啥怕啥。恨啥画啥。

1937年秋，毕加索信誓旦旦写信给泰莱丝："我和保罗在一起，无法来吃饭。我还要去看朋友们……我每时每刻越来越爱你！你的毕加索。"

泰莱丝晚年回忆："有些怪事正在进行着。"

她注意到，在毕加索的画作里她不那么漂亮了。另一个女人被画成入睡时的迷人的模样。毕加索说过："一个姑娘看到自己在画中日渐消隐，会非常痛苦。"写信可以撒谎，画画却不行。毕加索笔下的青春气息属于另一个女人。

她是谁？泰莱丝像当年的费尔南代、奥尔迦一样问自己。

朵拉·马尔，泰莱丝认识这个三十岁的法国女画家，建筑师的女儿，布勒东和巴塔耶的亲密女友，超现实主义运动中的一员。"泰莱丝的生活除了毕加索，都被户外运动所占据。朵拉的生活则为思想上的运动所占据。"

朵拉不具备泰莱丝式的古典美，吸引毕加索的是朵拉的眼睛、声音，"有一种不同寻常的光亮。她的声音比鸟儿的鸣啭更美"。

这是一个生活在大师们中间的女性,对绘画、摄影、佛教和星象学都有极强的求知欲。由于朵拉的出现,沉迷写诗的毕加索又拿起画笔了。

一直牢牢盯着毕加索的斯坦因松了一口气。一流画家写三流诗歌,不是白白浪费光阴吗?

3月下旬,毕加索搬进了朵拉为他找的新工作室:大奥古斯丁路7号。在这里,毕加索完成了他最著名的作品。此前,西班牙政府委托他为巴黎世博会的西班牙馆画一幅油画,他答应了,但迟迟不动笔。

"像往常一样,毕加索最讨厌因受人之托而承受的责任感,所以一拖再拖。"

4月26日,西班牙的历史名城格尔尼卡,遭到德军飞机的狂轰滥炸,名城毁掉了,七千居民近一半死伤。狂怒的毕加索拿起了画笔,仅用一个月时间就完成了巨幅油画《格尔尼卡》。

朵拉每天去画室,拍下画家创作的全过程。她对政治的热情感染了毕加索,她让狮子喷火。评论家指出:"朵拉是《格尔尼卡》的幕后英雄。"

巨幅壁画揭幕前,毕加索发表政治声明:"我将把我正在创作的一幅油画题名为《格尔尼卡》。我最近的全部作品将明确表示,我对于使西班牙陷入痛苦与死亡深渊的军人专制无比憎恨。"

《格尔尼卡》轰动了巴黎。

作家克劳德写道:"它是来自另一个行星的信息。它的狂暴和焦躁是我从未体验过的,使我目瞪口呆。"

评论家莱里斯称:"在黑与白的多边形里,就像古代悲剧那种多边形,毕加索给我们送来了哀悼:我们所爱的一切都将死去。"

艺术史家赫伯特说:"艺术早就不再是纪念性的了。要像米开朗琪罗或鲁本斯一样成为纪念碑性的,那这个时代就要有一种荣誉感。艺术家对自己的同类应该怀有信心,对他所隶属的文化怀有信心。在现代世界,这种态度是不可能的。唯一合乎逻辑的纪念碑,应该是某种反面的纪念碑,幻灭、绝望和破坏的纪念碑。我们这个时代最伟大的艺术家,不可避免地要得出这一结论。毕加

《格尔尼卡》

索伟大的壁画便是一座献给毁灭的纪念碑，是被天才的精神扩大了的义愤与恐怖的呼声。"

西班牙战败于美国之后的急剧衰落，第一次世界大战，1929年开始的全球经济大萧条，西班牙内战，第二次世界大战即将爆发的巨大阴影……这一切摧毁了米开朗琪罗式的纪念碑。火焰般的毕加索生逢其时，他让绝望显现为绝望，他把愤怒倾泻在巨幅油画《格尔尼卡》上。伯特兰·罗素在《西方哲学史》中写道："托尔斯泰想要通过《战争与和平》这部作品祛除战争恶魔。"现在，毕加索想通过他的巨笔终结人类的杀性吗？他不可能再抱着托尔斯泰式的伟大的理想主义了。绝望是绝望本身，愤怒是愤怒本身。所以，绝望与愤怒才显现为加强型的绝望与愤怒。萨特晚年说："人是一个无用的激情。"

人们在毕加索的绘画前目瞪口呆，因为人们走不出去。通向美好、平衡与恬静的任何一条路都被切断。而被称为野兽派大师的马蒂斯的作品倒是相反，条条路指向美好、匀称、和谐。人类需要这个，如同人类需要毕加索。

毕加索创作《格尔尼卡》揭示战争残酷的同时，他生活中的两个女人针锋相对了。一天，泰莱丝急匆匆走进了大奥古斯丁路7号，不看正挽起袖子作画的毕加索，直接走向朵拉。她比朵拉小四岁，又是运动型的女人，已经和艺家生活了十年。她对朵拉说："我给这个男人生过孩子！应该是我站在这儿，你可以走开了。"

朵拉不知所措，举了一下手中的照相机，说道："我和你一样有理由站在这儿！我还没有给他生孩子，但我看不出这有什么不同！"

嗓门都大了，跟她们美丽的眼睛一样瞬间变大。唇枪舌剑，语速快得像发射中的子弹。毕加索画他的《格尔尼卡》。画面上原本就有愤怒的变形的女人。

泰莱丝的希腊式鼻孔喷着火，她质问："巴勃罗，今天你让谁走开？"

毕加索后来津津有味地回忆："我很难决定。她们俩我都喜欢，我喜欢泰莱丝，因为她甜蜜，温柔，百依百顺；我喜欢朵拉，因为她聪明，她什么都懂。我决定不做任何决定，于是她们开始揪打起来。这是我最爱回味的事情之一。"

两个女人在毕加索的画室大打出手，尖利的指甲要抓破花容月貌，却不打毕加索，也不破坏那幅巨画，她们把战场摆开去。泰莱丝向朵拉扔颜料桶……

毕加索抽烟，脑子里闪出关于她们俩的另一幅画：一白一黑的两只鸽子挤在一个笼子里，各自的凶喙都像尖指甲。

"毕加索和朵拉外出度假时，甚至喜欢有泰莱丝悄悄跟在后面。"这里边有戏剧性。当初他和泰莱丝外出，故意通过儿子保罗，把他的行踪透露给奥尔迦。

早在十九岁时他就写下豪言壮语："我是国王"。国王当然有他的后宫。

1937年9月中旬，名作《哭泣的女人》诞生，"毕加索开始热衷于扭曲朵拉的面孔……毕加索有一种天赋，能够揭示出与他最亲近的人身上那些最神经质、最病态的东西"。不过，他多年来一直保持给泰莱丝写信的习惯，有时候一天写两封。1939年7月13日，他们成为情侣十二个年头的纪念日，画家在瑞士写道："我的爱人：我一天比一天更爱你，你是我的一切……我的爱人，我的爱人，我的爱人……吻你千万次！你永远的毕加索。"

三年后，在战争期间，毕加索写信的口吻依然温情脉脉："我的泰莱丝，没有你的信我会生病的。"

1939年7月，沃拉尔德死于车祸。这位曾经在洗衣船上以两千法郎收购毕加索作品的画商，三十年来一直追捧毕加索，却突然死了，毕加索哀伤而又惶恐。他去参加沃拉尔德的葬礼，发现一个细节：沃拉尔德的司机也叫马采尔，跟他的司机同名。主人丧命了，而司机还活着……毕加索发誓，再也不让马采尔为他开车。几天后他赶走了新雇的司机，觉得还是马采尔好。

这一年，毕加索的母亲去世，享年八十三岁。

9月，战争爆发了，毕加索从巴黎搬到鲁瓦扬小镇。他订购了十二只大箱子，将画作全部装箱。管家兼秘书萨巴蒂斯说："这件工作差不多和拆卸卢浮宫一样复杂。"

法国进行战争动员，而世界各地仍在举行毕加索画展。"美国大使馆邀请毕加索和马蒂斯去美国，但两人都拒绝了。"他们不喜欢美国。毕加索坐火车去瑞士，探望奥尔迦，给她钱。近年来他经常独自去见奥尔迦。儿子保罗十六岁了。

在恬静小镇鲁瓦扬，毕加索往返于朵拉和泰莱丝之间。午后他把自己关在屋里，一直工作到晚上。此间，他的绘画和雕塑作品，与战争关系不大。

他不断去巴黎打听战争的消息。次年夏，德军的闪电战攻破了马其诺防线，兵临巴黎城下。毕加索在街头碰到马蒂斯。马蒂斯正在去裁缝铺子的路上，毕加索十分惊讶：前线都崩溃了，巴黎危在旦夕，马蒂斯还忙着找裁缝量新衣！

马蒂斯问："哦，看你急的，我们的那些将军怎么了？"

毕加索答："我们的那些将军是美术学院的教授！"

画家回到鲁瓦扬，发现他住的房子已被德军征用。大件家具被搬到院里，画室和卧室都成了士兵食堂。"床单、丝绸衣裙、衬衣、孩子的小衣服全部成了抹布，毕加索非常生气。"

6月，法国沦陷了。战争终于来到毕加索的画布上，不是眼前的这次战争，而是一切战争造成的愚昧、黑暗、仇恨和愤怒。喷火的狮子在怒吼，却又忧心他的油画和雕塑。每逢德军士兵出去演习，毕加索全家十几口总动员，分批次回到那座老房子"偷回"一些东西。运动员泰莱丝搬运超过三十斤的雕塑，一阵小跑穿过小镇的巷子，避免碰上德国人。朵拉扛一幅架上油画也吃力。两个女人在战争中发现了她们的竞技场，闻到了她们之间的火药味。

8月，毕加索搬回巴黎大奥古斯丁路7号。

秋天，德国人清点所有的银行保险库，其中有大量的塞尚、雷诺阿、毕加索和马蒂斯的作品。一个纳粹军官指着《格尔尼卡》的照片问毕加索："这是你的杰作？"

毕加索回答："不，是你们的杰作。"

第二天，毕加索坐在咖啡馆，向每个人重复昨天的对话。他的很多朋友都上了前线。朋友们纷纷从戎，阿波利奈尔头部负伤，而毕加索待在巴黎的一家又一家咖啡馆。

朵拉与泰莱丝分开住。毕加索每周两次或三次待在泰莱丝那边。在其他的几天里，泰莱丝总是把家里的工作室锁起来，对女儿玛雅说："爸爸在里边工作，我们别去打扰他。"

泰莱丝三十一岁了，几年后她回忆："我和毕加索很幸福，没有别人来打搅我们。我知道，再也没有比这更好的了。我和我的巴勃罗相依为命。"

每周两三天，填满了泰莱丝的每周七天。她和渐渐懂事的小女儿玛雅，画画，唱歌，做运动，制作玩具，烘烤面包。有空她骑单车去大奥古斯丁路7号，她的体形保持在十七岁。那一年的7月13号，她成为毕加索的女人。

泰莱丝喜欢对别人讲："谁说13是个不祥的数字呢？"

毕加索先生六十出头了，他写了一个荒诞派剧本《被捉住尾巴的欲望》，他本人亲自出演主角，每一幕都以灾难告终。年轻的哲学家萨特与波伏瓦在剧中扮演角色，导演是后来的诺贝尔文学奖获得者加缪。

德军占领巴黎后的第一个冬天，寒风彻骨。当德国人要额外给毕加索提供煤炭时，这位艺术家说："西班牙人从来不怕冷。"

伊内丝和她丈夫来到大奥古斯丁路7号，从此她再也没有离开毕加索的生活。她把这栋房子收拾得更像一个家。"伊内丝漂亮，聪明，百分百地拥护他——他的火暴脾气，他的女人们，他的谎话，他的邋遢，他的异于常人的起居时间……伊内丝非常活跃，常常忍不住要对大师的作品提意见。她还烧饭，收拾房间，尽管收拾得不够彻底，以免碰了他那一堆一摞的东西和他那可爱的灰尘。"

1942年3月的一天，泰莱丝到大奥古斯丁路，几分钟后，朵拉从萨沃伊路过来了，模样很傲慢。温柔的泰莱丝被迫进入了斗争状态，泰莱丝不看她，直接对毕加索说："你答应了要娶我，现在你要兑现你的承诺，跟奥尔迦离婚。"

朵拉哭起来了。"毕加索走到泰莱丝身边，搂住她那著名的洁白如玉的脖子，扭头向朵拉发表声明：朵拉·马尔，你十分清楚，我唯一爱的就是玛丽·泰莱丝，她在这儿，这就是她！"

泰莱丝得寸进尺，命令朵拉走开，而朵拉拒绝走开。泰莱丝便抓住朵拉的肩膀使劲摇晃，朵拉抬手就是一巴掌。这下泰莱丝更火了。

两个女人的第二次战斗，以朵拉气冲冲地离开画室宣告结束。

毕加索并未与奥尔迦离婚。不过，泰莱丝已经很满足了，她的对手是朵拉。

10月，毕加索又在画朵拉，这次她被画成一个伤心囚犯。后来他对马尔罗说："对我来说，朵拉总是个哭泣的女人……然后，有一天，我能画哭泣的女人了……就是这样，女人是受苦的机器，这一点很重要。"

慢慢地，毕加索画布上的朵拉不再哭泣，她表情僵硬，"有着比哭泣更悲哀、更恐怖的东西，仿佛在压抑悲痛的同时也窒息了生命"。

而玛丽·泰莱丝在毕加索的画布上从未哭泣。

1943年，六十二岁的毕加索去洛尔河畔的圣本诺瓦，拜访老朋友雅各布。

雅各布对别人抱怨，巴勃罗把我忘了。于是，毕加索去看他。

"黑暗包围了毕加索，但熄灭不了他的热情和他对爱的渴望。"

他的管家、仆人、司机，长期以来一直跟着他。他的怪脾气、他的喜怒无常，并未让他们走开。不是钱的原因，萨巴蒂斯的薪水少得难以置信，司机马采尔的收入更少。除了奥尔迦，他生活中的女性从来不会搞得珠光宝气。艺术大师不喜欢他与身边人的关系靠金钱来维系。他讨厌资产阶级的派头和生活方式。

契诃夫、里尔克、布勒东、阿拉贡、罗素、萨特、加缪、波伏瓦……这些一流的欧洲知识分子，都对资本的逻辑高度警惕。

1943年5月，毕加索跟朵拉在巴黎的加泰隆餐馆吃饭。电影和戏剧演员阿兰正与两个少女一起进餐。毕加索走过去了，端着一碗草莓。阿兰急忙站起身，满面堆笑做了介绍。随后，这个颇有名气的演员就等于不存在了。

她们是热内芙·阿丽科、弗朗索瓦丝·吉洛。

毕加索生于1881年，弗朗索瓦丝生于1921年。她有个很富裕的家庭，她父亲对教育理论感兴趣，让女儿受到了良好的教育。弗朗索瓦丝四岁就识字了。九岁，她有了家庭教师。战争开始了，她在巴黎的大学攻读国际法，却有了独力判断的能力。弱肉强食的丛林世界，国际法本身就意味着讽刺，它只提供饭碗和工具理性。不愁生计的弗朗索瓦丝在课堂上画速写，回家画油画。热内芙是她最要好的朋友，鼓励她放弃法学从事绘画。她管弗朗索瓦丝叫小厮。

弗朗索瓦丝回忆说："十五岁以前我一直穿男孩子的服装，根本不想当个女性。直到十五岁我才成了个名副其实的女子。我不再做热内芙的小厮了。我们相互为对方所吸引。"

画家布莱尼描述她们："弗朗索瓦丝变得更活跃，声音、脾气，整个人都更有棱角了。而热内芙更像女子，身材举止都显示出完美的女性美与和谐。"

弗朗索瓦丝特别喜欢马蒂斯的作品，她喜欢马蒂斯绘画中表现的美感与欢乐，无论审美还是技巧，她都不欣赏毕加索。匈牙利画家安德烈改变了她的看法。安德烈有犹太血统，身处危险之中的他决定离开法国。弗朗索瓦丝去火车站送这位老师，火车启动了，她忽然感觉害怕、孤独。她的许多朋友都在抵抗运动中牺牲了，现在她尊敬的老师前途难料……她追着火车对他喊："安德烈，会发生什么？！"

安德烈扭头叫道："干吗不放心？不出三个月，你就会认识毕加索！"

安德烈的预言应验了，不出三个月，毕加索径直走向弗朗索瓦丝。他那双有名的锐眼，忽略了"长着希腊式脸型的热内芙"。

热内芙赞美她的女友："弗朗索瓦丝是一个佛罗伦萨的圣女。"

毕加索说："她还是个还了俗的圣女。"

热内芙率先表白："我们俩都是画家。"

毕加索笑了："这是我一整天听到的最有趣的事了。一个看上去不像是画家的姑娘，说她自己是画家。"

弗朗索瓦丝回敬他："我们正在协和广场举行联合画展。"

毕加索似乎犹豫了一下："好吧，你们有空请到我画室来。"

弗朗索瓦丝急切地问："什么时候？"她先是回敬他的轻视，然后又急切关心什么时候去他的画室。

一般人根本进不了大奥古斯丁路7号。

希腊式女神和佛罗伦萨圣女走进了艺术圣殿，萨巴蒂斯对她们相当无礼。弗朗索瓦丝表示喜欢墙上一幅马蒂斯的静物画《橘》，萨巴蒂斯立刻斥责她。毕加索的圣殿里怎能赞美另一个画家呢？可是毕加索本人，抛开其他六七个崇拜者走过来了，亲自做向导，让她们看他的版画、雕塑。

水龙头一直流着热水，她们感到好奇。毕加索说："尽管打仗，我还是有热水。你们俩尽可以来洗澡。"

他去协和广场看过她们的画展，但只字不提。弗朗索瓦丝也不敢问。第二次拜访毕加索，她们俩带了鲜花去，毕加索大笑。

大师盯着弗朗索瓦丝的眼睛说："我看过你的画展，你有天赋，要努力画，天天画。"希腊式女神热内芙，再次成了佛罗伦萨圣女旁边的摆设。

第三次，弗朗索瓦丝单独去拉响门铃。第六次，她冒着大雨去，浑身湿透了。毕加索对萨巴蒂斯说："瞧这可怜的姑娘，你把她带到我的洗澡间，我为她弄干头发。"

管家拒绝从命，说这是伊内丝的工作。毕加索只好自己把水淋淋的姑娘带进洗澡间，亲自替她弄干头发，用了毛巾又用电吹风。而她则是很温顺的样子。

几天后，她第七次去，进了他的雕塑室，他在前边带路，似乎顺理成章地，回头一下子吻住她的嘴唇。她不闪避，接受了初吻，尽管她并没有迎上去。

大师摇摇头说："不好。至少你应该推开我。如果你毫不抗拒，这事就不成了。"这句话确切的意思是什么？她不问，他也不解释。一个月的时间，弗朗索瓦丝七次前往大奥古斯丁路7号。6月底，她第九次去，"他很不经意地捧起了她的乳房……又慢慢将手抽回，去楼下的画室和大伙聚会去了"。

7月初，弗朗索瓦丝应热内芙的召唤去了芳泰，那是个小村庄，热内芙一家住在那儿。两个女孩子骑自行车逛博克斯小镇，待了两周。弗朗索瓦丝回忆："那个地方很特别，但丁从佛罗伦萨被流放就住在博克斯镇，他把它写进了《神曲》。在附近的阿尔，凡·高画出了他所有的不凡之作……我内心斗争了好几天。我感觉如临深渊，而另一面，我觉得，我又是一个从无到有一点点被再造起来的人。"

这与毕加索为泰莱丝重新指定生日有着惊人的相似。不同的是，二十一岁的弗朗索瓦丝主动讲出来，而泰莱丝乐于接受。

这个决定使弗朗索瓦丝下决心离开她的父亲。她给严厉的父亲写了一封长信，表明对法学的不屑，对艺术和艺术家的向往。结果是她的母亲来了，把她带回家。父亲限她半小时内改邪归正，她不从，于是被她的商人父亲打得"满面是血"。如果不是她的外祖母及时赶来，她的完美容貌将被毁于一旦。

"弗朗索瓦丝彻底失去了父亲的财产。她曾经有过她想要的一切，如今身上只有一件逃出时穿的连衣裙。为了挣钱，她教初学者骑马和驯马。"

她回巴黎看望毕加索，后来她写道："毕加索大我四十岁算不了什么。毕竟，巴勃罗更像是个四十岁的男人。他比我父亲还大得多，这同样算不了什么。"

从那以后，弗朗索瓦丝就是巴勃罗的常客了。亲近他的人都叫他巴勃罗。

1944年春，她来上他的版画课，"她的脸镶在饰有花边的白色高领中，暗红色头发往上梳着"。

指间燃着香烟的毕加索随口问："你是穿这种服装来学版画的吗？"

她迎着他的目光回答："我想为了你打扮得漂漂亮亮。"

毕加索愣了一下，习惯性地举起双手，抱怨说："你不能像女人们通常那样，至少表面上装作上了当的样子吗？哦，也许你这样更好些，你心明眼亮。可是你想过没有，如果你只要真理而不要其他东西，比如不要花言巧语，那就没有留下什么余地了。光天化日是非常严峻的。"

阿莲娜《毕加索传》："他已经发出了警告。闪烁着青春全部勇气的她感到自己是不可战胜的。她一直在节节胜利。"事实上，双方都在节节胜利。毕加索稍觉诧异。

剑桥大学联合会主席阿莲娜女士，显然是用故事的结局来反推它的开端，用以彰显她的女性视角，女权视角。阿莲娜不无快意地写道："弗朗索瓦丝的直率有着天真的力量，使毕加索泄了气。"

那一天，两人都把版画课忘了——心照不宣地遗忘了。他让她看那些蚀刻版画，指着一个黑眼睛黑头发的裸女说："看，那就是你。我总是迷恋某些面孔，你的面孔是其中之一。"

有一幅牛首人身怪正看着一个女人睡觉，毕加索解释说："他在研究她，要了解她的思想。要确定她会不会因为他是个怪物而爱上他。你知道，女人在这上面很是奇怪。"

她吞下了他讲的每一个字，但是他未能打破她的平衡。一个钟头又一个钟头，她就在他身边浏览版画、油画、雕塑、拼贴画、陶制品……

毕加索对弗朗索瓦丝力量的源泉感到茫然。她才二十二岁，平衡的力量从何而来？她一来就说：为了他而打扮得漂漂亮亮。

艺术家沉默了。西班牙似的沉默，十分钟、二十分钟……他对她喃喃道："你是我见过的唯一的一个，怎么说呢，你拥有一扇通向绝对的窗口。"

毕加索并不知道，弗朗索瓦丝在但丁和凡·高待过的地方犹豫了几天。也许那正是窗口敞亮的契机。不仅是优秀男人，优秀的女人同样在寻找绝对窗口。

头一次单独见面时，他说过："我估计，我会在从未爱过的情形下死去。"当时她笑了，要他先不要说这个。

男女之间的"完全的相互性"，毕加索想要的，恰好弗朗索瓦丝能给他。她也知道她能给。骚动深处有宁静，毕加索想要捕捉的神秘宁静，马蒂斯已经握在手中的那种宁静……

六十年的混沌与二十岁的平衡，二者之间会形成某种张力。毕加索对弗朗索瓦丝说："我们之间无论是什么，发生什么，都肯定是件奇妙的东西。"

"他挽起她的胳膊，她自然而然回应……他脱去她的衣服，研究着她。他惊奇地发现，她的身体与他对她身体的想象竟然如此相似。"

她回忆："我感觉到一种新的开始，一种归宿感。仿佛跟宇宙融为一体。如今我和巴勃罗合而为一。"

"弗朗索瓦丝枕着他的胳膊躺着，充满了深邃的宁静，完美的快乐。"

她的巴勃罗用尼采式的语言对她说："一切事物的存在量都是有限的，特别是幸福。"

她让毕加索这样的男人由衷吐出"幸福"这个词。绝对的窗口释放着能量。毕加索并不希望他和她经常见面，他深知自己是个罕见的怪物。

"弗朗索瓦丝走了，她觉得以前所倾慕的伟大艺术家，在过去几小时已变成她不能不爱的人。"

1944年2月，迷人的画室交流两天之后，毕加索和弗朗索瓦丝动身去旅

弗朗索瓦丝与毕加索

行，绝对的窗口对融为一体的男女都有效。然而在紧要关头，牛首怪物暴露了他的无情，而且，这是他一生最大的一次无情。

雅各布，洗衣船时期毕加索的崇拜者，顶着烈日替他卖画的难兄难弟，日后靠写作证明了自己的法国著名作家，法国青年一代的偶像，如今被关在纳粹的监狱里受尽折磨。朋友们为了营救雅各布，想尽了一切办法。

毕加索袖手旁观。在请愿书的签名者的行列中，没有毕加索。雅各布著作的代理人去找毕加索，要他用他对德国人的"相当大的影响为老朋友求情"，这个胆怯的牛首怪却说："雅各布是个机灵鬼，他不用我们帮助就能从监狱逃出来。"

不久，麦克司·雅各布死在狱中。

毕加索去参加雅各布的葬礼，不敢走进教堂，在教堂前踟蹰，像个路人。

弗朗索瓦丝替他解释："巴勃罗特别不愿意冒险。"

8月25日，巴黎解放。毕加索说："巴黎解放了，我被包围了。"

到大奥古斯丁路7号朝拜的人，每天排着长队。人们像欢呼戴高乐一样欢呼毕加索，有记者把他比作埃菲尔铁塔。海明威专程来拜访他，他不在家，萨巴蒂斯收下海明威的礼物：一捆手榴弹。留言是："海明威送毕加索。"

战后的人们拥向阿波利奈尔、毕加索、海明威、萨特等人常去的咖啡厅。军队是用来打仗的，而拯救的力量并不来自坦克，更不来自技术。文化承担一切。马克斯·韦伯说："人是悬挂在由他自己所编织的意义之网上的动物。"技术摧毁了意义，人们急切盼望意义归来，呼唤价值重估。罗素在英国说："要警惕两种权能，人对人的权能和人对自然的权能。"海德格尔对技术、对世界图像化的强劲反思震撼了西方。

毕加索接受各种采访，他的一句话广为流传："有创造力的艺术家，是要在混沌的边缘让人类稳定下来。"人类稳定的前提是要揭示混沌。半个世纪以来，毕加索的工作就是让混沌显现，让魔鬼亮相。为了结束黑暗他进入黑暗，而在黑暗的深处他发现了黑暗的永恒。

他常去拜访马蒂斯，注视马蒂斯笔下的人类光明。他一再对媒体表示："现代绘画，只有一个马蒂斯。"当然还有他自己。

一个英国记者描述："他比我想象的更矮小（伟人多如此），他光秃的头顶和几绺白发下，有一对猴子般机灵的眼睛，睁得又圆又大。他表情严肃，讲究礼节，但强烈地表现出天才人物所特有的酒神式的炽热感情。"

9月底，埃鲁阿透露了一个消息：毕加索即将宣布加入共产党。

10月5日，《人道报》头版以整版的篇幅刊登了这一消息和一系列照片。法共领导人欢迎毕加索进入"工人、农民和知识分子的兄弟般的大家庭"。

《新大众》发表毕加索的声明："参加共产党是我全部工作、全部生活的合乎逻辑的结果。我从没有把绘画当作单纯消遣的艺术或是逃避，我想通过绘画和色彩，作为我的武器，深入了解世界和人，以便使这种了解越来越能够解放我们每一个人……这些年来，可怕的压迫已经向我证明，我不仅要以我的艺术来斗争，而且要以我整个的身心来斗争！我毫不犹豫地加入共产党……它已经是我的党。难道不正是共产党在最努力地工作，以求了解和改造这个世界吗？在帮助今天和明天的人民变得头脑更清楚、更自由、更幸福吗？在法国，正如在苏联和我自己的西班牙一样，最英勇的不正是共产党吗？我一直离乡背井，而现在不再是个浪迹天涯的人了……法国共产党向我展开了怀抱，我在那里找到了那些我最珍惜的东西，最伟大的科学家，最伟大的诗人！"

毕加索在《法兰西文学报》发表谈话："绘画不是用来装饰房子的，它是向敌人进攻和保卫自己的武器。"

巴黎的秋季沙龙展，毕加索的大量油画，对潮水般的观众产生了"极为强烈的震撼"。造访他画室的大学生与日俱增。一个叫热内芙·阿波特的女大学生，是法国学生战线主席，她问毕加索："大师，请解释一下您的艺术。"

毕加索乐了："天哪，艺术跟理解有什么关系！从什么时候起，一幅画有了数学证明？艺术家只需唤起欣赏者心中隐藏着的东西。"

热内芙读了很多书，包括马克思、列宁的著作。她加入了共产党，毕加索不无得意地把他的党证给她看，她便称他"毕加索同志"。

弗朗索瓦丝注视着这个十七岁的女大学生。她最好的女友也叫热内芙，也是身材高挑而健美，洋溢着炫目的青春光华。女大学生对大师的造访变得很频繁了，每次来都带着奶酪。弗朗索瓦丝给她取了个绰号：瑞士奶酪。"'瑞士奶酪'不断给巴勃罗带来瑞士奶酪。"

11月26日，作为给自己二十三岁生日的礼物，弗朗索瓦丝去看望巴勃罗。他正在制作一幅石版画。有一幅是弗朗索瓦丝正看着一个女人睡觉，画家说，他还不知道那个女人是热内芙还是朵拉。他继续修改，遵循着他的自由联想。在明显的特征出现之前，他不知道那个女人是谁。直到把睡觉的女人修改成抽象的裸女，他才发现她是朵拉，证据是边上的两只昆虫。版画边上也有小鸟，那是特意为弗朗索瓦丝画的。

"他希望她搬过来一起住，而她还没有十足的把握。"

她和他，都防着他身上的那头怪兽。

这对巴黎人皆知的情侣的消遣方式之一，是她骑着马驰骋布隆森林，他坐汽车在后面追她的背影，开车的司机还是马采尔。运动型的泰莱丝也骑马出现了，"弗朗索瓦丝一眼就认出在毕加索肖像画中常见的美丽脸庞"。也许又是毕加索的故意安排。泰莱丝骑术高明，森林中并未落下风，但她小有不快：弗朗索瓦丝不仅比她年轻十一岁，而且是个受毕加索称赞的画家。据说，弗朗索瓦丝拥有一扇"通向绝对的窗口"。什么窗口？泰莱丝觉得自己再想五十年也想不明白。

毕加索的朋友们一致认为，这个希腊式美人头脑简单。事实上她赢就赢在简单。有趣的是，她自己根本不知道这种简单。她吃醋厉害时，就跟朵拉打架，打完架她给她的巴勃罗写信，充满了真正的柔情。地铁口相遇已经过去了十七年，只要不跟巴勃罗在一起，她就每天写信，吐露她的心声，倾诉日常琐屑。她也收到同样甜蜜的回信。这种情形又持续了好多年。泰莱丝保持了她的好身材与好心情，须知，她是生活在著名的牛首怪身边。她得到了她想要得到的，其他就不闻不问。这也是女人的一种良好直觉或智慧吗？她从来不去惹他，倒是感觉到他身上温柔的一面。

而超现实主义者、有一群巴黎精英朋友的朵拉，就不那么幸运了。

在巴勃罗的画作中，她居然与昆虫为伍！她始终是哭泣的女人，仿佛她生下来就没有笑过一次。那个画布上与生活中总是微笑的泰莱丝，让她受够了，受够了！现在又来了弗朗索瓦丝。朵拉认定自己腹背受敌。这位追求独立的知识女性，认为自己一天都忍受不下去了。她瞪着眼睛想很多。没有她，旷世杰作《格尔尼卡》会诞生吗？朵拉越想越气，冲进了当初由她发现的大奥古斯丁路7号，推开高大的萨巴蒂斯，挥手给阻拦她的伊内丝一记耳光。

毕加索正在和埃鲁阿闲聊，单手叉腰的女人朵拉，发出她的命令："你们两个都要给我跪下，你们这一对恶棍！"

她义正词严而又骄傲地说："我，朵拉，我看得见过去、现在和未来，如果你们两个坏东西不改邪归正，就会大祸临头！"萨巴蒂斯立刻去找精神科医生。医生匆匆赶来，朵拉正在挥舞双手，"抓住他们俩的胳臂，要强行拉他们跪下"。

朵拉被带走了，在精神科医生的诊所待了三周。医生用电休克疗法为她治疗，然后用精神分析法。这种治疗在朵拉出院后又持续数月。

那一天，朵拉被医生带走后，诗人埃鲁阿对毕加索发出了愤怒的咆哮，

"埃鲁阿气得发抖，把椅子砸得粉碎"。萨巴蒂斯、伊内丝都受不了，同声反击埃鲁阿。毕加索一如既往抽他的香烟，像个局外人。

芭蕾舞演员奥尔迦歇斯底里，有思想的朵拉甚于歇斯底里。

不久，去医院探望朵拉的埃鲁阿说："一个女人和毕加索在一起，决不能放弃斗争。"

弗朗索瓦丝耳闻目睹了这些事。现在她是斗争的女主角。恋爱和斗争是一回事吗？对弗朗索瓦丝来说是一回事。她开始画毕加索的素描像，在他面部寻找隐秘的弱点，寻找他的泪腺。"他脸上假面般毫无表情，使弗朗索瓦丝感到惊讶。他的头像个几何图形，通过他的短脖子安在宽阔的肩膀上。"

她提醒自己不要经常去看他。他们达成的默契是共同防御他的野性，他的破坏欲——无论他针对男人还是针对女人的破坏欲。从理论上说，他反抗不公正的社会，痛恨资产者的伪善。蔑视法学的弗朗索瓦丝与毕加索有共同的价值取向。然而这个男人又是众人皆知的牛首怪。他可不是她曾经非常喜欢的马蒂斯。

弗朗索瓦丝暮年回忆："离开巴勃罗的生活是没有激情的，我对他的渴望掩盖了其他的一切。"

弗朗索瓦丝使尽浑身解数，不去大奥古斯丁路7号。

毕加索和朵拉去度假，想要她一起去，她断然拒绝。

1946年2月，她逃跑了，决心离开巴黎一段时间。不能被艺术大师与牛首怪的巨大蛊惑力掌控。她是自由的，她冲破了家庭，放弃了财产，她以此为代价获得的爱情，不应该是泰莱丝那样的爱情。不错，泰莱丝很满足，像个傻子似的天天写情书。弗朗索瓦丝从几岁起就有独立意识，她的少女时代几乎不穿裙子，为了热内芙，她才有了少女的穿戴与举止。一直到十五岁，她是热内芙的野小子。

弗朗索瓦丝碰上毕加索，等于野性碰上了野性。两年的如胶似漆，反而助推了双方的野性，回忆："我非常爱巴勃罗，又怕他吞了我。"

爱情诚可贵，自由价更高。她跑到海边小城儒安湾去了，同时给毕加索和热内芙写了信。热内芙迅速赶到儒安湾与她会合。第二天，毕加索的汽车出现在她的窗口。她写道："这是我最怕的事了，热内芙在这儿，巴勃罗也来了，真糟糕！"

毕加索以百米冲刺的速度冲进她的卧室，牛首怪的眼睛瞪得比牛头还大。凶龙前所未有地凶。"他抓住我的胳膊，拿他的香烟按在我脸颊上，那时间长得好像没有尽头。我没有叫喊，反而对他说：'你可以毁掉我的美貌，但你毁不掉我这个人。你愿意烧就烧吧！但你烧的是你喜欢的东西！'我说这些话的时候，他把香烟一直按着不动。直到他把香烟拿开，我脸上留下了一个坑。使他火上浇油的是我一声不喊，不求他住手。我让他继续做下去，让他毁掉他心爱的东西，以此来揭露他的本来面目。这一切都非常野蛮，荒唐，我甚至没有感到愤怒。我说：'看看吧，多难看，是你自己弄的，现在你非得看它不可了……'"

《毕加索传》省略了什么呢？阿莲娜女士多次采访弗朗索瓦丝，谈话相当投机。

毕加索用香烟把弗朗索瓦丝娇嫩的脸烧成那样了，她还说让他继续看下去。

为了毕加索，她曾被父亲打得一脸是血。如今毕加索在她美丽的脸上下手。血可以擦掉，烟头烧出的小坑去不掉。毕加索很欣赏安格尔、马蒂斯纯净美好的作品，但是他的作品却拿纯美开刀。值得注意的是，作家和艺术家们大都是负能量的揭示者，卡夫卡的小说比荒诞派更荒诞。

画家狂怒，或者说狂怒掌控了画家。他身处历史的恐怖进程，经历了两次世界大战和西班牙内战。历史的毒素进入了画家的躯体。画家却并不排毒……

"就在这时，热内芙从外面回来了。她愤怒地把毕加索称为'野蛮人'。"

热内芙催弗朗索瓦丝离开，一秒钟也不要停留。"如果她还不走，那就是合谋毁灭自己。"可是她挪不动自己的脚。毕加索把热内芙赶出去了。热内芙选择附近的马采勒酒店住下，随时准备营救她的弗朗索瓦丝。

三个人的斗争持续了三天，热内芙找毕加索，又找弗朗索瓦丝。她尽她的全力。弗朗索瓦丝回忆："热内芙是唯一真正爱我的女子……她是你所能想象的最美的造物，真正的古典希腊美人。

"我面临两种选择，和热内芙一起离开儒安湾，共度余生，决不反顾；或者留下来，面对牛首怪。"

热内芙发现她可能选择留下来，于是哭起来了，喊道："一个恶毒的男人对你有什么吸引力？"毕加索则告诉她，正是她最好的女友热内芙，勾引属于她的男人。

三个人的斗争，斗成了一团乱麻。"经过一夜思索，第二天，弗朗索瓦丝步行去马采勒酒店，向热内芙宣布了她的决定：留下来。"

她回忆："我当时骄傲得不得了。我相信我做什么都能成功，我自信能战胜巴勃罗身上的那个毁灭者，甚至把他自己也拯救出来。"

来势凶猛的暴风雨很快过去了，恋人双双回来了。"那是2月，毕加索和弗朗索瓦丝沿海边散步，在酒店吃饭，除了她右脸上的那个伤疤无所不谈。他们驱车去旺斯看望病中的马蒂斯。"

归于恩爱的一对情侣，专程去看望宁静的大师。弗朗索瓦丝惊奇地发现，大师在病床上照样过得有滋有味。他在创作剪纸画，每日乐此不疲。五年前他做了一次手术，痊愈的漫长过程中又生发了艺术奇想，画了很多精品。他的生活秘书丽迪亚对弗朗索瓦丝讲了一个又一个故事，弗朗索瓦丝听入迷了。

年轻的丽迪亚问她："你和巴勃罗……"

她笑道："我俩挺好的。"

她学生时代就崇拜的大师，"一见她就很惊异，马上表示愿意为她画像"。这可是殊荣，每一个法兰西人都希望得到马蒂斯的肖像画。

大师对她右脸的伤疤并不注意，也许他早料到了。他关注的是弗朗索瓦丝身上的那种特质。正是这种特质使她的容貌锦上添花。回儒安湾的路上，毕加索不高兴，说："我为丽迪亚画像了吗？他倒不客气，一见你就要拿画笔，还把你的头发弄个发型，画成绿色，把你的脸画成蓝色，你的脸明明是粉红色！"

她在汽车上不作声。过了一会儿，他又说，看过了马蒂斯为她画的像，他才知道自己应该怎样给她画肖像画了。她笑了笑，依然不开口。她要对付这头犟驴，尽管她自己同样倔。从某种意义上说，她的生活与斗牛无异。

开着"普爵"牌大汽车的司机马采尔，和管家萨巴蒂斯一样，知道在什么时候保持沉默……毕加索滔滔不绝，说起他与马蒂斯在绘画技法上的差异："马蒂斯画素描，画好了还要重画，画五遍，画十遍。他相信越到最后作品越好，越纯粹，越确定。而我是一挥而就。我的好作品都是一挥而就。"

毕加索一面说，一面伸手把她的发型弄乱。马采尔配合他一踩油门，她一头乌发飞扬……摄影师在《毕加索谈话录》写道："毕加索憎恨发型。如果由他说了算，全世界的女人都将披头散发。他就这样画弗朗索瓦丝。"

春天和夏天，毕加索和弗朗索瓦丝在儒安湾。

此后她不要任何发型了。"女为悦己者容。"她不要发型的发型倒是在儒安湾流行起来，日后又成为浪漫巴黎的时尚。

1946年的秋天，弗朗索瓦丝决定搬到大奥古斯丁路7号。这意味着，她至少暂时告别了热内芙，并且加深了与家庭的裂痕。她搬过去的当天，朵拉找上门了，宣布了她的预言："你，弗朗索瓦丝，如果你三个月之内不被这个男人抛弃，我会感到非常吃惊。"

事实上，她很快怀孕了。决定搬过去和决心生孩子，对弗朗索瓦丝来说是同一件事。若干年后她写道："毕加索像一个征服者，在生活的道路上大步前进。他蓄积着力量、女人、财富、荣耀，但这些都不能使他满足。我希望他征服了他想要征服的一切之后，与我一起去追求生活中崇高的东西，追求我们自身不朽的东西。我知道毕加索的道路上布满了偶然性，我亲身体验过他毁灭性的一面。"

弗朗索瓦丝常常看毕加索作画。六十五岁的艺术家，在画布前一站就是七八个小时，有时超过十个钟头。她问他累不累，他说："所有画家都这么长寿。我工作的时候就把身体关在门外了。"

创造者大于毁灭者。就毕加索的艺术而言，创造与毁灭是一回事。他要摧毁资产阶级甜俗的审美趣味；要剥去伪装，让世界露出它的狰狞；要比一般人更深入地探索现实，"让实存更加实存"。

两情欢愉的时光多于斗争。毕加索对弗朗索瓦丝说："有四分之三的人类看上去像动物，而你不像，你像一株正在生长的植物。"

埃鲁阿在征得毕加索同意后，去追求朵拉，想娶她为妻，满以为她不会拒绝。朋友们也很赞成。朵拉却说："毕加索之后就只有上帝了。"

毕加索的著名油画《女人·花》，是献给弗朗索瓦丝的。

皮埃尔《毕加索传》："这一项伟大创作计划的花季，持续到整个6月，对她的存在，以及他和她之间的对比所暗示的各种可能，进行无穷的探索。但画室里还有个第三者，毕加索终于向她承认：'马蒂斯并非唯一能把你的头发画成绿色的画家！'"

弗朗索瓦丝回忆："毕加索先把一张纸涂成天蓝色，然后，他剪出许多符合我头部概念的椭圆形，这个概念他仍在琢磨中……等他把这个形状剪出来以后，他开始在上面画出代表眼睛、鼻子和嘴巴的象征符号。然后他逐一钉在画布上，左边、右边、顶端以及底部都试试看。"

毕加索写道："艺术家不似空气那般自由。我为朵拉画像时也是如此，我无论如何画不出一张她在笑的画像……这么多年来，我画的朵拉都是扭曲的形状。并不是因为我有虐待倾向，也不是这样做能得到特别的乐趣，我只是在服从一个施加在我脑海中的深刻意象而已。那是一种深刻的现实。"

在朵拉近于发疯之前，甚至在她和毕加索的欢娱期，毕加索已经通过她的面部、肢体捕捉到了她的未来。"一种深刻的现实"是何种现实？它是顶级艺术家才能摸索到的现实。

弗朗索瓦丝写道："有时候我觉得，没有他，我就无法呼吸。"

她在《与毕加索在一起生活》一书中，写工作状态的毕加索："休息时间他在画室踱方步，从这一头走到那一头。他会在那张出现在他画中的哥特式高背柳条椅上坐一会儿，跷着二郎腿，手肘撑在膝盖上，拳头顶着下巴，研究自己的画。有时候他会坐上一个钟头，一言不发。总是同时有好几幅没有完成、油料未干的画可以供他选择。"

大师身边的弗朗索瓦丝，目光多么细腻。

她生下了一个儿子，取名克洛德。儿子一天天长大，毕加索沉浸在欣喜中。一家三口去了儒安湾，带着管家和司机。来自各国的旅游者纷纷朝拜大师。海滩上穿泳装的男女希望得到他的签名，男人签手臂，女人们亮出她们光洁的大腿。他们也不游泳了，回酒店不洗澡，要把大师的亲笔签名带回他们的城市或国家。

一位海滩女郎好奇地问："大师，我们怎么没见过您画画呀？"

大师笑道："我跟我的亲爱的过夫妻生活，你也没见过呀。"

言下之意是，夫妻生活像画画一样，是一种日常工作。

画画之余，毕加索朗诵兰波的诗歌。弗朗索瓦丝边朗诵边弹钢琴。让毕加索感到苦恼的，是他对音乐几乎一窍不通。他吹小号并且自以为吹得蛮好。弗朗索瓦丝把他拉到钢琴边。第二天他又吹小号，海滩上的崇拜者们拥到阳台下……

毕加索投入陶器制作。在瓦劳利的山坡上他建了一个陶器工作室，四周是几亩树林、花草和庄稼。毕加索爱讲一个故事：有个著名陶器家为了不让窑内冷却，把所有名贵家具都烧了。他还说："如果有必要，我会高高兴兴把老婆孩子也扔进去。"

这是1948年5月，弗朗索瓦丝画画，听古典音乐，接待来访者，采摘盛开的花朵插进刚出窑的瓷瓶。牛首怪精神抖擞地投入工作，有她一份功劳吗？他每天对她露出的笑容是个证明。妙不可言的夏季结束，她又怀孕。这一年她二十七岁。

秋天，毕加索动身去波兰。他对弗朗索瓦丝说，只去待四天。可他在波兰待了三周，其间参加由共产党召开的世界和平大会，波兰总统授予了他勋章。他几乎不停地给弗朗索瓦丝写信，拍电报。从华沙飞回巴黎，做了短暂停留，然后直奔瓦劳利的家，目标首先是弗朗索瓦丝，然后是他的陶器工作室。她穿上他从华沙买回来的绣花衣裳，几个小时一动不动。毕加索完成了她的又一幅肖像画。白天他用画布来占有她。她写道："巴勃罗这一时期的作品有一种宁静……由于这些画比较柔和，所以人们认为它们比较软弱。"

毕加索微笑着说："魔鬼有时也会微笑。"

而另一半毕加索创造美好的生活。"弗朗索瓦丝对他的爱依然十分强烈。"强烈是火的特征。她本人欣然回忆："巴勃罗甚至在工作的时候，也常常出来一下，吸一支烟，跟我说一会儿话。这是一种昼夜二十四小时的关系。一个女人为了体味爱的不朽，就是跑到天涯海角也要找到它。如果遇上巴勃罗，她无论如何也会留下来。特别是他能创造一种气氛……哦，真是迷人啊！"

1949年来临了，"毕加索在为弗朗索瓦丝所作的油画与石版画中，宁静与侵犯在搏斗，混沌与星光在斗争。在毕加索灵魂深处，爱与恨在缠斗"。

柔和，宁静，跟软弱一起在画布上消失了。

弗朗索瓦丝意识到，这是大师艺术进程中的关键时刻。"她决心陪着毕加索，直到深夜。"她常常一天只睡四个小时，也许在她看来，肚子里的孩子的重要性不及巴勃罗的杰作。

费尔南代、伊娃、奥尔迦、泰莱丝、朵拉，现在是弗朗索瓦丝，她们组成了毕加索的缪斯群，无论怎么受伤害，无论生活怎么简朴，她们都不肯离开他。

在大师身边的两三年，胜过与普通男人相处数十年吗？女性在内心深处和男人一样，不甘心成为庸众当中的一员吗？女人也渴望燃烧……

春末，弗朗索瓦丝生下了一个女儿，取名帕罗玛。毕加索画的一只鸽子也叫帕罗玛。

巴黎举行了毕加索陶塑展，评论家列昂写道："陶土与火，在毕加索手里为我们活生生表现了物质与思想，它们的斗争以及它们的胜利。"

毕加索早就说过：艺术品是进攻敌人和保护自己的武器。

4月19日，第二届世界和平大会在莫斯科召开。毕加索去开会，与阿拉贡一同返回，同机抵达巴黎的，还有苏联大作家爱伦堡。他们在大奥古斯丁路共进晚餐，谈论的话题围绕着毕加索年初画的石版画《家鸽》。阿拉贡把这幅画带到莫斯科，作为世界和平大会的宣传画。如今，毕加索的《和平鸽》飞遍了五大洲，鸽子成了全球公认的和平象征，未来千百年，大约也不会变。毕加索的形象也代表了和平。《毕加索：创造者与毁灭者》的作者阿莲娜，对鸽子与毕加索的象征意义颇有微词。她的书提供了丰富的史料，也暴露了她的偏见。她是美国人，长期生活在英国。20世纪60年代，由英国哲学家罗素命名的国际法庭，审判美国人血洗越南的罪行。罗素法庭判处美国政府犯了"种族灭绝罪"。阿莲娜不会不知道，然而，她谴责从莫斯科飞向世界的鸽子。

爱伦堡写道："毕加索喜欢养几只鸽子，他说鸽子是贪吃的、争吵不休的鸟。"

阿莲娜抓住这点不放，下结论说："一夜之间，毕加索攫取了公众的想象。到处都是鸽子，甚至男人上装的翻领和女人的上衣都是鸽子。"她的言下之意是，作为世界和平运动的象征，毕加索和毕加索画的鸽子都不配。

皮埃尔《毕加索传》："越南的东京湾大港海防遭到屠杀式轰炸，法国举国震惊。一场殖民战争开打，打醒了1945年胜利与解放后，人民对和平的梦想。"

哲学家萨特在美军血洗越南时期，也说过类似的话。

毕加索在瓦劳利有了新画室，他称为"工厂"，朋友们称它"火炉"。陶塑、雕塑占去他的大部分时间。他做了爷爷。两个儿女和弗朗索瓦丝跟他生活在一起。照例每周去探望泰莱丝两次，这个习惯他保持了很多年。作为四个儿女的父亲，总的说来他是好的，亲切的，负责任的。

"毕加索和弗朗索瓦丝一起，推着婴儿车在街上走。"在巴黎、瓦劳利都是这样。1951年，画家的小鸽子帕罗玛两岁多了，他精心制作拼贴画《跳绳的女孩》。同期的重要作品是油画《朝鲜大屠杀》，主题是对美国在朝鲜进行干预的强烈抗议。爱孩子有多深，恨敌人就有多深。

　　油画《战争》，大型壁画《战争与和平》，毕加索的画笔就是他的武器。他获得列宁和平勋章，他参加第三次世界和平大会……在大是大非问题上，毕加索始终如一。后来他为联合国教科文组织巴黎总部大厦创作壁画。

　　毕加索七十岁了，瓦劳利全镇庆祝他的生日。他已经工作了五十多年，他还将工作二十年以上。

　　毕加索对法国文化部长马尔罗说："打倒风格！上帝有风格吗？可他造出了不存在的东西，我也一样。"

　　艺术创造力长盛不衰，是毕加索半个多世纪受到广泛关注的首要因素。

　　弗朗索瓦丝在巴黎到处找房子，终于找到了一座令她满意的大房子，让毕加索去看。她希望泰莱丝母女搬来同住，一大家子其乐融融。奥尔迦也能带儿子和孙子过来。也欢迎朵拉和费尔南代随时光临。女管家伊内丝，管家萨巴蒂斯，司机马采尔……大家庭的温暖不是人人都需要吗？七十多岁的老艺术家儿孙满堂，承欢膝下，不是很幸福吗？毕加索反应冷淡，先是不同意，后来勉强去看了大房子，掉头就走，说是建筑风格很糟。懂建筑艺术的弗朗索瓦丝愣住了，眼泪汪汪的样子。她知道，巴勃罗这是在找借口。

　　作为两个孩子的母亲，弗朗索瓦丝渴望温馨的生活。她快满三十二岁了。她在巴黎成功举办了个人画展。她有权利既享受生活，又施展才华。阿莲娜《毕加索传》写到后面，越来越从弗朗索瓦丝的角度看毕加索。女人理解女人。

　　毕加索在巴黎和瓦劳利小镇两边住。他常去阿尔看斗牛。他需要西班牙式的火焰。老年是什么意思？他不太清楚这个，尽管他患有腰背疼的毛病。画布前他可能站立了十万个小时。马蒂斯是榜样，马蒂斯晚年的作品令人惊叹……

《弗朗索瓦丝半身像》　　　　弗朗索瓦丝、毕加索和孩子们

　　其乐融融是什么意思？毕加索从小就背叛家庭，后来他反抗资产阶级社会，他要摧毁流行的艺术趣味，建立新的审美帝国。

　　托特瑙山上的马丁·海德格尔说："山底下那种柔软的东西，时间长了会把人毁掉。"

　　萨特《七十岁自画像》："我讨厌老年人，因为他们有一套固定的想法。"

　　毕加索在瓦劳利创作系列壁画《战争与和平》，他重拾孩子气涂抹的乐趣。画家自况："我从来没有像现在画得这么快。现代绘画中，每一个笔触都成为一个准确的动作。"而弗朗索瓦丝渐渐把目光从画布挪开，她忍不住要关注别的。她听小镇上的人讲，那个叫热内芙的女子跟她的男人鬼混。

　　"瑞士奶酪"把奶酪送到了瓦劳利。当年那个比弗朗索瓦丝小五岁的女大学生，如今在巴黎也常跟毕加索在一起。弗朗索瓦丝要求毕加索讲出真相，她的表情、手势很像奥尔迦或朵拉的。毕加索搪塞她。阿莲娜鄙夷地写道："毕加索搬出老一套的谎言。"她又两次说："毕加索带着他的一大堆破破烂烂。"她是指毕加索制作拼贴画的物件。

　　女人们追求稳定的生活有充足的理由。然而艺术家恰好是要打破稳定。

　　毕加索曾经说过，弗朗索瓦丝拥有一扇通向绝对的窗口，现在窗口依然，却另开了一扇毕加索之外属于她自己的窗口，窗内有她想要的生活，她想要的艺术。她与父亲和解了，"当初我决定和巴勃罗同居，伴随着我对他的爱与崇拜的，是一种我背叛我所受的资产阶级教养的强烈欲望，也要毁弃父亲对我的权威。而父亲如今对我表示怜悯，给我钱和保护。而我既是母亲，又是孩子"。

她温情脉脉，并且日益依赖这种温柔情绪。几年前她说过："人们认为宁静是比较软弱的东西。"

同一时期的毕加索，却在靠近西班牙的一座山上，"在高原上停留很久，不断谈起西班牙"。他日益痴迷高原上呼啸的风。他给她画了两幅油画，反复研究她，包括她自己不知道的东西。笔触中当然有毕加索式的爱。在阿尔，当地人专门为毕加索举办了盛大的斗牛比赛，数千人狂热欢呼，弗朗索瓦丝隆重现身。

可是她不能容忍热内芙，另外，据说还有一个叫杰奎琳的女人也在跟巴勃罗鬼混。她还年轻，不到三十二岁。骨子里她也是反叛型的，她要反抗毕加索的骄傲宣言："没有一个女人能离得开我。"

她要做第一个主动走开的女人，除非他像戒鸦片一样戒掉热内芙、杰奎琳，以及那个可疑的漂亮女管家伊内丝。在大奥古斯丁路7号，伊内丝生下一个众说纷纭的孩子……此间的弗朗索瓦丝疑心重重，像另一个奥尔迦。

有一天，在瓦劳利的街上，奥尔迦突然冲出来，狂抓她的面孔，扯她出了名的、两位大师都画过的头发。这使她想起毕加索把烟头按在她的右脸上。

奥尔迦冲她喊："你的头发不是绿色的！不是绿色的！"

她说："巴勃罗让一个画商反对另一个画商，让一个女人反对另一个女人。"

毕加索还让一个毕加索反对另一个毕加索。他曾经针对自己的艺术写道："观画者怎么可能和我一样去经历我的画？每幅画都自极遥远的距离接近我，谁知到底有多远？别人如何能进入我的梦境、我的本能、我的渴望与思想？它们经过如此长的时间才发展成形，才被公开。最重要的是，别人如何能够理解我放在画里的东西，有时甚至是违反我自己意愿入画的东西。"

毕加索名言："绘画比我强。它指使我照它的意思行事。"

毕加索几十年不变的口头禅："多出那么一点点，一点点。"

画布上的弗朗索瓦丝正在多出那么一点点，而她敏感自己的青春又少了一点点。她和毕加索互相赠送的定情物是手表，现在指针的同步旋转有了变化。她将满三十三岁了，在反抗者身边的十一年，促使她本人反抗，首先要反抗他身边的那些女人，然后是那一堆堆破破烂烂。要么她走开，要么她们滚开。她首先锁定的驱逐对象是热内芙，其次是杰奎琳。她在巴黎写信，向毕加索发出了最后通牒。

毕加索从瓦劳利火速赶到巴黎，向弗朗索瓦丝表示忏悔。他哭了。而她自与他结合以来，从未找到过他的泪腺。这个西班牙男子汉，这个火焰般的艺术家，一面哭一面对她说："我从来没有为一个女人哭过。"

是的，从来都是女人们为他哭，嗬，不只是哭。伊娃死了，奥尔迦患绝症……

弗朗索瓦丝面对哭泣的牛首怪，打心眼里笑了。可是且慢，她必须不动声色。接下来她展开实地调查，换言之，她上街盯梢，侦察。真是来劲儿了，破天荒头一次！在盖鲁萨克路的一家饭店，热内芙在等着毕加索。一连三天，热内芙在那个饭店等毕加索，一个钟头过去了，又过了一个钟头，热内芙坐姿不变，她手拿一本埃鲁阿的诗集。毕加索派人传话给她，他不会再去饭店约会了。而热内芙坐在靠窗的咖啡厅，日复一日。"此后很久，热内芙与毕加索的风流韵事一直是她生活中的大事。宁可被他的太阳'化为灰烬'，也胜于离开他的轨道而苟全于世。"

弗朗索瓦丝想，这个年轻女人不会善罢甘休。她还需要对付杰奎琳、伊内丝，"还有那么多女人在排队等候，无论法国还是西班牙"。

她要走，毕加索面无表情，不再提这件事了，他投入疯狂的工作，两个月画了一百八十幅素描。"他的技巧极为娴熟，达到了炉火纯青的地步。"

弗朗索瓦丝写道："他对我说，他还没有把我研究完，而我就要抽身了。"

年轻英俊的希腊"哲学王子"科斯洛·埃克洛斯，几年前就钟情于弗朗索瓦丝。他研究海德格尔，并翻译这位德国大师的著作。现在他在巴黎公开追求弗朗索瓦丝。她写道："我对毕加索说，等着瞧吧！如果说没有人能离开你这样的男人，那么，你将看到你闻所未闻的事了。"

她离开的那一天，毕加索注视她的面孔，未说再见。她接受了哲学王子，但时间并不长。她又回来了。也许她早已习惯巴勃罗的激情与他那上帝般的创造力。巴黎的社会舆论纷纷谴责她。"弗朗索瓦丝被指责为自私、恶毒，最糟糕的是她不能理解我们时代的天才。"

她带着孩子回家了，毕加索兴高采烈。不过有些事仍然在进行中。杰奎琳要嫁给毕加索。另有一位伯爵夫人拉则美——毕加索毫不掩饰他对美丽、修长的伯爵夫人的迷恋。

伯爵夫人回忆："巴勃罗抚摸过的任何一件东西都有了生命……我真不能理解，为什么弗朗索瓦丝要离开他。"

1954年夏，毕加索和弗朗索瓦丝在瓦劳利待了半个月。看上去像最后的时光，让1943年的光景重现。当年她冒雨跑进他的画室，她专门为他精心打扮。

毕加索喃喃说："你又要走了，没有人和我谈论那些我最感兴趣的事了。"

他把她送给他的手表还给她，说："你的时间不属于我了。"

1955年，毕加索搬到法国南部拉加里福的一座大厦，这座豪华府邸建于19世纪，可以俯瞰戛纳。杰奎琳正式成为这儿的女主人。伊内丝也住过来了，她对所有人说："对我来说，只有他。毕加索在全世界是至高无上的，我把丈夫和孩子留在家里。他到哪儿我到哪儿，我为他们把冰箱塞得满满的。"伊内丝不喜欢杰奎琳。后者却不是普通女人，毕加索先后为她画了七十幅画。她既是毕加索新灵感的来源之一，又悉心呵护他的日常生活。

皮埃尔《毕加索传》："他在杰奎琳身上找到自泰莱丝之后，再没有过的

杰奎琳和毕加索在一起

平静。"事实上，毕加索与弗朗索瓦丝 "斗牛"的激烈时期，也不乏极度的平静与恩爱。她享受火焰，但她不愿意被他烤焦。她用生命中最宝贵的十二年感受了天才。他融入她全身的细胞。

有一天，毕加索接到弗朗索瓦丝的电话：她要结婚了。未婚夫是画家鲁克·西蒙。他们在谁抚养孩子的问题上发生了争执，毕加索很生气。接下来是公开宣战。巴黎著名的"五月沙龙画展"，弗朗索瓦丝的作品一概被拒绝。1956年11月，她收到卡恩韦勒写来的一封信，终止了与她签订的合同。

七十五岁的毕加索明确表示："从今以后，凡是她的朋友，就是我的敌人。"

弗朗索瓦丝听到了魔鬼的宣战。她走了，但是她继续出现在毕加索的系列作品中。他的女人，她们的形体、表情、声音和气味，是走不掉的。

巴黎隆重举办毕加索作品回顾展，各个时期的重要作品几乎全部亮相。《亚威农少女》是唯一缺席的作品。《斯坦因画像》《格尔尼卡》《朝鲜大屠杀》《和平鸽》《弹曼陀铃的女人》《藤椅上的静物》《弹吉他的老人》《女人·花》《阿尔及尔女人》……观众约达一百三十万人。

费尔南代、泰莱丝、朵拉、弗朗索瓦丝都到场了。她们互相打招呼，但是不交谈。

又是几年过去了，毕加索不断地质疑并颠覆自己，从绘画的内容到形式。

皮埃尔写道："1963年的一天傍晚，我们待得比平时晚，离开时，我太太对他说：'巴勃罗，我确信我们走到大门口（大约三百米的距离）时，你已经回去工作了。'他一边回答，人已经转身朝工作室走去，说：'你们还没有上车，我就开干了！'"这一年，毕加索八十二岁。

创造艺术，创造生活。毕加索、马蒂斯等一大批现代艺术家，收获了数以亿计的观众，改写了西方人的审美趣味和价值观。

油画、壁画、版画、素描、拼贴画、雕塑和陶器……毕加索为人类留下数万件艺术品。他的《和平鸽》是人类追求和平的永久性符号。

毕加索想要阻止弗朗索瓦丝出版她的书《与毕加索在一起生活》，未能如愿。这本回忆录引发轩然大波，人们发现了毕加索野蛮的一面。不过，知识分子站在毕加索一边，纷纷撰文批评弗朗索瓦丝。费尔南代的抗议信发表在《法兰西文学》上。弗朗索瓦丝在她的书中抱怨太多，她对一些人物的评价有失公允，包括对她自己。皮埃尔写道："她对杰奎琳也非常不公平。"

为什么抱怨呢？为什么喋喋不休？也许她离开天才后的生活，落入她少女时代就断然拒绝的平庸。她嫁人不顺又再嫁……

短暂平庸可以，它不过是激情澎湃的一块小憩之地，平庸时间一长，人就昏昏欲睡。尼采式的超人反指末人，末人就要昏昏欲睡。

巴勃罗·毕加索一直是典型的西班牙男人，骨子里还流着吉卜赛人的血。他很早就置身于丑恶和不平等，他憎恨吸血的资产阶级，这一点构成他的价值核心，和凡·高一样，他们要摧毁压迫者的审美体系。

穿越无边的黑暗，跟黑暗打交道，跟动荡、分裂、异化打交道，跟形形色色的人性恶打交道，这是赢得光明的前提。

黑暗无边无际，战斗未有穷期。

毕加索是黑暗与光明的两栖者吗？

唯有追求光明的人才能看见黑暗，唯有保持生命张力的人才能发现平庸。

艺术家重建人与人、人与物的关系。毕加索化腐朽为神奇。1970年，这位艺术家重走被一场大火烧毁的洗衣船时，随口说："我吐口唾沫，他们都会收藏起来。"

艺术是什么？艺术唤起对存在的惊奇。艺术让一棵树更像一棵树。

艺术是流俗与固化的死对头，而固化本身却是人们孜孜以求的东西，换言之，人们追求稳定性，包括艺术家追求风格。海德格尔说："人在诸物中稳如一物。"自我物化的倾向古已有之，到工业化近乎无限分工的近现代，愈演愈烈，异化常态化了。毕加索逆流而上，要重建精神自由，他以近八十年的工作、五万余件艺术品，坚定朝着未知进军，朝着混沌挺进。在哲学、文学、艺术、精神分析诸领域，他有数量可观的同盟军。

毕加索名言："打倒风格！上帝有风格吗？可他造出了不存在的东西，我也一样。"

皮埃尔说：毕加索拒绝了与上帝和解的可能性。

阿莲娜写道："毕加索静悄悄庆祝了九十岁生日。"

他对公众性生存仍然毫无兴趣，他不想成为纪念碑。只接受挑战，不接受欢呼。九十岁以后的毕加索，身体走着日趋明显的下坡路。他写道："我每况愈下了，但必须工作，必须干下去。"

他的油画作品在卢浮宫展出，由法国总统揭幕。

在欧美诸国，他的一系列作品回顾展，观众都超过百万。大亨们竞相买他的画，包括洗衣船时期的黑色与蓝色系列。芝加哥市矗立起他创作的巨型雕塑……毕加索诡谲地笑了。"唯有死亡能终止毕加索的工作。"

1973年4月8日，巴勃罗·毕加索与世长辞。而几天前他强撑病体给泰莱丝写信，说非常爱她。

皮埃尔写道："毕加索的去世，中断了所有的电视节目……"

1977年10月20日，玛丽·泰莱丝与毕加索相遇五十周年，这位痴情一生的运动型女人在家中自缢身亡，享年六十八岁。她女儿玛雅对采访者说："你必须知道他对我母亲意味着什么。他们之间的关系像疯狂了一般，她觉得她得照顾他，即使在他死后！她一想到他孤单单的一个人就受不了。"

　　五十年前的那一天在地铁口，刹那间铸就永恒。

　　1986年10月15日，杰奎琳躺在床上开枪自杀，尽管她早已获得毕加索巨额遗产的十分之三。她也要到阴间去照顾她的毕加索吗？

　　毕加索谶言："没有一个女人能离开我。"

　　在一次毕加索作品回顾展的导言中，法国学者让·雷马立写道："毕加索统辖了本世纪，正如米开朗琪罗统辖了他那个世纪一样……他这颗巨星至今没有停止使我们震惊，没有停止对我们施以魔法。"

萨特与波伏瓦
SARTRE&BEAUVOIR

诺贝尔文学奖的拒绝者和世界女权运动的先锋

没有人妨碍我的自由，是我的生活
汲干了我的自由。

——萨特

让·保尔·萨特1964年获诺贝尔文学奖，他拒绝领奖，其中一个重要理由是，拒绝一切来自官方的荣誉。1980年萨特去世，法国总统只能以个人身份参加他的葬礼。

这在法国现当代史上是没有过的。

萨特是哲学家、文学家和驰誉世界的社会活动家，本文主要讲后二者。他的哲学很大程度上来源于马丁·海德格尔。

西蒙娜·德·波伏瓦则是法国首屈一指的女哲学家，她是萨特的终身情侣。二人都不认同婚姻制度，认为它妨碍自由，束缚人性。波伏瓦是《第二性》的作者，是世界女权运动的代表之一，是女性同性恋的狂热体验者和鼓吹者。她和她的爱侣萨特一样，致力于身体与精神的双重探险，是理性、感性、野性杂糅互生的现代典型。萨特深度介入社会生活，坚决反抗资本主义和一切不正当的权力，他被称为"20世纪人类的良心"。

1905年，萨特生于巴黎，他一岁丧父，一只眼睛不好。这小孩生长在两个女性和外祖父之间。他的外祖父查礼是法语传播者，是法国一级教育勋章的获得者，在巴黎创办了活语言学院，学生来自很多国家。家里堆满了"砖头"，小孩子在书堆里爬来爬去，渐渐捧起了"砖头"。从此一发不可收，构筑了自己的精神大厦。后来他写《词语》，清理自己的"文学神经症"，瞄准十岁以前的印象、感觉、思绪、判断，以及数不清的白日梦。这部获诺贝尔文学奖的作品，显然获益于他的现象学训练。1933年他在柏林师从胡塞尔，苦心研究海德格尔。

小孩子生下来就嗅着书的气息，然后被词语吸附。而语言的抽象规定着一切具象，语言乃是照亮一切的神奇的东西。中国自古以来就受到社会各阶层广泛尊崇的书香门第，眼下受到实用主义的严重威胁。阅读变成网络流行的所谓"悦读"，许多人今天读一本书明天就想用，劣质出版物铺天盖地，真是几千年来的大笑话。

经典读物向来有矜持的特征，它的缓慢生成拒绝一切快餐式的靠近。而优秀的读者静悄悄分布在民间。他们毫不张扬，他们茁壮成长。

文化的两极分化是一种趋势吗？惰性群体之外的坚实个体如何生长？优秀的个体生命如何保持它的强度、它的扩张态势？

像萨特的《词语》，法兰西丰碑式的文学作品，浅表性生存者是难以问津的。

萨特的童年看上去是封闭的童年，他甚至惊讶于学生们的活蹦乱跳。他大抵活在户内，游走于一个又一个"砖头"中，书房黯淡的光线似乎更契合他的内心。思绪从发黄的书页间不断转移出去，远远超出了户外，超出了巴黎，超出了法兰西。每个字都是微小而强劲的弹射器，都是捉摸不定的小精灵。书房并无圈闭功能，恰恰相反，它自古以来就连接着世界的纵深，精神的广域。

活在网络中与活在词语间有天壤之别。前者唯一的特征就是收缩，让反复滋生的惰性去围剿意志力。

萨特在《词语》中写道："还在我目不识丁的时候，我就对这些竖着的砖头深怀敬意：它们或者站得笔直，或者侧身躺着，或者像墙砖一样紧紧地挤在书架上，或者像一排巨柱那样庄严地分开排列着，我已感觉到家里的繁荣是依赖于它们的。这些砖块彼此都很相似。我在一个极小的圣殿里玩耍，我周围布满了极漂亮的古代建筑，它们看着我出生，它们也将看着我死去。我偷偷抚摸它们，以便使我的双手有幸沾上它们的灰尘。但我还不太清楚如何处置它们，我每天都在参加它们的仪式，却并不了解仪式的意义所在。外祖父平时多么笨手笨脚，连手套上的纽扣都要我母亲给他扣上，可他摆弄这些文化物品却像主

萨特

祭那样灵活自如。我无数次看他心不在焉地站起来，围着他的书桌转上一圈，几大步跨过房间，还没有来得及做一下选择，就毫不犹豫地取下一本书，一边以拇指与食指翻动着书页，一边回到他的座椅上；刚刚坐下，他就一下子翻到了'所需要的那一页'，同时发出唰的一声，就像撕破了皮鞋。有时候，我走近去观察这些盒子（精装本），它们像被剖开的牡蛎，我看到它们赤裸裸的内脏器官，也就是一些苍白而又散发着霉味的页片，它们略微有些肿胀，布满了黑色的叶脉，它们喝着墨水，发出一种蘑菇的气味……在外祖母的房间里，书是躺着的，我从未见过她有两本以上的书，因为她的书是从图书馆借来的。每逢星期五，外祖母穿戴得整整齐齐出门，她说：'我去还书。'"

《词语》一书，宏观的把握与微观的进入并举。通篇用这种细到毫厘的描写，将整个童年还原。疏离的笔触使词语游刃有余。如此还原童年的印象，很多作家都做不到。

关于长相，萨特这么写："人们告诉我，我长得很英俊。我相信了。有一段时间，我的右眼患了角膜翳，后来我因此而成了独眼和斜眼，但当时并没有什么。人们给我拍了许多照片，母亲还用彩色画笔给这些照片着色。我还保存了其中的一张照片：我脸色红润，金色的头发做成了一个个小圆圈，圆圆的脸蛋，眼神中流露出对现存秩序由衷的尊敬，嘴巴噘得老高，一副虚伪的、妄自尊大的模样：我知道我的价值。"

他是在童年伙伴和同学诧异的注视下，一次又一次勾勒自己的面孔，并趋于完成自画像。独眼与斜眼仿佛就是一切，就是他专属的永恒。他总是带着他的独眼东走西走，以独眼为中心的丑陋出现在大庭广众，出现在教室、操场、食堂、图书馆，也出现在没有人的角落：独眼不停地说着它独特的悄悄话。此后很长时间，萨特认为自己长得丑陋，而波伏瓦不断纠正他，让他相信他一直很英俊。

面孔自卑是怎么来的？《词语》给出了细腻的、令人信服的，对一些人来说还显得陌生的阐释。嘲笑的眼神与刺耳的语言层层叠加，生发了太多的东西。一方面词语让他妄自尊大，想入非非；另一方面，面孔日益成为问题的面孔。二者构筑了他的神经症，贯穿他一生的神经症。

萨特的青春放纵直接源于他的面孔意识，这有点像宋代的欧阳修。从照片看，萨特长得不错，他穿西装叼着烟斗沉思的照片，在我的书房一放就是二十多年。风度翩翩，讲的就是萨特这样的男人，沉思的面容即使在黑暗中也会闪闪发光。

萨特在长篇访谈《七十岁自画像》中对记者说，他习惯了女人的漂亮面孔，习惯了被她们包围。而这个习惯，也是童年的面孔自卑的持续反弹所致，尽管他已经记不清反弹的细节。他的哲学巨著《存在与虚无》，辟专章研究身体，其中包括性爱的细节。

他在《词语》中回忆道："有一回，外祖父与亨利·柏格森同游日内瓦湖，他说：'我那时欣喜若狂，浪波灿烂，水面闪烁，美不胜收，令人目不暇接，可是柏格森却坐在手提箱上，眼睛没有离开过他的双脚。'他从这件事中得出一个结论，诗人的沉思比哲学沉思更为可取。"

而《创化论》的作者、哲学家柏格森对萨特的吸引力，显然大于小说家或音乐家，虽然他有极高的音乐天赋。后来萨特紧盯自己的双脚的能力，恐怕不在柏格森之下。他喜欢人群，在嘈杂的咖啡馆写七百页的《存在与虚无》；与波伏瓦骑自行车漫游巴黎的郊外，穿过枫丹白露森林，把车子一扔，靠在一棵树上写另一本巨著《辩证理性批判》，看上去身子比树子还静，并且，把美艳夺目的波伏瓦处理成盲点，根本不知道她的倩影去了何处。

萨特对自然风光不敏感，对自然的沉思有限，对自然的关注度远不及海德格尔。

波伏瓦说："萨特对裸露的岩石之类的自然物不感兴趣。"

萨特的兴趣是盯住人，各种各样的人。

中小学十一年以后，萨特考入负有盛名的巴黎高等师范学校，这个学校产生过包括雨果在内的一大批杰出人物，一些人葬在法兰西第一墓地：先贤祠。

小个头萨特带着他的独眼和无穷无尽的精力进了学校，刻苦学习的同时肆意胡闹，折腾，疯狂。小时候的安静伏下喧嚣的可能性。他出尽风头，他咄咄逼人，说刻薄话一套一套的，把别人搞得无地自容（朱光潜先生说，刻薄是文学天才的四大特征之一）。他变着法子愚弄刚进校门的新生，比如让新生竞赛捡篮球，一个个像狗一般扑向球场边的草地。他发明了"树子锁人法"，把新生的双腿盘在树干上，再按下去，使其屁股坐地，可怜的新生再也起不来。他花哨的衣服和怪异的发型惹人注目。他大把大把花钱，母亲给他的钱似乎用不完。他从不去食堂吃饭，吃馆子还叫上几个同学……

他从小就感受不到金钱的价值和分量，这导致他后来总是给侍者或司机巨额小费，引起人们的猜疑乃至愤怒，认为他故意炫富。

萨特对雷蒙·阿隆说："要达到黑格尔的水平？当然，这个攀登既不太艰难也不太漫长，尚须加倍地努力工作。"

他描述他的生活理想：在沙滩上像猫一样在如花似玉的姑娘们中间钻来钻去。又是一位在酒吧里拿着酒杯、吸着香烟的作家。

未来法国的知名人物阿隆对他说："怎么，我的小伙伴，半个月内你竟然写了三百五十多页？"

萨特在记事本中写道："我知道自己是年轻的萨特，正像人们说年轻的歌德一样。"他赞赏法国作家纪德的思想：一位伟人必须保持独立自主，无拘无束。他反对一切：家庭，教会，党派，礼仪，民族主义，权威和盲从。

这个著名学府的无政府主义者，这个拒绝道德情操的达达派、野兽派，连续几天通宵读书，徘徊校园，盯着星空思考，又连续几天寻欢作乐，夜不归宿。小伙子萨特浑身是劲，他每天练哑铃，练成了标准的"肌肉男"。他是球类和田径运动的好手，虽然他个头不大，但是他跳得高，耐力好，爆发力强，他总是跑得飞快，奔跑中急转弯异常迅速。他在雷雨交加的夜晚跳进浪高一尺的塞纳河，只是为了让伙伴们亲眼看看他强劲的泳姿被闪电照亮。

他用形容词照亮事物，在图书馆大声宣布他的妙喻："屁股是一只随身携带的坐垫。"他策划并参与巴黎高师晚会上的裸体行动，一丝不挂跳出来，当场引起公愤……

青春意味着试错吗？但究竟什么是错，这一直是个悬而未决的问题。后来萨特服用致幻剂麦司卡林，想要探索精神的极限状态下的自控力，结果半年神志不清，把西蒙娜·波伏瓦认作另一个女人西蒙娜·约利韦。

萨特十一岁就吹嘘有一个情人，这是读法国小说读出来的白日梦，他进入这个反复叠加的白日梦是如此之深，竟然在卢森堡公园的丛林里苦苦寻找他虚构的情人。他跌倒又爬起来，呼喊着杜撰的情人的芳名。后来，白日梦中的男孩早把杜撰忘了，词语却让他一次又一次神魂颠倒。想象直接进入现实，帮助他开拓了另外一个空间。

中学生萨特宣称："征服某个女人要像征服野兽一样。"听上去像中学生海明威的语气。萨特做绮梦做了八年，十九岁，终于有了"他的少妇"。事实上他被女人征服了。这女人是个迷人的混合体：才华出众的演员，不知羞耻的妓女，不愁吃穿的富家女，自诩的尼采的学生。她喜欢在高级妓院的壁炉旁，一丝不挂接待她的崇拜者们，单手叉纤腰，朗诵尼采作品。她对尼采的崇拜与理解，她的标致面孔、披肩长发和魔鬼身材，让男人们目瞪口呆。巴黎高师的才子们，集体拜倒在她的石榴裙下。有人情不自禁哭起来了，恨不得扑过去吻她的脚趾头。她的裙子飘到哪儿，哪儿就有萨特、马厄和阿隆这些鬼头鬼脑的优秀学生。

窥视她已久的萨特在一个葬礼上与她面对面了。这个到处吹嘘自己是尼采的学生的女人用她漂亮的睫毛表明，她青睐这个以黑格尔和青年歌德自居的狂妄青年。

狂妄男女一拍即合。

墓地发生的爱情持续了两三年，直到这位魔鬼女郎转投大导演夏尔·迪兰的怀抱。她勾引导演成功，在法国戏剧界青云直上，她叫西蒙娜·约利韦。

墓地爱情的当天，萨特和约利韦就一起消失了。四天四夜之后，他从某个神秘而荒僻的鬼地方返回学校的"斗室"，写信对她说："请告诉我，你喜爱萨特是否胜过女人们喜欢雪莱？"

每逢假期的头一天，萨特总是坐火车去约利韦居住的城市图鲁兹。他在她松软的床上累得筋疲力尽，一觉醒来，又浑身是劲。

约利韦为他朗读《查拉斯图拉如是说》，鼓励他用意志战胜本能。他一跃而起，随便捧起了一块"砖头"，两三分钟就把赤身走动的女演员忘得一干二净。她惹火的线条与挑逗在这时于他如浮云。

她拍拍她的小伙子说："我的很棒的让！"

这是1926年，此时的海德格尔教授正在完成哲学巨著《存在与时间》，并与十七岁的汉娜·阿伦特一见钟情。

萨特同时还在追求一个杂货铺老板的女儿，并且考虑了婚姻。但对方的父母反感他抽烟的姿势，厌恶他的粉红色衬衣，还认为他有"破坏性思想"。

如果他跟杂货铺老板的女儿结婚，生活道路就改写了。

1929年，萨特在教师资格会考期间注意到另一位西蒙娜，她小他三岁。很可能他早就注意她了。公布笔试成绩的那一天，在巴黎大学门口，萨特对西蒙娜说："你通过了！从今以后由我来掌管你！"快乐的西蒙娜眨眨眼睛，守在她左右的牛高马大的马厄，勉强露出祝贺的笑容。

在会考中名列第一的萨特，穿着他标志性的粉红衬衣冲向西蒙娜，模样活像愣头青。这一位西蒙娜，即是本文的传主之一——波伏瓦。

西蒙娜·德·波伏瓦，法国人永远的骄傲。

波伏瓦及其母亲和妹妹

　　波伏瓦出生在巴黎富人街区的蒙巴那斯街。外祖父是银行家。她的童年伙伴主要是男孩。在她一岁半的时候外祖父被捕了，动产和不动产大都被没收。家里的漂亮地毯、古典家具、网球拍和三响猎枪，在拍卖会上几乎是被哄抢一空。小女孩躲在人群中惊恐地张望。后来萨特影响了她，她成为共产党和无产阶级的同路人。

　　从富人阶层滑向平民阶层，全家告别了网球与猎枪，却一直住在巴黎的富人区。波伏瓦的一个女友的母亲说："波伏瓦一家是另一个阶级的人。"

　　波伏瓦的父亲告别了贵族式的生活，告别了赛马场和巴黎社交界。她美貌出众的母亲与所有的女友断了联系。但家里的气氛是好的，父亲酷爱戏剧，经常排戏，欢声笑语不断。钢琴和小提琴声传到了这座三层小楼外，传到了著名的罗隆德咖啡馆。以大诗人阿波利奈尔为首的艺术家们常常在那儿聚会。

　　法国作家弗兰西斯在《西蒙娜·德·波伏瓦传》中写道："在毕加索……凯瑟琳等人经常光顾的罗隆德咖啡馆，人们可以花二十个苏买一杯牛奶咖啡，用各种语言海阔天空聊一番。听听当地工人和画家的故事。列宁、托洛茨基……画家、建筑师、革命者，西班牙人、意大利人、智利人、印度人……都先后来到这里。"

　　波伏瓦每天上学都路过这个咖啡馆。从上午十点直到后半夜，咖啡馆座无虚席。她后来回忆："他们的面孔、外形以及他们高声嚷嚷的嗓门让我着迷。"

她强调说："我的童年非常、非常幸福。"

波伏瓦从三岁开始阅读。她热衷学习，父母就送她一台电影放映机。不过，"非常幸福"的小姑娘，性子非常倔。她母亲说："别人碰一碰西蒙娜，她就气得脸色发青。"善于交际的父亲说："这孩子不爱交际。"

有人以赞赏的口吻戏谑："西蒙娜像骡子一样倔。"

低收入人家的日常生活琐事，也使父母发生激烈争吵。波伏瓦捂紧了耳朵，气得"脸色发紫，抽搐不已"。她回忆："我陷入了创世纪之前的混沌中。"

在同一时期，萨特家里有三个女仆。

1914年，第一次世界大战爆发，西蒙娜一家跌入困顿，几年间她像女仆一样干粗活，洗衣裳，拾煤渣，修理铁皮炉子……她又累又饿，耐心等待每一块小面包。这段漫长的时光磨炼了倔女孩的意志。意志上升，变成强力意志。整个战争期间，一千六百多个日子，这个少女没有一天中止过阅读。然而贫穷的生活并不意味着乏味。混乱中的生机勃勃向来是巴黎人的特长，强劲生发在街区、小巷、郊外。

波伏瓦有个女友叫伊丽莎白，人们叫她萨萨。萨萨一头短发，一副男孩子派头，她的自在和洒脱让西蒙娜很惊讶。萨萨翻跟斗十分在行，她动不动就劈叉，她双脚倒挂在树上，手里还拿着一本雨果的诗集。萨萨骑马、射击、打鸟、打网球都是好手，她还编印了一份油印小报到处散发。她尖酸刻薄，嘲笑包括她本人在内的所有人。她讨厌人道，认为其中有太多的虚伪，憎恨权力与资本勾结催生的犬儒主义。萨萨一个人闲溜达、哼小曲，从黄昏走到天明；她独自漫游了意大利，闻到了战争的硝烟味，还捡回一些弹片。她捧读书卷的样子像是准备吃掉书。

野丫头在任何地方看书：仰在水面上，躺在树杈间，躲在厕所里，走在香榭丽舍大街……她读过的诗集数量之多，在德西尔中学无人能比。

这个奇妙的混合体，就像让萨特着迷的西蒙娜·约利韦。她才十四岁。

萨萨消失了半个月，波伏瓦魂不守舍。小姑娘发现自己爱上了她。

波伏瓦在《回忆录》中写道："天空的蔚蓝色黯淡无光，上课使我心烦意乱。整天索然无味，好像世界无端死了一样。萨萨回来了！千言万语涌向我嘴边，心胸一下子开朗了。陶醉在欢乐中时，我思忖：她就是我朝思暮想的人儿！突然间，陈规陋习、陈词滥调被抛到九霄云外。我激动得不能自持。我的身体迸发的欢娱之情，宛若瀑布般清新、强烈，我任我荡漾，我美妙地荡漾……"

萨萨比波伏瓦略大。小姑娘和小姑娘肌肤相亲，耳鬓厮磨，有时候说着话气息相接，鼻头相碰……波伏瓦有句有争议的名言："全世界所有女人都有天生的同性恋倾向。"

战争终于结束了，生活渐渐回到原来的轨道。波伏瓦在德西尔中学上学，她和少年萨特一样酷爱学习，"她的兴趣包罗万象，地图册的图片使她爱不释手，植物和昆虫同样令她心醉神迷。她如饥似渴汲取各科知识，她的幸福感却并不因此而受到丝毫影响"。

少女的哲思，在"加强型阅读"中萌芽了，她回忆："我尽量不去想，我为什么在这里？……我坐在椅子上用功学习，却听到了星球的和谐。"

思维的穿透力增长，半径日益扩大，指向宇宙的浩瀚，又回溯历史之悠远。这个漂亮的倔女孩儿，这个喜欢一个人在暴雨中散步的中学生。嗬，享受刹那间的窒息，就像萨萨！

红裙少女最大的梦想，就是拥有一间她自己的阅览室。"所有这些书都是属于我的！我发狂似的自言自语。"

波伏瓦狂读一本又一本的宗教经典，浑身布满圣诫，把欲望逐一贴上封条，接下来的时光，她却发现了"打破禁忌的快乐"。禁忌本身就是诱惑。她携带弗洛伊德的《图腾与禁忌》走进了杂树林。恣意生长的树枝摩擦着自由的少女的身体。弹性撩拨弹性。少女倒在草丛中快乐地翻滚，横竖不想起来。天光暗下来，哦，这是冥想时刻。冥想属于黄昏，属于星光的闪烁。不只是身体、身体和身体，波伏瓦想要的东西更多。她常去那个荒野树林，一晃就深入林子了，去干什么？不知道。她从来不注意杂树盛开的艳丽花朵，战栗的四肢与冥想的灵魂，看不见任何抒情兮兮的东西。

这一年她十三岁。

活泼的小姑娘预先品尝了死亡。她的灵魂悄悄背叛了上帝，抹掉了哥特式教堂的宏伟与肃穆。她失掉彼岸世界，发现自己是个孤零零的"终有一死者"。鲜花般的脸庞，雪白的手，美妙的腿，盈盈一握的细腰，刹那间变成可怕的骷髅架。

作为波伏瓦的朋友，弗兰西斯在《波伏瓦传》中这样写："一天下午，波伏瓦感到了不可名状的恐慌。死亡不再通向永生，而是通往任何一个存在的末日。她躺在地上一边打滚，一边嚷叫，把机织割绒地毯也抓破了。三年间，她守口如瓶，对母亲和萨萨隐瞒了她早已失去信仰的真相。"

先行到死生发了绝地反弹，而且是在花季，在豆蔻年华。灵魂自己飘向了绝境，带着身体发出的一阵阵尖叫。先行到死而反观生存，灵魂飞抵那个吞噬一切的深渊，又回到原点，于是，一切都变了。

对死亡的无休止追问，"让实存更加实存"。

世界的魔力在绝望中升起，这是后来席卷欧洲的存在主义信条。

少女发现了作为家庭主妇的母亲的悲哀："母亲停止了存在的展开，她遭遇了障碍和否定。"家庭主妇的生活圈子小，生存展不开，波伏瓦不要这个。

"理想使她免除了母亲的影响，同时使她可以补偿环境的平庸。"

有人当众问她以后做什么，她回答："当一个著名作家。"

众人哄笑，她却冷冷一笑，走开了。

一位国际高尔夫球的女冠军进了德西尔中学，双腿笔直，腹肌发达，蓄短发就像萨萨，却穿着飘逸的褶皱裙子。女冠军漫游过很多地方，满脑子新鲜的东西，浑身洋溢着活力与自信，让波伏瓦突然瞥见了一种陌生的生活方式。

腹肌，运动与活力……女冠军不仅是假小子，她跟萨萨都是野丫头，她们见多识广，博览群书。"野蛮其体魄，文明其精神。"

两个野丫头和一个西蒙娜·波伏瓦，她们一起走出了小小的安乐窝，纷纷在网球场、滑雪场和高尔夫球场一试身手。飞行，滑翔，驾驶汽车兜风。"艺术离开了博物馆，艺术走上了街头。"

维克多·玛格丽特的小说《假小子》轰动了法国。

十七岁的波伏瓦获得了文学学士学位。她身穿定做的格子花呢连衣裙，轻快地跑上图书馆的楼梯，边跑边想，她将要投身于"世界的混战之中"。

萨萨死了，萨特来了。

野姑娘萨萨试图冲破包办婚姻，和她心爱的大哲学家梅洛·庞蒂生活在一起。她惨遭失败，郁郁而亡。波伏瓦连日号哭，趴在地毯上追忆她铭心刻骨的初恋。多少次，她们漫游，裸泳，手牵手攀岩，脸贴脸阅读，同居斗室，从一张小床跳到另一张小床……

波伏瓦开始写小说，主题是爱情与死亡。这个时候她遇到了一个穿粉红衬衫的小伙子，这小子到处宣称："家庭是一张无法挣脱的网。"

波伏瓦最初听到的"野小子故事"，令她非常反感。那小子居然在巴黎高师的晚会上胡闹，堂皇的大厅里，嘉宾云集之时，每个师生都彬彬有礼，有节制地笑，压着嗓子说话，几个裸体男生却突然跳出，在耀眼的灯光下做着怪异夸张的动作。良家姑娘气愤！

不过，令她诧异的是，这几个男生都是学校出了名的高才生。

带头胡闹的人叫萨特。萨特的外祖父是著名教育家，长期充当严父的角色。萨特既是富二代又是学二代，却搞起了裸体行动，像中国古代的"竹林七贤"。

1929年的教师资格会考期间，雷蒙·阿隆把萨特介绍给波伏瓦。波伏瓦浅浅一笑，伸出手碰了碰萨特的手，瞥一眼这个肌肉男，含笑平视他的短发头顶。她比他还要高一点。她进入了并不陌生的淑女状态，以应对眼前这一位进攻性很强的独眼男生。

半个月，这一群男女天天在一起，紧张复习之余，走东家串西家。尼让有一辆敞篷汽车，他们挤在车里激烈争论。会考的题目是：《自由与偶然性》。

尼让的家里挂着巨幅列宁像。萨特请大家看电影，听音乐，喝昂贵的鸡尾酒。他在汽车里在乡间小道上放开歌喉。他抽烟的动作渐渐吸引了二十一岁的波伏瓦，他很随意地递给她一支，并用火柴为她点燃香烟。

波伏瓦酷爱抽象艺术，喜欢朦胧诗，跟传说中的野小子在一起，"她发现生活变得丰富多彩，一切都饶有趣味。他们连续几个小时讨论，互相都着了迷。萨特不断地告诉她，应该不惜一切代价保留自由姿态、生活热情、好奇心和写作欲望。"野小子萨特有幸成为波伏瓦第一篇小说的读者，他提的意见是小说文字量的十倍。后来他为谢奈的小说写序，序言长达数十万字，大大超过了小说。

波伏瓦通过了会考，成为法国最年轻的女教师。

萨特第一，波伏瓦第二。

她乘坐火车去了外省（巴黎之外都叫外省），萨特知道后立刻奔向了火车站。可是马厄捷足先登。马厄已经结婚了，却无法抑制从几年前就开始的对波伏瓦的痴迷。阿隆、尼让以及另一个小伙子皮埃尔也启程了，从不同方向靠拢"他们的西蒙娜"。五个"优质男"形成并不统一的雄性包围圈。

男子汉们为她明争暗斗，波伏瓦乐了。

谁不吃醋呢？萨特不吃醋。后来他针对这个现象展开心理分析。

谁吃醋呢？波伏瓦很能吃醋，她不断吃醋……

在田间，在城堡，在饭店，野小子和野丫头有说不完的话，抽象的，具象的，双方的倾诉和倾听达到了高度默契。沉默是令人感到惬意的沉默。沉默本身就是诉说，像田野的长风。"清晨，西蒙娜穿过田野去跟萨特碰头；直到古城堡的钟声响了，她才想起该吃午饭了。"

波伏瓦在她的回忆录说："萨特吃我的表妹玛德莱娜神秘地放在弃置不用的鸽笼里的香料蜜糖面包或奶酪。"

波伏瓦与萨特在田野整整讨论了四天。昏天黑地，麦浪无边，忽晴忽雨。年轻的身体突然就互相靠近了。处女的舌头原来并不那么光滑，更不那么灵动。"你的舌头几乎是一只伸伸缩缩的癞蛤蟆"的舌头，五十年以后，萨特对波伏瓦这么开玩笑。她含笑问："以后呢？"

波伏瓦恋着她的表兄雅克，一表人才的雅克，玉树临风的雅克，然而萨特一出现，她爱慕了三年的"英俊雅克"荡然无存。萨特强势进军占领了她的灵魂。这个野小子不可抗拒。每天从清早到夜晚，十几个钟头面对面，没有一个暗示或勾引的眼神。一起远足散步，并无暗中试探性的相挨相擦或手指触碰，她自然而然挽起了他的胳膊。远比爱情更广阔的世界，倒是轻而易举成就了爱情。

"20世纪最奇特的爱情故事开始了。"

外省田野之爱，形成了它强有力的开端。马厄、尼让、皮埃尔冲进了金麦田，波伏瓦俏丽的背影一动不动。马厄黯然神伤。尼让耸耸肩膀说，他们几个加起来磁力也不够。

萨特名言："男人的友谊以世界为背景，而男女之情让世界消失。"

心心相印的萨特与波伏瓦，携手创造了一个世界。

波伏瓦写道："萨特正好满足了我十五年来的心愿：他是个双重性格的人，在他身上，我重新发现了我所有的愿景和怪癖，都达到了白热化的程度！只有同他在一起，我才可能永远承受一切甘苦。"

波伏瓦回溯到她始于六岁的心愿。后来她写下大量回忆录，比如《一个循规蹈矩的少女的回忆》《年富力强》。

我在《品中国文人》中写曹雪芹的时候，领悟了普鲁斯特的话："唯有失而复得的乐园才是真实的乐园。"过了一天，并不意味着你已经拥有了这一天。不是这样的，常识在这里失败。词语不仅挽留过去的时光，它重构时光。不回首，不追忆，不反思，经历过的东西一定是处于晦暗状态，它们只不过表面上属于你。记忆像池塘里的水草越拽越多。唯有词语，才能够照亮深水区，才有可能把握住自己的过去。为何要把握？生存是朝着未来的。

海德格尔说："返回历史是为了获得一段助跑，以跃入当下。"

萨特操着海德格尔的口吻向世界宣布："人是人的未来。"

所谓人的展开状态，必须建立在理解过去的坚实的基础上。比"抓紧当下"更要紧的是：把握过去。否则就没有未来。纯粹的当下就是失掉当下。欧洲卓越的思想家们，正是在这个意义上，对美国式的实用主义展开批判。

实用主义让现实位移，让人日趋活在自己的眼皮子底下。鼠目寸光此之谓也。

二十一岁的波伏瓦打开了属于她的宝藏：萨特生命中的每一分钟都在强劲展开，他连做梦都在思考，他甚至做爱都在锻炼身体和意志力。萨特就是这么一个匪夷所思的男人。波伏瓦完全着迷了，入魔了，燃烧了，甜蜜的倦怠，与一次次的从头再来，哦，她要跟上他的身心节奏。哦，她多么幸福。他甚至痴迷她的鼻孔……

"只要不失去这种来之不易的幸福，西蒙娜·波伏瓦就无所希冀了。"西蒙娜少女时代的一切梦想，连同她五花八门的怪癖，都在萨特身边落到了实处。相爱的男女远不只在床笫之间，尽管床笫也是一个妙不可言的出发点。

萨特管她叫"海狸"，这个亲昵的绰号叫了半个世纪。"激动的海狸喜欢为萨特表演喜剧……他们天生喜爱游戏，尽情玩乐。"

在海岛旅行的途中，波伏瓦晕船，吐得翻江倒海，萨特一面替她擦拭，收拾呕吐物，一面说她意志力不够。她半信半疑。几天后萨特肾绞痛，疼得满头是汗，他咬紧牙关一声不吭。据阿隆讲，萨特十来岁就这样了。忍受着剧痛的萨特对惊讶不已的医生说："痛苦，它只是一个词罢了！"

他在《词语》中写道："妈妈说过，人是做不到百分之百的痛苦的。"任何身心之痛都有它的间隙，都会能量衰减。巨大的痛苦只是意味着：它会反复发作。

饱尝了身体盛宴的哲学青年萨特，出乎他自己的预料，从一极摆到了另外一极。他整天捧着哲学大部头，那副尊容酷似《市场街的斯宾诺莎》里的菲谢尔森博士。过一阵他又像柏拉图，大谈斯多葛学派的禁欲主义……波伏瓦听着走神了。她那不听使唤的纤手伸出去，轻抚萨特的肌肉。肌肉没反应，眼睛倒是闪闪发光。康德没结婚，尼采解除婚约。斯宾诺莎禁欲终身，柏拉图是嘴上恋爱的行家里手。而哲学女青年尝到了几乎致命的甜头："交媾是一件极为快活的事。"而她的萨特，她的雄性十足的他呀，竟然待在另一极优哉游哉。萨特显然忽视了她的肉体吁请。

田野之恋约半年后，二十五岁的萨特审视一切欲望。他尝试从一小块面包打发一天。他盘腿坐床，进入冥想状态，看上去像个瑜伽修炼者。冬季只穿一件单衣。俯卧撑一做三百次。手倒立贴墙壁五个小时，"倒立想哲学"……

精神以何种方式指挥身体，这是萨特需要解决的现实问题。他手握他的现实，而波伏瓦任凭她浑身的线条挤进地铁，陌生男女的触碰令她战栗不已。她贴紧一个丰满的少妇，少妇回应她……她垂下美丽的头，地铁车厢的图案仿佛画满她的欲望。她不敢抬头，抬头便是那个少妇温润的嘴唇。

萨特却依然大谈斯多葛，兴致勃勃讲起她十八岁的体验：在卢森堡公园的铁椅上，她神情专注，思考时间的流逝。哲学青年赞赏说："海狸也变成了时间，跟盯紧自己双脚的柏格森一模一样。"

《波伏瓦传》说："西蒙娜潜心思索的能力是如此之大，仿佛她变成了沙漠、天空和树林。"

其实很多儿童有这种幻化的能力，我自己念小学时一直有个冲动：想变成离我最近的那张脸。我带着困惑凑近同学的鼻子，生气地想：我离他如此之近，为什么我不能是他呢？

一般说来，儿童自由的心灵，少年时代就趋于板结，青年就大抵固化了，中年活得千人一面……

在卡鲁塞尔公园的长凳上，萨特要跟波伏瓦签一个两年期的爱情协议。他决定了，两年后要去日本待三年。高调追求自由的波伏瓦，惶恐不安地望着她的"唯一"，这个"唯一"脑子里的自由强度，大大超出了她的心理预期。

爱情协议签还是不签呢？波伏瓦犹豫了。良家少女还在她的骨子里。自由，何谓自由？不羁的自由的风，让她在公园的长凳上透不过气来。两年以后再签两年吗？这个魅惑力十足的男人将去日本，一去三年。他吐个唾沫都是钉。

此刻，优秀的女人意识到什么叫优秀男人。他在爱情的甜蜜中把自己抛向了不确定。这是尼采式的疯狂吗？这是法国式的唐璜吗？

他还抽烟傻笑呢，等她签字。哦，真想用签字的右手给他一耳光！

签了，她要保卫她的自尊。热恋交给了白纸黑字的不确定。但是她红着脸反对他的柏拉图，指桑骂槐痛斥斯多葛主义。她要她的浑身是劲的小伙子。

1930年秋，小伙子回来了，两情欢娱的时光却并未抛开柏拉图。

"他交欢也看书，看他的古希腊。"很多年以后，波伏瓦咂着唇舌、看似埋怨地深情回忆。肉体享受的巅峰时刻看哲学。床笫间温香软玉之际，做精神实验吗？他成功了，他晃晃悠悠，看上去尚未调动他全部的意志力。这叫游刃有余。

哦，这个傻瓜。五十岁的西蒙娜·波伏瓦闭目含笑。

萨特与波伏瓦分别在两个城市的中学教书。萨特服兵役，做了一名气象兵。二人每天写长信，思想激烈对撞，极少情意绵绵，轻而易举地排斥抒情兮兮的、缠绵伤感的倾诉。让英国维多利亚式的爱见鬼去吧！

持久的爱情必须在爱情之外谋求支撑。这一点，二人早已心领神会。

有一次久别重逢，萨特冲上了她的渡轮，颤抖的双手抓住她的胳膊，语无伦次地说："我、我、我……我发现了一个新概念！"她微笑着摇摇头，拥抱屈居其次了。

萨特说过不止一百次："海狸的笑容太美啦。"接受赞美的花朵更娇艳。

他们不断分开又重逢，想方设法在巴黎聚首。

嗬，巴黎！先锋画家，古典音乐家，时装模特，工人，演员，记者，酒鬼，赌徒，真贵族和冒牌的城堡主人，吊诡的银行家，美国华尔街来的金融诱骗专家，形形色色的流氓、妓女和嫖客。20世纪30年代，巴黎的酒吧、沙龙、咖啡馆，极尽光怪陆离。

斯坦因女士的超级沙龙聚集着"迷惘的一代"，庞德夫妇、海明威、毕加索、马蒂斯……

鼎鼎大名的布勒东、阿拉贡、毕加索加入了法国共产党，信仰终身不变。富家子弟尼让是坚定的共产主义者，他向萨特讲马克思主义。萨特读《资本论》，发现自己不大能看懂，这使他产生了"阅读焦虑"。波伏瓦的外祖父曾经是个银行家，几乎一夜破产，大大小小的储户们号哭无门。在第一次世界大战后的德国，十亿马克买不到一块面包。谁在制造通货膨胀？

资本逻辑深不可测的鲸吞力，由伟大的人类智者马克思揭示出来。20世纪70年代，萨特断言："目前还没有一种思想学说，能达到与马克思主义对话的水平。"

列宁的一句话震撼世界："全世界无产者和被压迫民族联合起来！"

大资本家已经联合起来了，资本无国界。跨国资本近乎本能地谋求强强结合。票子谋求枪杆子，为什么？资本是一只永远寻求庇护的小鸟。这是它固有的特性。坚船利炮支撑它的栖息地，它的殖民地。英国人就是这么干的。美国人同时打造庞大的航母编队和金融帝国，二者互相支撑，强势推行弱肉强食的丛林法则。

以自由者自居的年轻的萨特，努力寻找自己的历史坐标。

萨特要反抗，但是怎么反抗？

"严谨的工作之余是一连串的赏心乐事。"萨特随口一说，朋友们迅速拿去变成自己的信条。尼让有敞篷汽车，阿隆家有汽车、豪宅……萨特得了一笔十万法郎的遗产，一年花个精光——携波伏瓦漫游，饱尝异国情调。美酒美食也尝个够，底线是绝不浪费，严格遵循法兰西的好传统。餐厅舔盘子不丢人，剩菜不打包才是丢人现眼。

十万法郎是一般法国人三年的收入。萨特不存钱，不买房子。他与波伏瓦

波伏瓦

按照协议不同居，各住各的老宅，有时候半夜告别，穿过夜幕中的街道。每一条小街都是沉思之路，香烟接着香烟。波伏瓦爱抽英国香烟。

在国外旅行，波伏瓦贪婪地亲近自然，紧紧抱着一棵树，暴雨中胡乱亲吻岩石。萨特喜欢紧盯自己的脚，忽而仰天大笑，他正在写第一本哲学小书《自我的超越性》。他的海狸是一个相当感性的女郎，像一幅画、一支歌，一个瞬间的感受，都能让她泪如雨下。萨特说："亲爱的，你是一个典型的精神分裂症患者。"

萨特本人何尝不是呢？他念小学就养成了踮脚走路的习惯，把自己想象成小个头的拿破仑，借拿破仑克服他的身高不足造成的心理缺陷。念大学，他双手斜插衣兜走路的姿势、激情演讲的手势，又像列宁同志。总之，自我超越的起点是活成他所仰慕的人。

优秀的人要不断丢失自我，靠近更优秀、更强有力的人。

这山要望那山高啊，必须是这样！这是人文领域的奥林匹克精神。

欲望因为萨特持续发力向高峰挺进，波伏瓦却徘徊于感性的低谷，失落于肉身享受的迷茫。纵情之后，总是有一股发自肌肤的无聊、空虚。空虚飘向了生活，空虚填满了世界……

精神的高地呼唤能够倾听的女人，也许她是法国最具潜质的女人，而她的肉身生发着排斥力。曼妙身材挤进嘈杂的舞厅，跳起了蒙面舞，跟一个浑身曲线的金发女郎鬼鬼祟祟溜进密室……

人们问她父亲，西蒙娜整天忙什么呢？父亲说："她在外面花天酒地。"

中学教师波伏瓦意识到自己正在浪费光阴。哲思平衡绮思，理性驾驭感性，可是如何去驾驭呢？她憋了三个月，萨特严厉批评她，她一下子哭起来……

亲爱的攀登者不时拽她一把，但不会停下来照料她，更不会跟她下山去。

1931年，另一位西蒙娜频频出现在巴黎，如花似玉的面容还加上著名演员的光环。她的巨幅画像被张贴在剧院门口、地铁入口、有轨电车的车窗上。

西蒙娜·约利韦！她在巴黎最受欢迎的剧院演莎士比亚的戏！她写小说，她懂哲学和时装设计，她同时跟戏子、妓女、贵族和巴黎的知识精英打成一片。奇妙的混合尤物，疯疯癫癫的女人，她公然宣称：她的放荡是向撒旦致敬！她让大学教授们相信，尼采半夜来找过她，指点她的思想迷津。大导演夏尔·迪兰像是吃了她的迷魂药，连她醉醺醺上舞台、裙子撩在头上爬出观众的视线也原谅了。

约利韦几番邀请萨特看她的演出，去她的寓所，波伏瓦很不安。事实上萨特对迪兰的工作更感兴趣，对导演技巧做了研究。

"萨特喜欢待在后台，喜欢幕后笼罩着的紧张气氛、歇斯底里的发作、喋喋不休的争吵以及彼此亲昵的表示、相互间强烈的感情。"

舞台上的秩序与幕后的混乱生机紧密相连。萨特喜欢这个。

二十三岁的波伏瓦嫉妒二十九的约利韦，后者与萨特几年前的风流故事尽人皆知。她来找萨特，显然不只请他看戏。她和萨特长时间讨论尼采，讨论戏剧理论，而波伏瓦怀疑还有别的。凭借良好的直觉，约利韦预言萨特将是未来的大人物，死后可能安葬在先贤祠。萨特对此只是耸耸肩膀而已。他回到波伏瓦身边大谈约利韦，鼓励波伏瓦要有约利韦的生活激情。

一个是普通的中学教师，另一个是名扬法兰西的大演员。

《波伏瓦传》称："约利韦想重新点燃她和萨特的爱情火焰，邀请萨特去她家，给他讲戏子们如何风流。她崇拜萨特的才华。"

陷入嫉妒的波伏瓦通宵不能眠。西蒙娜试图鄙视另一个西蒙娜，她登上她一夜间竖起来的道德高地，以获取鄙视的权利，却发现有点困难。那个道德原是被她亲手击碎的道德，现在她又拼拼凑凑。弱者才需要道德吗？她在日记中写道："我不能对我思考的事有把握了，甚至连思考的把握都没有了。"

萨特、迪兰、马厄这些人都喜欢约利韦。嗬，岂止是喜欢，波伏瓦怀疑萨特与约利韦有更多的共同语言。有一天，她终于忍不住去了加布利尔街，她要会一会那个名演员或戏子，或疯子，或自吹的尼采学生。

《波伏瓦传》描述："约利韦一身戏装等波伏瓦光临……约利韦宛如一幅文艺复兴时期的油画。"约利韦绘声绘色向波伏瓦讲日本的古典戏剧：能乐。波伏瓦立刻联想萨特将去日本待三年。"约利韦阐述了自己对戏剧的看法，自信而又简明地发挥了夏尔·迪兰的戏剧观点。"

波伏瓦是冲着一个妖艳惑众的女人去的，却发现不是那回事。这女人不寻常。五六个钟头一晃而过，波伏瓦深夜才告辞。她在街上走来走去，"竟然一次又一次返回约利韦的家门，望着窗口的灯光发呆……约利韦，这个外省知名药剂师的女儿，自愿脱离了资产阶级的生活，她在巴黎独自奋斗，取得了很大的成功"。

波伏瓦彻夜徘徊的地方，后来是著名的夏尔·迪兰广场。

嫉妒中的女人想多了。她是双重嫉妒：约利韦征服了巴黎，又再次征服了萨特。而阿隆证实，自从萨特有了波伏瓦，他所有的朋友都被降到次要的地位。

萨特不断鼓励她，滔滔不绝讲了一大堆，集中到一个点上：波伏瓦不能失去自信。她有家庭惨败的经历，如果跌回那个自卑深渊将会很麻烦，她将活成一堆乱麻。既然她拒绝做家庭妇女，她就得努力找到自己的前进方向。

经济独立，这点很重要。她是马赛蒙格朗中学的哲学教师，收入丰厚。

《波伏瓦传》说："哲学教师资格证被看成是最难取得的，哲学教师成了贵族阶级。"

浪漫的法兰西何以浪漫？它有强大的哲思支撑。哲思笼罩着校园，飘向了市井，缠绕着死亡，流布于未来……

波伏瓦在马赛狂读哲学、心理学和文学，深入富人区和贫民窟，去码头看工人们"永远背负沉重的货物"，不禁流下伤心的眼泪。她独闯红灯区，透过虚掩的房门观察横七竖八的妓女。她夹着网球拍、穿着白色网球裙走进课堂，引起校方的不满。"凡是跟她接触过的人，都被她引诱去打网球。"

波伏瓦发明了"拦车搭乘"，后来被收入法国词典。她徒步旅行，或是拽上萨特去西班牙、意大利。一周两次远足，假期和节日，每天远足四十公里。穿上布鞋或球鞋，换上旧裙子，带一个装着书、水果、酒瓶、火腿肠和奶油蛋糕的布包。她独自登山，穿过六十公里的峡谷，用萨特送她的短剑开路。翻越圣·维克多山，她跟狂风暴雨搏斗到天黑。荒山野岭一团漆黑，她爬到树上睡觉，一觉醒来，满目霞光，令她狂喜。

波伏瓦说："每一次远足都像艺术品一样值得玩味。"

一个人的全世界。在感觉层面是这样的，走得恍兮惚兮，仿佛走进了混沌初开。重要的是随身携带书卷，不断把思绪弹向地平线或白云端。唱歌，躺下来看天遐想。跟蚊虫斗争。自由的身子享受着自由的风。当波伏瓦还是一个小女孩的时候，她就尝到了树林与草地的无限乐趣。毫无目的性。人在旷野人中就舒服，思绪飘忽不定，情绪永远饱满：难以名状的饱满。心花怒放地翻滚，要张开嘴巴啃青草。

绵绵不绝的内驱力从何而来？年轻的波伏瓦搞不清楚。

自由自在的状态，看上去没理由，那些看不懂的"庸常人"一致认为她疯了。

试问路上的漂亮姑娘想要什么？她什么都不要，只要原野的风，海湾的风，山谷的风。她带动了马赛的教师群体，不久又带动了鲁昂的教师群体，哦，不只是教师。

鲁昂距巴黎一百四十多公里，波伏瓦步行到巴黎跟萨特聚首。烈日下长长的公路，无边的寂静，偶尔才看见一辆车风驰般驶过。她饿了，馋了，狂吞美食，狂饮美酒，享受啊！多少次走得筋疲力尽了，她躺在路边的草丛中，幸福地闭上眼睛。

幸福从哪儿来？从不羁的风中来。

人类祖先的丛林野性何止百万年，而文明不过几千年，工业文明不过二百年。野性基因占据压倒性优势。

从少女时代到白发苍苍，西蒙娜·德·波伏瓦远足十万里。

法国人从19世纪延续到21世纪的"周末生活三大板块"，户外运动排第一。

中国古代诗人，为什么留下那么多经典的诗篇？因为他们总是在路上。陆游称"一官万里"，李白"仗剑出川"。苏轼陆路出蜀赴汴京，"沿途阅县三十六"。道路的有限畅通维系了生活意蕴的无限生成。所谓"隔山不同音，过河不同俗"。

而波伏瓦呢？"她身上带着粗毛线衣，毯子，闹钟，她避开村庄和大道，到处漫游。倦意袭来时，她便睡在发出干草香的谷仓里。清晨，她买一块面包，把酒壶灌满，然后健步出发，穿越一个又一个牧场。有时候裹在毛毯里过夜，那荒野的寂静使她恐慌。拂晓时，陶醉在晨风中的波伏瓦，又迎着朝阳动身上路了。她感到她的血管、肺部和肌肉中都充满了芬芳的气息。"

感觉的丰富性乃是一切生活质量的前提。

念初中和高中时，我们要下乡支农，割完生产队的麦子才回到城里，七八天的集体劳动和集体生活，艳阳高照挥舞银镰，大口喝老鹰茶，爽得要窒息。吃个鸡蛋就回味无穷。黄昏时分扑腾小溪，奔腾辽阔的野地，夜里，躺在大队晒坝的草垛上数星星，吹口哨，狂摆龙门阵……哦，真是百年如昨天。

百年如昨，才叫生活。

唯有体验才能通向体验。唯有深谙户外的人才对宅着活、坐着活、圈着活不屑一顾。万物欣欣向荣，靠瘾头打发时光的人哪里懂得？

当年我斜挎军绿色挎包，手提高压汽枪站在公路上，沥青的气味儿总是让我意乱神迷，拖拉机的声音倒是唤起宁静。"无边落木萧萧下，不尽长江滚滚来。"无边无际的油菜花呀，随风起伏的金麦田呀，野兔出没的荆棘丛呀，风声、鸟声、水声、雨声呀，哦，我的生活，我们的生活，每一秒钟都像露珠般晶莹闪亮，充盈了张力。

我的美妙的沥青气味，通向了西蒙娜·波伏瓦，通向酷爱户外的任何人。

1933年，波伏瓦在鲁昂的德贞中学，萨特在德国师从胡塞尔，苦修现象学，苦读胡塞尔《逻辑研究》、海德格尔《存在与时间》。二十八岁的哲学青年通宵达旦，做的读书笔记堆成了几座小山，抽烟徘徊古城弗莱堡，拿着红酒杯溜达在柏林的夜晚。

《海德格尔传》中提到："萨特对当时纳粹德国的狂热气氛毫无感觉。"

萨特却对一个"月亮女神"有感觉，他写信给波伏瓦，详细描述那位月亮女神的"生存激情"。正在对几个学生大谈尼采的波伏瓦，看信时变了脸色。萨特在尼采的故乡想干什么？她请假去了德国，火车飞快，心跳似乎与车轮比速度。她想象萨特已经移情别恋了，只剩下对她的尊重。

见面后才松了一口气。从萨特的眼神中她看出来了，萨特还是她的萨特。久别重逢胜新婚，他们游了柏林，如饥似渴探寻德意志的伟大传统。天天如胶似漆，讨论胡塞尔、海德格尔、雅斯贝尔斯。

男女激情，不能淹没追问事物的激情，后者更持久，更广阔，更深入，反而使前者受益，使前者牢不可破。

所谓法国式的浪漫，一定要看支撑浪漫的那些东西，那些靠艰苦努力争来的坚实基础。如果浪漫仅仅是浪漫本身，那么，它就从它自身脱落，沦为轻薄、轻佻、嬉皮笑脸、朝三暮四。一味追求娱乐，娱乐直接是空虚、无厘头、平均化的，"在一般营养液中蠕动着的带一点人味的东西"。

回到巴黎的萨特面目一新，跟朋友们讨论现象学，一个个激动得脸色发白。

"居然有一种哲学，可以对杯子或勺子展开一整套的哲学思考。"

萨特说："现象学重新把人浸泡在世界之中。"关于这种浸泡方式，《〈存在与时间〉读本》有较为通俗的阐释。

萨特在巴黎街头咖啡馆盯着过往的那些晃来晃去的不同肤色的面孔思考，在卢森堡公园盯着栗树的树根沉思。小说《恶心》在酝酿中。

人是什么？人是自由。自由是什么？萨特构思多卷本长篇小说《自由之路》，试图回答这个问题。但是写作越往后，这个问题变得越复杂……小说出色地运用了现象学和精神分析学，反复拷问人这个社会生活中的多面体。他同时尝试戏剧写作。

哲学，小说，戏剧，装备精良的萨特在三大领域开始了他的强行军。

萨特强壮的体魄用来做什么？用来探索人类的精神之路。

强壮当然也献给他亲爱的海狸。巴黎，鲁昂，两个背包客从日出走到日落。他们不止一次穿过著名的枫丹白露森林；不止五十次高山滑雪，从山顶上飞身而下。波伏瓦直到五十多岁依然活跃在雪山，直到七十多岁还在远足旷野，日行三十余里。

"无限风光在险峰。"精神的险峰和身体的险峰，波伏瓦携手心爱者步步向上。波伏瓦"生活在路上"的旅行方式带动成千上万的法国人。

从1929年到1936年，八年的炽热爱情，伏着难以测量的后劲。

什么七年之痒，那是扯淡。心心相印的男女，白首双星何难？

萨特去日本的计划往后推迟了。岛国日本陷入侵略野心……

有个叫奥尔迦的俄罗斯小姑娘，十五岁，来鲁昂学医，兼修哲学。这个金发小姑娘像萨萨的翻版，像约利韦的雏形。奥尔迦是普希金的狂热崇拜者，她含泪亲吻三大卷《普希金诗集》的每一页。她跳舞跳到昏倒在地。她蔑视一切束缚。《波伏瓦传》说："波伏瓦始终给予疯狂高度的评价，她在奥尔迦身上发现了她和萨特看得高于一切的美德：真实。"

小姑娘对大姑娘的依恋与日俱增，师生一桌吃饭一床睡觉。

《波伏瓦回忆录》称："奥尔迦像着了魔似的……她的动作、她的一颦一笑、她的语言有某种狂热极端的东西，把我征服了。"

女性之间不设防，无禁忌。朝夕相处，亲密无间，有些事一步就到位了，有些事忽然就发生了。雷鸣电闪的夜晚，小姑娘吓得尖叫，她推开房门冲向波伏瓦的房间时，波伏瓦也跳下床冲向她。摸黑紧紧拥抱，过道上喃喃安慰，穿门风掀起了睡袍，肌肤如玉，那就不只是拥抱了。

波伏瓦移居鲁昂的小绵羊饭店，她喜欢那里的杂乱无章。"墙纸积一点尘垢，让她感到愉快。隔壁住着一个军人，每次他跟老婆同房，都要按时揍她一顿。这使波伏瓦想到她的一个虔诚的基督徒婶婶，每天晚上，这位婶婶叫丈夫鞭打自己，发出一阵阵满足的叹息和呻吟。"

波伏瓦没有受虐癖和虐待癖，她与她的小姑娘之间也不会出现极端的身体状态，不过，她理解这个。法国人的浪漫常常与痛苦相连。比如情侣们要制造分离，然后在锥心的苦恋中写情书。

波伏瓦的激情在可控的范围内，萨特就不同了。他在巴黎尝试致幻剂麦司卡林，开始了长达半年的恐怖幻觉，无数爬行飞行的虫子、巨大的章鱼每天跟他生活在一起，陪他洗漱，吃饭，睡觉。朋友们陪他去威尼斯，"一只大龙虾整夜随着他穿过水城的大街小巷"。

一旦独处，萨特就深陷在莫名的苦恼中。忧郁症来了。人们让他远离刀子和绳子。但萨特后来说，即使在情绪最糟糕的时候，他也没有闪过一丝自杀的念头。精神的极端状态持续了这么久，他守住了最后一道防线，要活下去。他最大限度调动了意志力，这是他一生中唯一的一次。意志变成尼采式的强力意志。

哲学促使他搞试验，哲学又帮助他走出陷阱。

面色苍白的萨特被送到了鲁昂，住进小绵羊饭店，由波伏瓦精心照料，安排他的每一分钟。奥尔迦做她的帮手。巴黎的萨萨、迪兰、约利韦、尼让、阿

独自在咖啡厅里写作的波伏瓦

隆、皮埃尔等，吵吵嚷嚷地来了，住几天又一哄而去。

"约利韦教小姑娘奥尔迦跳起大狐步舞。"

席终人散，萨特更忧郁。全世界大大小小的虫子都来饭店找他，它们显然熟悉每一个房间与阳台，酒杯，烟缸，汤碗，永远有虫子……萨特无路可逃。

然而两桩奇迹发生了，只要奥尔迦在萨特身边，他的症状就会减轻；波伏瓦拽萨特去野地漫游，风餐露宿，放声歌唱，他的症状同样会减轻。

"奥尔迦浑身充满了斯拉夫人气息，连她长长的金发末梢都是斯拉夫人的。她慷慨大方，十分有主见，漂亮，冲动，狂热，酷爱阅读，喜欢纯粹的梦想。她成了萨特精神错乱的解药和活生生的万灵药。"

萨特离不开这两个人了。"三重奏"的生活拉开了序幕，在鲁昂，在巴黎，在国外的旅途中，他们中的每一个都同时爱着另外两个。俄罗斯小姑娘既深爱又扑朔迷离，她捉迷藏，在两个老师之间跳来跳去，刺激他们的嫉妒心。好像更爱这个，好像更爱那个。十五六岁的疯狂少女，连她自己都不知道明天要玩哪一出。

三重奏生活的主题是爱与被爱，诱惑与被诱惑。每一个人既是中心又是边缘。

萨特不再精神错乱了，却又患上了恋爱神经症。他敏感于一些从来不敏感的细节，比如金发小姑娘何时在何地，他追逐金发红裙不断晃动的背影、侧影。波伏瓦比他更苦，尽管她是双性恋者，但异性恋的占比要大一些。她眼睁睁看着萨特与奥尔迦关上了房门……

她写道："如果我把三重奏看作一件持续若干年的事，我会感到恐怖的。"

这是在1936年和1937年。波伏瓦快满三十岁了。

1985年，波伏瓦对她的传记作家说："如果萨特、奥尔迦和我不曾有过十分幸福的时刻，三重奏就不会延续这么久。三重奏……它只是有些复杂。"

在不伤害别人的前提下，萨特追求绝对自由。自由从灵魂启程，自由也从肉体出发。各种尝试在他看来是天经地义的，连上帝也不能干预。奇装异服，裸体行动……探索之路无禁区。痛苦来了就迎着痛苦，沮丧就守着沮丧。一个中国式的教师或知识分子会追问：痛苦后的欢愉支撑、纷乱后的明晰支撑、疯狂后的冷峻支撑，还是拨乱反正后的伦理道德支撑？

中国漫长的农耕文明构筑了家庭伦理，确立了利他主义。中国传统文化，这个是核心。"仁者，人也。"孔子强调："仁者爱人。"仁义道德不是孔孟的发明，它的雄厚基础在民间，它是人际交往永恒的黏合剂。务农，做工，经商，须臾不可缺。所谓雄厚基础，盖指此也。包括老子庄子在内的春秋圣人们，把黏合剂加以提纯，用词语加以推广，"货卖帝王家"，货卖权力金字塔的塔尖。

西方式的城邦文明是以个体为中心的。个体追求更强的个体，向城邦汇聚。

近现代的西方战乱不休，人们发现，"文明像无边海浪中的小木筏，人类待在木筏上，挨过一些时光而已"。海浪迟早会击碎木筏。摇摇晃晃的木筏上有波德莱尔、卡夫卡、萨特、海明威、毕加索等人的面孔。海明威1926年在巴黎出版《太阳照常升起》，斯坦因女士宣布："你们全是迷惘的一代！"

菲茨杰拉德在纽约宣称："所有的上帝都统统死光，所有的仗都已统统打完，所有的信念都已统统完蛋。"

赶走了上帝的萨特在木筏上剧烈颠簸，要命的是他意识到了这种颠簸，却还主动去谋求这种颠簸。

萨特和波伏瓦以及巴黎的朋友们，对自己，对他人，展开无休止的精神分析，累得心力交瘁。弗洛伊德的无意识理论分成了几个学派，岔道丛生，迷雾重重。

巴黎花天酒地，"一连串的赏心乐事"，却伴随着知识分子痛苦的思考。尼让万分钦佩地说："萨特每天都在思考。"

痛苦的深度决定了思考的强度。萨特思考的面容颇似同一时期的鲁迅。19世纪30年代鲁迅在上海大陆新村九号，日子非常舒服，却守着伟大思想家宿命般的孤独。常常半夜三更一个人喝酒，抽大量的香烟……

鲁昂小绵羊饭店，复杂的三重奏持续了很长时间，不同的房间形成相似的人性试验室。外面的人又陆续跑进来，包括后来奥尔迦爱上的哲学教师、著名作家兼街头歌唱者苏俄罗，包括奥尔迦的妹妹万达。

波伏瓦到巴黎的莫里哀中学执教，三重奏的喜剧、闹剧又搬到巴黎上演。三股自由之风劲吹，不仅产生强对流，它还产生乱流。每一股风都炫耀自己是"主风"，它制造卑躬屈膝的"奴风"。

小姑娘就像小魔女。大姑娘在得到了的同时又在失去。

波伏瓦抱怨说："这一切都是萨特设计的。"

三个双重性格的人，其中两位女性又是双性恋。每日变化多端。看上去都幸福，看上去试验成功了，"这种成功蔑视所有的心理学、所有的内心分析"。

波伏瓦在《年富力强》中写道："三重奏早就开始了。"

她承认了它的复杂，它带给她的种种隐忍的不愉快。自从二十一岁她和萨特在一起，影影绰绰的、预演式的三重奏，让她再三跌入嫉妒的深渊。她身不由己，亢奋不已，独自去找西蒙娜·约利韦，又徘徊于约利韦的窗下。她请假跑到柏林去，想会一会"月亮女神"玛丽……而此间万达又挤进来，打破了看似和谐的三人舞。

这个女孩儿远不止漂亮，她才艺非凡，是天生的戏剧演员。她跟正在写先锋话剧《间隔》的萨特从早晨谈到天黑……波伏瓦的过去、现在和未来，找不到一块宁静的港湾。相比邮轮般的萨特，她是一条受到社会、学校更多质疑的小船。

逆水行舟吧，逆风挺进吧。一有空她就只身远足，一抬腿就是三四十公里。萨特喊道："海狸，十公里，十公里！"她根本不管他那充满爱的嚷嚷。

萨特不是手握自由吗？波伏瓦的手掌心也写着相同的字眼。

可是中年波伏瓦在追忆中瞥见了真相，她在《年富力强》中写道："萨特和奥尔迦轮番对我进行了威胁。"她的语气中流露出某种妥协，"爱情在很多男人的生活中只是一种占有，而在女人那里，它就是生活本身。对于女人来说，爱情就是侍奉主人，完全牺牲自己的利益。"

年轻是女人的资本，奥尔迦肆意挥霍。少女万达紧跟姐姐。

萨特还爱她吗？这是波伏瓦问了自己千百次的问题。类似的问题，萨特自问过吗？波伏瓦没把握。她写剧本《女客》，试图描摹捉摸不定的三重奏。剧本写得很好，受到夏尔·迪兰和戏剧明星约利韦的赞赏。这个戏要搬上舞台。

弗洛伊德说："艺术是被压抑的欲望的满足与升华。"

波伏瓦升华了，却又跌入到欲望的深谷中。"爱欲"是她最为关切的东西，当初在公园的长凳上，男女双双信誓旦旦，签署了爱情协议，如今过了九年，他们的爱情基础还在吗？她写道："我知道是什么在统治萨特，我知道他会在什么地方遇到麻烦，对他来说最棘手的事情是认识世界、表达世界。在这一点我和他心心相印。"

穿过了狂风暴雨的波伏瓦才看清这一点。而狂风让她一次又一次窒息。

波伏瓦暴走旷野，也是为了驱赶内心的暴风雨。她苦苦支撑，她一个人到处流浪。公路上挥动纤手，拦车搭乘，卡车司机却要强暴她，她咬伤对方跳车逃走，差半寸撞上另一辆疾驶而来的卡车。野地的苍茫暮色中，觉得全世界的男人都像那个卡车司机，她踉踉跄跄，披头散发，自污花容，快要崩溃了。

当年的那个良家少女实在是有些撑不住了。她哭喊，周遭荒无人烟……

这是1937年，波伏瓦大病一场，命悬一线。

后来她和萨特分析说：这叫存在的疾病。

生存展不开，未来被堵住了。对三十岁左右的女人来说，最要命的是情路受阻。传统的法兰西女人并不是疯女人。她，西蒙娜·波伏瓦，想要一块港湾，她真想啊，让所有扑打小船的海浪都见鬼去吧！

病床上她觉得自己奄奄一息了，她沉沉睡去，虚弱地醒来，看见那个总是拿烟斗的男人，手持便盆进进出出，紫红衬衣的袖子挽得高高的。他面带微笑，哼着小曲，表明她的病情已有好转……哦，这傻瓜！波伏瓦轻轻骂了一句。

她患病期间，他寸步不离。八天八夜他几乎不合眼。他守着他最亲爱的海狸。

说明什么呢？说明不需要说明了。

波伏瓦穿越著名的科罗拉多大峡谷，越过阿尔卑斯山，还想徒步西藏高原。她是法兰西优秀女人，她要把野性、感性、理性尝个饱。浪漫是在不浪漫的地方留下痕迹，自由是在荆棘丛中开辟的自由。突破禁区，把禁区看个究竟。

巴黎莫里哀中学的课堂上，她是另一副形象："波伏瓦快步跨进教室，登上讲台，她穿一件淡紫色衬衣，发型是最新的冠冕式。她精神饱满，容光焕发，孩子般的气色和神态，蓝眼睛炯炯有神。"

穿粉红衬衫的萨特来学校找她，粉红与紫色的身影穿过运动场，消失在她的单间宿舍。一对男女在门窗紧闭的室内纵情欢笑，门外竖起了十几只耳朵。

波伏瓦的父亲对校方说："如果她怀了野种，就叫她打掉！"

一个学生评价："我们的哲学教师既典雅又疯狂，既庄重又野性。"

波伏瓦发表《致海狸的信》，厚厚的一大本，全是萨特写给她的情书，其中不乏性爱的细节，深描长达几个小时的两情欢愉。那些无休止的爱抚，亲吻，呓语……即使是在浪漫巴黎，也引发了轩然大波。连朋友们都不理解，为何这么干？波伏瓦想要达到什么目的？她与萨特两个人之间的透明性要向世界推广吗？她向包围着萨特的姑娘们宣誓她的领地吗？

《致海狸的信》卖得不错，连杂货铺老板也买来送人。

一个从波兰来的女生依恋波伏瓦，在衣饰和发型上都模仿老师。老师渐渐有回应，于是互相依恋，进而热恋。波伏瓦被女生的家长指控为引诱者。校方愤怒。

谁引诱谁呢？这是一个问题。少女的身体何尝不是充满了诡计？这种诡计先于意识。那位波兰女生五十年后深情回忆："我们一起远足五天之后，羞怯地互相靠近，我们进了一家旅馆……"

1943年又发生这种事，波伏瓦被学校开除，失掉了饭碗。而萨特在他的学校尽可以任性，胡闹。有个女大学生痴迷萨特，萨特这么描写："这姑娘纯粹就是一团火，她用电动吸尘器的力量吮吸我的舌头。"

男性作家们写爱和性爱形成了传统，而女性作家一直遮遮掩掩，很少有人直接进入这个禁区。波伏瓦为此十分气愤。她要的是单刀直入。

"女人不是天生的，女人是被塑造出来的。"

《第二性》的作者波伏瓦，要挑战几百年来的秩序。萨特鼓励她，和她一起探讨。萨特说："海狸有女人的面容和男人的思考力。"

20世纪具有世界影响力的女哲学家，却只有汉娜·阿伦特和波伏瓦，而她们两位，分别是海德格尔与萨特的终身情侣，她们自身发光，头上却始终罩着哲学大师的光环。她们脱离光区的努力又使她们弹回光区。

波伏瓦在受伤中成长。她的幸福是争来的。她拒绝生孩子。

萨特喜欢孩子，他母亲也很想有个孙子，但他尊重波伏瓦的选择。他从未考虑让别的女人为他生孩子。

他们俩在巴黎的生活圈子是个温暖的大家庭，尼让、阿隆、庞蒂、作家博斯特，俄法混血的奥尔迦、万达、夏尔·迪兰和约利韦……花园咖啡馆，穹顶咖啡馆，世袭贵族雷莫尔夫人的海滨别墅，古城堡和各式饭店，都是他们经常光顾的地方。

萨特家的老宅位于波拿巴特街42号，宽敞的房子经常聚会，美食美酒美声，激烈的谈论、粗话脏话与优雅的举止、精致的面孔融为一体。

萨特弹钢琴非常出色，他在《七十岁自画像》中谈到："我八九岁开始学钢琴，先是演奏轻歌剧的乐谱，后来我跟母亲一起四手演奏，比如弹门德尔松的曲子。后来逐渐过渡到比较难的曲子，贝多芬，舒曼，然后是巴赫……贝多芬的几个奏鸣曲太难了，我只能弹一部分。我演奏舒曼、莫扎特，还有歌剧和轻喜剧的曲调，边弹边唱。我二十二岁在巴黎高师还教过钢琴课呢。"

欧洲人的音乐素养是遍及全社会的，在血液中传承。文学，音乐，美术，在日常生活中不可或缺，街头巷尾随处可见。

而眼下中国的各类乐器培训，跟生活环境、生活方式大抵脱节。圈闭式的、空间狭小的钢筋水泥，有一种滋生无聊的"微波辐射"，这种微波辐射抵消乐器之为乐器，尤其是中外古典乐器。关起门来吹笛子，弄洞箫，或是拉提琴，弹钢琴，恐怕连自己也觉得有毛病。

先有生活方式，然后才有音乐。

音乐是呼唤倾听的音乐。

何谓倾听？倾听是生活方式形成的心理积淀。

大地百花盛开，水泥开什么花？

生活赏心悦目，战争的恶魔突然出现在法国的上空。1939年，萨特与波伏瓦在雷莫尔夫人的海滨别墅写作、阅读，游泳后夹着香烟眺望大海，品尝葡萄酒。小姑娘万达在他们中间，她学习戏剧的劲头很高。早晨和上午是萨特写作的时光，中午、晚上，大伙儿一起听唱片，弹钢琴。万达拉着萨特去海边散步……

然而一纸命令下来，三十四岁的萨特要服兵役。他做了一名气象兵。他一直不相信德国与法国会开战。可是第二年，纳粹德国进攻法兰西，攻破号称固若金汤的马其诺防线。高卢雄鸡一败涂地。德国军队开进了巴黎。希特勒在埃菲尔铁塔下耀武扬威……

萨特做了俘虏，在集中营里过了九个月。阿隆受伤了，尼让战死了，博斯特生死未卜。

波伏瓦忧心如焚。萨特音讯全无。他死了吗？巴黎食品、衣物短缺，冻饿交加的波伏瓦顶着寒风，到处打听消息。平生头一次她感到致命的恐怖。她牵挂萨特超过任何亲人。这是始料未及的。她和萨特的母亲抱头哭泣。

死亡恐惧划出思念的深度。原来这个男人真是她的另一半。他不是她丈夫，不是"孩子他爹"，十余年来他几乎不停地拈花惹草，惹她生气、猜疑、嫉妒、愤怒，表面上她还得装作无所谓。可是一旦想到这个世界没有萨特了，她受不了，她的世界会垮掉。她发疯般在巴黎乱窜，找熟人，去报社和电台，一天又一天。她凄凄惶惶待在地铁口、火车站。从旁走过的男人们没人看她一眼。她太脏了，蓬头垢面，吞吃发霉的面包。漂亮女人波伏瓦仿佛一去不返。

在匆匆忙忙的寻觅中，在希望与绝望的反复纠缠中，波伏瓦瞥见了天地间她唯一的爱人，她的灵魂，她的心肝，她的五脏六腑，哦，她生命中的全部。

之前波伏瓦与小说家博斯特已经越过了友谊的界线，虽然时间短。在紧要关头，在尖利的防空警报声中，她发现自己满脑子全是萨特，萨特。

就是萨特点燃了她的妒火，她不得已，才把妒火变成情火。她蓄意制造的情火却未能烧到萨特身上，三个人骑自行车漫游郊野，萨特在河边坐下来就写书，下笔飞快，连头都不抬，直到波伏瓦和博斯特走到他跟前……

"萨特在哪里？被俘了？阵亡了？波伏瓦的全部生活被打乱了。她的反应是极度的忧惧，简直歇斯底里。她一直扛着一只沉重的箱子，里边塞满了萨特的书信。"其他人的信件她顾不上了。

波伏瓦写道："对我来说，这是战争期间最可怕的。"

"我从未想到会落到如此惨的地步。当我回到空空如也的街道，想到萨特正在被活活饿死。"

在苦苦等待中，她徒步走遍了整个巴黎。

7月，萨特终于来信了："亲爱的，我当了俘虏但还不是很不幸。我希望月底前能回来。"

"烽火连三月，家书抵万金。"

"却看妻子愁何在，漫卷诗书喜欲狂。"

萨特又来信了："总之，我的被俘只不过是过帐篷生活。"

"亲爱的，只要我们俩都在，我们就能活下去。"

"我开始写一部哲学论著：《存在与虚无》。"

"我几乎每天读海德格尔……"

"亲爱的，你是我的全部生命。"

法国作家贝尔多勒在《萨特传》中写道："寒冷，虱子，污垢，臭味儿，这些都不重要。萨特满足于污垢与衣冠不整，他在俘虏集中营根本不操心自己的心理条件。命令，侮辱，踢屁股，没有什么能够影响到他。萨特完全很幸福。他带着哲学家的蔑视看待虱子污垢一类的玩意儿，超脱了一切。"

他写信对海狸说，他不烦恼，很开心，没有一分钟沮丧。他在读海德格尔，从来没有感到过如此自由。他是最能自持、自控力最好的人。

这位哲学家晚年说，他对斯多葛学派的禁欲主义很有好感。长期的、近乎癫狂的身体试验，却又能心如止水，在异常恶劣的环境中高端运思，潜心阅读和写作，文思泉涌。这种个体生命的强度，叫人叹为观止。西方也不多见。

这一年萨特三十五岁。他在集中营也给母亲和万达写长信，许多长信……

波伏瓦不断寄去食物和书籍。她告诉他，她正在咖啡馆写一本叫《精神至上》的小说，修改剧本《女客》。她计划好了，要到集中营去看望他。他复信阻止她："我们随时都可能转移。"

他又说："亲爱的，不要再胡思乱想我不再爱你……我从未像现在这么爱你。亲爱的，要有信心和耐心。"

"我在这里生活很有趣，正是因为有了你我才这样生活。我们从未分开过。"

波伏瓦放心了。她终于可以静下心来在图书馆读黑格尔，沉浸于海德格尔的著作，特别是《存在与时间》。

1941年3月的一天晚上，波伏瓦回家时，发现了他写的一张条子："我在三剑客咖啡馆。"她转身出门，朝盖特街的三剑客咖啡馆快步跑去，轻快轻盈，春风扬起她的头发。一条街又一条街，下雨了，哦，雨中巴黎。

"巴黎使萨特惊讶。在集中营里他曾经发誓不屈服，而巴黎的妥协气氛在他看来是太浓了。为什么波伏瓦会同意在证明自己既不是犹太人又不是共济会员的声明书上签字？他急于行动起来，接触抵抗运动的同志。"

收集情报，散发传单，联系其他抵抗组织。在一个秘密地点，"社会主义与自由"组织宣告成立。"从夏天起，波伏瓦和萨特动身去和隐蔽在自由区的作家进行接触。他们骑自行车穿行城市，晚上支起帐篷睡在田野或树林里。"

两个白天的抵抗战士，一对夜里的恩爱情侣。

三十六岁的萨特和三十三岁的波伏瓦，在田野的夜风中长时间温存，仿佛回到了十二年前，在外省乡下那个开端性的四天四夜。这一年劫后重逢，重启美妙开端。夏夜沉醉，肌肤波澜，晓风残月。呢喃复呢喃。帐篷是个好地方，直通星星月亮。灵魂与肉体牢牢相吸。双方有掀开皮肉直接亲昵的趋势。

男欢女爱的帐篷变成了书房和工作室。晨光中萨特写他的《存在与虚无》，夕阳西下，他又写短篇小说《墙》，写揭露资产阶级生活的《一个工厂主的童年》。一丝不苟，精益求精。思绪和朝阳一并升起。

波伏瓦悄然漫步杂树林子。"由萨特陪伴骑自行车，波伏瓦感到很幸福。"

两个分不开的自由人。雨腻云香，阴阳互抱。双子星座相得益彰。汉娜·阿伦特孜孜不倦地追求"爱情的连续性"，西蒙娜·波伏瓦同样如此。

战争时期的爱情，田野帐篷千般滋味。"萨特依然醉心于波伏瓦的美妙鼻孔。"

他们拜访了即将获得诺贝尔文学奖的作家纪德，拜访了后来的法国文化部长马尔罗。"马尔罗对萨特说，他看不到知识分子介入现实的可行办法。对于他来说，要么去打仗，要么就保持沉默。"

萨特在巴黎研究自制炸弹，他想单枪匹马炸毁德国人的军车。他半夜悄悄上街，大衣领子竖起，样子很神秘。

"波伏瓦对与占领者合作深恶痛绝。"她写小说《他人的血》。文学是一种抵抗方式。

抵抗在继续，生活也在继续。波伏瓦想方设法搞食物，将衣挽袖下厨房，洗衣裳，修炉子，搬运煤炭……第一次世界大战期间她干过这些，现在重操旧业，飞快摆弄锅碗瓢勺，干完了家务就靠窗写书。动与静在刹那间。

在莫里哀中学，她的学生娜塔丽酷似另一个奥尔迦。娜塔丽也是俄罗斯女孩，她想学哲学，父母却让她学化学。"在课堂上她打断别人的话，反驳别人。她穿着长长的裙子，穿着大皮鞋，她的与众不同让波伏瓦很吃惊。"

谈话，理解，深入交流，一起漫步街头或是下厨做饭，或是去花神咖啡馆闲聊。哲学教师波伏瓦，一直保持和她的学生零距离接触的习惯。这个习惯却有风险。在马赛，在鲁昂，在巴黎，男生恋着她的几乎为零，因为她的性格、做派像男人，思考力胜过男人。女生就不同了。有个女学生为了她终身不嫁……

奥尔迦、娜塔丽都是火焰般的俄罗斯小姑娘，她们内在与外在的疯狂，跟波伏瓦契合得如同榫卯。

"娜塔丽吹嘘她十四岁时，曾与一个女友一起抢劫过商店……说她父母逼她学化学，气得她暴跳如雷，把所有试管都砸了。波伏瓦深表同情。她为娜塔丽花费的时间越来越多，而娜塔丽还嫌不够。"

有法国学者指出：波伏瓦特别喜欢俄罗斯姑娘。激情如火，意志坚定，是波伏瓦和她的姑娘们共同的特征。

这些女学生主动靠近她们的老师，穿裙子蓄短发的作家老师，凝神思索的哲学老师，远足五十公里的野性老师，运动场上神采飞扬的漂亮老师。

双方恋上了。恋上就没有双方了。这简直无可救药。"又是一次羞怯的互相靠近。"萨特在外地写信，劝波伏瓦不要玩火，"尽管娜塔丽以匈牙利轻骑兵的方式爱你，这个故事仍然让我感到好笑……你的和蔼可亲是多么可笑"。

娜塔丽的母亲指控波伏瓦引诱未成年少女。"这一指控很严重，教了十二年书的波伏瓦被学校开除了。她也不能到别的学校教书，从此失去了薪金。"

好在萨特挣钱多，他的电影剧本《破釜沉舟》、话剧《苍蝇》卖了好价钱。后来他的剧本《弗洛伊德》卖了两千五百万旧法郎。他为电台写广播剧本，收入甚丰。短篇小说集《墙》成为畅销书。《一个工厂主的童年》好评如潮，小说以层层剖析的方式，把剥削者的萌芽状态写得入木三分。

《存在与虚无》也出版了，这部哲学巨著"题献给海狸"。《墙》题献给奥尔迦。他把工作之余的时间分给母亲、波伏瓦和万达。

战争结束了，巴黎解放了。法兰西沸腾了。波伏瓦的小说《他人的血》狂销法国，仅两年，重版三十多次。她一举成名，和萨特一样享有巨大的声誉。

胜利的沸腾之后却是沉寂，是漫长而痛苦的反思。战争让数以亿计的人失去生命，超过十亿人失去亲人。仅仅二十多年间发生了两次世界大战。人类文明是一种假象吗？精密技术更多的是用来杀伤吗？核弹迟早会毁掉人类吗？技术与资本联手将制造什么样的世界图景、自然图景、生活图景？

原子弹在日本广岛、长崎摧毁数十万生命后，爱因斯坦那张痛苦的照片，给人类的未来打上了百年问号。小说《蝇王》写一群儿童在岛上互相残杀，连刚刚经历了残酷战争的船长也背过脸去……

《存在与虚无》风靡欧洲。存在是什么？存在是虚无。虚无是生长一切的虚无。混沌一直是混沌。邪恶一直是邪恶，它凭借现代技术的力量疯长。冷兵器杀人有限，原子弹足以毁掉世界。文明是助长了还是削弱了人的动物本能？两千多年前，中国的孟子追问："人之所以异于禽兽者几希？"

萨特的话剧《间隔》在各地上演，剧中的一句台词迅速传播："他人就是地狱。"后来萨特解释说："'他人就是地狱'始终被人们误解……我要说的是：如果我们同他人的关系被绞杀，被污化，那么他人只能是地狱。"

萨特创办了《现代》杂志，他在创刊号上撰文说："战争结束了，但和平还没有开始！战争的结束只意味着这场战争的结束。"

法国作家高宣扬在《萨特传》中表示："萨特预见了冷战的可能性。"

第二次世界大战后分出了东、西方阵营。萨特说："不是社会主义就是野蛮！"

苏联有苏联的问题。一些知识分子想在苏美之外开辟第三条道路。

1945年，萨特的《存在主义是一种人道主义》发表，随之而来的是奔赴各地演讲。大厅里里外外挤满了听众，动辄数千人，有些人当场昏死过去。萨特低沉、沙哑的嗓音吐出的每个字仿佛都意味着拯救。"一个人不是别的，只是自我设计，只存在于自我实现的过程中。除了全部行动，除了生命，他就什么也不是。"

"萨特自己用行动剔除了存在主义的虚无化，使他的哲学重新被赋予积极的、创造性的意义。"

何谓行动？词语就是行动，文学就是行动。萨特发表理论文章《什么是文学》，引起广泛争论。这位熟悉象牙塔的哲学家提倡"介入文学"，介入到社会生活当中去。《魔鬼与上帝》《毕恭毕敬的妓女》《肮脏的手》《苍蝇》，萨特的一系列戏剧堪称他的介入文学的代表作。四卷本小说《自由之路》，试图在极复杂的人际关系中找到自由之路。个体的自由，群体的自由。

存在主义电影、戏剧，存在主义咖啡馆，存在主义裤子、鞋子和帽子席卷欧洲多国。存在主义小吃摆上了街头，存在主义发型受到青年人狂热追捧。存在主义地窖，存在主义女演员，存在主义奶酪和泡菜……

欧洲冷静的哲学家们对这种街头哲学、咖啡馆哲学保持沉默。

在《七十岁自画像》中，萨特对记者谈到自己有流传价值的著作，未提《存在与虚无》。而在20世纪中叶，连巴黎小商贩也竞相购买这本晦涩的、重达一公斤的哲学书。老师们、作家们、学者们更是言必谈萨特，当然还要谈波伏瓦。

1949年，波伏瓦的《第二性》问世，陆续被翻译成十几种语言。单是在英语国家就卖了几百万本。赞赏她的人和骂她的人几乎一样多。

"女人，这个陌生人。"

波伏瓦的断言击中了所有人。她的言下之意是，天下女人根本不知道自己的真实处境。唯有想要改变习以为常的处境，才能看见这个处境。这里有波伏瓦的现象学式的目光。她和萨特一样酷爱《存在与时间》。

"在男人嘴里，说出'母的'形容词是一种侮辱。相反，如果有人说他是'公的'，他会神气十足。"

报纸的评论文章指出："一个女人号召妇女们争取自由。西蒙娜·波伏瓦，无疑是出现在男人历史中的第一位女哲学家。"男人历史，这几个字却值得玩味。

波伏瓦的历史，在很大程度上也就是萨特的历史。家道中落之后，她从六岁起就建立了自我意识，第一次世界大战的四年间她跌入困顿。她有了宗教信仰，又亲手打破这种信仰。十三岁，她的上帝死了，彼岸世界消失了，强烈的死亡意识使她在地毯上打滚，尖叫，坚硬指甲撕碎了韧性极好的地毯线。她冲进小树林。她狂读男人们留下来的经典。十八岁，她坐在公园长凳上思考时间的流逝，"海狸自己也变成了时间"。二十一岁她认识了萨特，当时她凭借直觉判断，这个男人从此以后不会离开她了。可是在热恋状态，在风景如画的卡鲁塞尔公园，她违心签署了所谓的爱情协议，为期只有两年，这意味着二十三岁以后她可能失掉初恋。

萨特冲向自由的狂野形象是第一次世界大战后的大环境所致。达达主义，野兽派，超现实主义，黑色幽默，卓别林电影，迷惘的一代……人类文明不过是汪洋大海中的一块小木筏。萨特待在上面摇晃，自身难保却又推波助澜。他喜欢上了这种摇晃，他拉着波伏瓦一同摇晃。他享受颠簸因为他是男人！三个三重奏。嗬，恐怕不止三个。波伏瓦受伤再受伤恰好因为她是女人！她恐慌，她窒息，她驾车狂奔。她一个人远足四十公里，远足五十公里，她，波伏瓦，小时候出了名的倔驴，她要逆水行舟逆风千里！

良家少女在禁忌中长大，打破禁忌很难很吃力。她先要瞄准打破的对象。而男人们不存在男女禁忌的问题，尤其是法国男人。波伏瓦迫不得已自毁良家女子的形象，铆足劲发掘自己的同性恋。女人们联合起来，女人们的身体也要联合，要融合！哦，她的一个又一个俄罗斯小姑娘，妩媚与柔软结成了统一战线。后来她有了法国作家博斯特，有了美国左翼小说家阿格林……

几十年来多少事，波伏瓦是被动的。她主动出击的原动力也叫被动。

波伏瓦首先发现自己是第二性。

谁是第一性呢？这个不言而喻。

她强势，萨特更强。然而萨特的强并不是冲着她来的，他的强是冲着自由去的。"萨特要理解世界并表达世界。"这一点她和他深度契合。

相爱到了最深处，根基坚实不可动摇。她病倒了，肺部持续充血，他八天不合眼寸步不离。他关进了纳粹集中营，她几度歇斯底里，踉踉跄跄到处找他，扛在肩上的大箱子只装着他的信件。其他人，包括同性恋人与异性情人的信件不知扔哪儿去了。战争的惶恐中她清晰看见了她生命里永远的唯一。他们俩同时看出了这个唯一。

生生死死的爱，却经历了多少风风雨雨。

如果没有强大的思考力，萨特将活成一堆乱麻。理不清头绪的人往往会拒斥头绪，于是活向纨绔，泼皮，痞子，瘪三，流氓，恶棍，酒鬼或吸毒者……

波伏瓦与萨特都把头绪理清了。

她的另一本力作《一代名流》，获法国最高文学奖——龚古尔文学奖。这部书却与《第二性》遭遇相同的命运，就是被罗马教廷列为禁书。时在1955年。而禁书在地下被人们疯传、摘抄。一朝解禁，海量重印……

1955年，萨特携波伏瓦应邀访问中国，为期两个月，登上了雄伟的天安门城楼，还去了上海、沈阳和广州。由柳鸣九主编的、1981年出版的《萨特研究》，选用了他们在天安门城楼上的照片，萨特伸手指点，四十八岁的波伏瓦侧影美丽。这本书销量很大，它的红色封面至今让我们感到亲切。为了这次访问，萨特和波伏瓦阅读了大量有关中国的书籍。西方人的出行有个好习惯，先要研究他们的旅游目的地，探索历史与现实。然后更多的是用眼睛看，用脚步丈量，用脑子思索，用心去感受差异性。可以预期的是，未来中国人的出境游，至少一部分人会摆脱简单的购、照、吃模式，带上相关书卷和对异邦的强烈好奇心。

萨特在《人民日报》发表文章《我对新中国的观感》，盛赞："在中国，最直接的现实是未来。"萨特亲眼看到了"一个伟大的民族为了建立一个更人道和更公正的社会制度而努力"。萨特回法国后，在《法兰西观察家》杂志撰文写道："毛泽东允诺说：中国要在五十年内盛开出一种崭新文化的花朵。"

《现代》杂志发表了萨特的另一篇文章《中国今昔》。

波伏瓦花六个月时间写下《长征》一书，她激动地说："在中国，人们刚刚摆脱了牛马不如的困境，正在为建设一个真正的人的世界做着艰苦斗争。"

《波伏瓦传》中写道："这次中国之行把她过去判断事物的标准一扫而光，许多事实，例如城市、村庄、家庭、工作、文化等，在一种与法国文明迥然不同的文明底下，具有了新的意义。她对周围世界的看法也因此而发生了彻底的改变。"

新中国的男女平等让波伏瓦感慨万千。在法国，她看不到这种平等。萨特同意她的看法。看来经济发达与平等不能挂钩。美国男人的家庭暴力非常普遍。

这一对欧洲著名情侣从沈阳去了莫斯科，受到热情款待。"莫斯科的富足景象使波伏瓦眼花缭乱。"

1955年6月，在赫尔辛基举办的世界和平大会上，萨特发言："世界上只有一个阵营，也就是美国人及其盟友的阵营，他们想发动战争，通过恐怖来统治世界。"

萨特指出："如果人民的力量还没有让阵营分崩离析，和平共处就没有真正存在。我了解苏联和人民民主的和平意愿：如果人们可以指责其政治制度的严苛和不近人情，首先那也是冷战造成的。这些受到包围威胁的国家，对内和对外如果不强硬的话，那就不能进行防御。"

一针见血。

"萨特持续的反美主义"令艾森豪威尔感到难受，他恳请萨特在发言的时候不要用太大的火力攻击美国。萨特根本不予理睬。

夏天，萨特与女演员米雪尔·维昂漫游意大利。他和米雪尔相识于1952年。

"萨特是反殖民主义者，1956年，他参加了反对阿尔及利亚战争的会议。他解释了殖民体制导致的掠夺，以及阿尔及利亚社会整体的悲惨和文化沦陷。他揭露了'新殖民主义'谎言，这种谎言认为，还是会有好的殖民者和殖民统治。阿尔及利亚人的反抗是正确的，必然的，法国对他们的战争很残酷。"

波伏瓦写道："阿拉伯人不想要我们，我们就应该离开。他们有理由恨我们。"

在《年富力强》中，波伏瓦写道："对于我们来说，马克思主义不仅仅是一种哲学，也是我们思想观念的气候，是滋养我们观念的环境，是黑格尔所谓客观精神的真正运动。我们在其中看到了左派的文化利好。更好的是：自从资产阶级思想死亡以来，只有它还是文化，因为只有它才可以让大家理解人物、事件和作品。"

波伏瓦告诉人们，只有马克思主义是真理，而各种各样的资产阶级思想则是谬误。

"自1956年起，美国在波伏瓦眼里仅仅是一个消费社会了，她认为，美国年轻人之所以吸毒和使用暴力，是因为他们得不到自由，只好换一种方式，采取无政府主义的愚蠢反抗。她的黑人朋友、作家理查德·怀特成了反共分子，她再也没有同他来往。"

"波伏瓦对美国失去了幻想，认为美国就是种族主义、资本主义和因循守旧。她对欧洲也失去了幻想，因为欧洲已经进入了一个充满了压迫、暴力和侵略的时期。"

价值观的长期共生，赞赏、向往与反抗的志同道合，使萨特与波伏瓦结成了精神共同体、命运共同体。他们渐渐走出了个人主义，否定了绝对自由。

此间，波伏瓦完成了回忆录巨著《一个循规蹈矩的少女的回忆》。这部书一出版，就成了许多国家的畅销书。

《波伏瓦传》称赞："这部新型传记所表现出来的真诚，完全可以和卢梭的《忏悔录》相媲美。"

20世纪50年代，是欧洲知识分子急剧分化的年代。萨特有了很多左派朋友，另一些朋友则与他分道扬镳，比如阿尔贝·加缪。加缪小萨特八岁，是20世纪法国最优秀的小说家之一，《局外人》《鼠疫》《西西弗斯的神话》等作品，使他进入法兰西不朽人物的行列。他揭示世界的荒诞，并反抗这种荒诞。

加缪名言："荒诞不在人，不在世界，而在于两者之间的关系。"

法国被占领期间，加缪是坚定的抵抗者。他主动拜访萨特，并与萨特、波伏瓦保持了多年友谊。直到1952年，友谊产生裂痕。加缪出版了《反抗者》一书，他提倡反抗，却反对革命。

高宣扬在《萨特传》中谈道："加缪试图向读者指出：在荒诞的环境中唯一的出路是反抗。反抗是人对超限度发展的某种事物所做的反应，是人的本质之一。但加缪区分了反抗和革命的不同意义……他认为反抗的精神必须符合古希腊文明的基本原则，即讲究协和、平衡。因此，加缪把马克思主义的革命理论同宣扬天上乐园的存在的宗教教义一样，都看作是'欺人的空洞说教'。"

萨特出于友情没有反驳加缪。

《反抗者》问世近一年，青年作家尚松发表文章批评加缪。加缪反击尚松，矛头指向萨特。一场举世瞩目的激烈论战不可避免。萨特的长文《答加缪书》，也是一封绝交书。道不同，要反目。

萨特表面上不温不火地写道："如果实行您的原则，越南人民是被殖民化的，因而是奴隶；但他们是共产党人，因而又是暴君。您谴责欧洲的无产者，因为他们没有表示反对苏联人……在这种情况下，我看您只有一条出路，那就

萨特与加缪

是到世外桃源。相反，我认为：帮助那边的奴隶的唯一途径是站在这里的奴隶一边。"

萨特说："人是自由的……但今天，我们的自由仅仅是选择了为自由而斗争的自由。这种说法的奇特性，恰恰表现了我们的历史命运的奇特性。"

"如果您的书只是表明了您在哲学上是个外行呢？"

"您痛恨思想的艰深，您匆匆宣布没有什么可理解的，以便事先逃避人家指责您没有读懂。"

国际、国内的形势异常复杂，人性的表演善恶纷呈，泥沙俱下，对作家是个考验。对作家、艺术家来说，哲学的引领必不可少。思维圈子小了，目力不能穿透迷雾，下笔越生动越糟糕，描写越逼真越失真。

波伏瓦在《年富力强》中指出："加缪对苦难很敏感，但他把苦难归咎于自然界。相反地，萨特从1940年以来就开始抛弃唯心主义，从他原来的个人主义中挣脱出来，在历史中生活着，靠拢马克思主义……在两个集团之间，中间路线既然行不通，萨特就靠近苏联；而加缪恰好恨苏联，尽管他并不喜欢美国，但他实际上站在美国一边。"

加缪比萨特早几年获诺贝尔文学奖，1960年1月他死于车祸。萨特很痛心，追思不已，整天谈的全是加缪。波伏瓦痛感生命的无常，才华横溢的加缪突然就不存在了，死亡拿走一切。加缪才四十七岁。泪流满面的波伏瓦通宵徘徊在巴黎。

"所有的争吵都烟消云散了，她忘记了使他们关系破裂的一切。加缪死了，她失去了一位朋友，失去了1945年的同志，失去了一个热爱生活、热爱友谊、热爱荣誉、正处在希望之年的年轻作家。"

各报的头版头条都刊登着加缪的照片，波伏瓦望着照片，眼睛都快哭瞎了。

法国文化部长马尔罗在悼词中说："二十多年来，阿尔贝·加缪的作品一直没有离开过对正义的思考。让我们对这个使法兰西不朽的人表示敬意。"

萨特发表文章称赞加缪："他逆历史而动，是这种悠久的道德主义传统在本世纪的继承人，他的作品也许是法国文学中最具有独创性的组成部分。虽然他那固执、狭隘、纯粹、刻板以及感情用事的人道主义，很难战胜当今世界众多的丑陋现象，但在反对不择手段的权变家以及实用主义对金钱的崇拜上，他那顽强的拒绝态度，反而对我们时代的道德行为的存在做了重新肯定。"

萨特在《七十岁自画像》中回忆："一开始，加缪还不知道自己是个大作家，他是个活宝，我们在一块儿很开心。他讲话不避粗野的字眼，我也和他那样，我们讲了很多关于女人的下流话，他妻子和西蒙娜·波伏瓦装出很反感的样子……实际上他有一面是阿尔及尔的小流氓，很无赖，很逗乐。"

把诺贝尔文学奖的获得者还原为小流氓，唯有洞察生存的全部脉络方能一眼看清，信手拈来。这也不叫撕去伪装，只是去掉多余的光环。《词语》的作者剖析自己的文学神经症毫不留情。大作家的血脉中流淌着复杂性，宏大庄严却并不排斥小流氓。

1956年秋，苏联人的坦克开进了匈牙利首都，法国左派知识分子为之震惊。萨特立刻表示抗议，并辞去法苏友好协会副主席的职务。用坦克来输出革命，他无论如何不能接受。他发表声明说："我整个地和毫无保留地谴责苏联的侵略，苏联人民对此毫无责任，我要谴责的是现存的苏联政府。"

从1956年到1959年，萨特接二连三地推出重磅文章，发表谈话，谴责法国在阿尔及利亚的殖民战争。1961年，他和一百二十个知识分子联名写信给法国政府，抗议法国军队在阿尔及利亚的残酷镇压。右派青年和老兵们上街游行，举着"枪毙萨特"的标语。但戴高乐总统对警方说："我们不要去捉伏尔泰。"

伏尔泰是法国历史上最负盛名的启蒙运动思想家。

萨特的寓所三次被炸，包括波拿巴大街42号的老宅。塑性炸药炸飞了他的手稿。"房子上面的两层被揭掉了，楼梯悬在了空中，房门被炸飞了。西蒙娜·波伏瓦写给萨特的信件也全都化为乌有了。"

波伏瓦也接到一个匿名电话称晚上将送她上西天。

论战、游行、逃命和受恐吓，使波伏瓦伤心绝望，她对萨特说："我已经恨够了，也反抗够了，我服输了，不想干了。如果我们必须再活二十年，那么就尽量活得快乐一点。"

萨特不服输，他拼命工作，连续工作了二十八个小时，稍事休息又干了十二个小时。1962年他五十七岁，几乎连续工作四十个小时。每天高强度工作十几个小时是常态。脑力劳动比体力劳动更消耗体能，况且他患有高血压，但少年时代打下的底子一生受用。波伏瓦又带动他，让他对远足旷野产生了兴趣，成了滑雪的好手，还学会了驾驶汽车，但巴黎的朋友们坚决阻止他开车，因为他们认为萨特脑子里转的东西太多了，他开车会乱转。

萨特曾经两次与海明威见面，互相钦佩。海明威驾驶跑车、驾驶快艇和小型飞机，使萨特印象深刻。二人的酒量差不多，喜欢喝白酒，对葡萄酒兴趣不大。

有一天傍晚，萨特与阿拉贡在一家街头咖啡馆谈话，吸引了大量记者。超现实主义诗人、西方马克思主义理论家阿拉贡比萨特大七岁。他抽烟，坐姿闲适，一个多小时不说话。萨特尊敬他，等他开启谈话的内容。记者们耐心等待。大师的沉默可不是寻常人的沉默。哲学家福柯跟朋友们一起喝咖啡，几个小时一同沉默。据福柯讲，阿尔及利亚人有这种在沉默中交流的能力。

巴黎街头华灯初上，阿拉贡终于开口："萨特，你今年多大了？"

"今年我五十七岁了。"

阿拉页面无表情，继续抽他的苏联香烟，过了一会儿又说："哦，五十七岁了。五十七岁……生活刚好开始。"

街头咖啡馆的谈话就此结束。巴黎各报的头版刊登了两位大师的照片和谈话。看似简单的对话流传到21世纪……

首先是生命的强度，其次才是生命的长度。

赢得生命的强度厚度饱满度，却是太多人的嘴上功夫。没办法，只能是嘴上功夫。

波伏瓦美人迟暮了，她从一些人眼中发现了这种迟暮。倾心于她的朗兹曼不再约她远足或漫游。她开车去了意大利，一口气登上三千米的阿尔卑斯山。她反复折腾身体，检测它是否依然强劲。"波伏瓦直到累得筋疲力尽，随便找个谷仓便睡。"

她想干什么？她要挑战身体的自然规律。这种规律是可以挑战的，规律只是个大趋势，其中有很大的努力空间。有些人三十来岁暮气沉沉，有些人六七十岁朝气蓬勃。

互联网时代，人的主动性受到前所未有的挑战。而主动性乃是一切生命享受的最大前提。活着要像撵山狗，不能变成圈养鸡。

"凡是接触波伏瓦的人都会发现，她肤色娇嫩，体态轻盈健美，始终保持弹性的活力，而所有这些都是她经常背着旅行包翻山越岭、长途跋涉的结果。虽然她已经五十二岁了，但她那独特的魅力依然非常动人。"

当她还是个姑娘家的时候她就出发了，当她还是个少女的时候她就活向灵与肉的可能性。只要和萨特在一起，二人几乎从不分开睡觉。

萨特在《七十岁自画像》中透露："我和波伏瓦只有一天晚上分开睡觉。"

偶尔，这对情侣争吵得厉害，没过多久又和好如初。夫妻吵架不过夜。有时吵吵闹闹夫妻情感更好，为什么？吵闹也是一种交流方式。对于有教养、洞察了人性的夫妇来说，情绪激烈的吵架交流，胜过平日里的庸常沟通。情绪一上来，很多话脱口而出，话赶话说个痛快，话赶话妙语如珠……

"我和波伏瓦互相批评。我们甚至互相辱骂，不过我知道，最后还是她有理。"

夫妻温文尔雅，一般都是假象，用温文尔雅掩饰与之相反的那些东西。街上手挽手，回家背靠背。人前秀恩爱，人后连吵架的兴趣都失掉了。这种现象不少。夫妻未到中年，就开始敏感对方的毛病。尖酸挑剔、唠叨抱怨、无端指责拉开了长剧的序幕。所谓长相厮守只不过是长期纠缠而已。萨特与波伏瓦示范性地打碎了这个格局。他和她之间从来没有秀恩爱，从来不缺自我更新。自我更新无止境，生存的强劲展开直指坟墓。

海明威说："我绝不会在公园的长凳上打发暮年的时光。"当这头雄狮浑身是病不能再享受生活的时候，他把双筒猎枪的枪口插入自己的嘴，用脚趾头扣动扳机。

波伏瓦在她的新作《一次非常甜蜜的死亡》中，引用托马斯的三句诗作为卷首语："不要老老实实地走向死亡，迟暮者应当在日落之际奋起反抗，疯狂啊疯狂，疯狂地抵抗死亡之光。"

疯狂的抵抗者需要全副武装，需要装备精良。

报刊文章描述波伏瓦："她充满活力，有一个令人愉快的嘶哑的嗓音。她喜欢旅行和讨论，一天走四十公里，如果讨论使她感兴趣，她可以谈论四十个小时。"

波伏瓦说："世界潮流构成了我的生活。"

谈论一切的前提是关注一切。她埋头写作，上街游行，和人关起门来聚谈三天，背起旅行包出发。偶尔也光顾巴黎时装店，不辜负她的好身材。

萨特和博斯特计划出远门不带一法郎，漫游，乞讨，醉卧街头，还要撬门入室拿走别人的钱。萨特写万余字的文章试图证明：巴黎街头酒鬼的生活，胜过爱丽舍宫的主人。

自由意味着不断地逸出自己，抵抗形形色色的生存固化。

笔者重复：生命是要讲强度的，生存要讲密度。

萨特和波伏瓦几乎每年都去莫斯科，参加各种活动，痛饮伏特加，跟爱伦堡等一大批苏联作家交朋友。几年间，这对著名作家兼情侣应邀去波兰、以色列、日本、巴西。受古巴政府邀请，萨特、毕加索等法国名流访问古巴，会见卡斯特罗。萨特和波伏瓦在哈瓦那，被人群、鲜花、欢呼声以及大群记者包围了。

"波伏瓦感到，一个新型的社会正在她的眼皮底下诞生，这是一个真正的、自由的、尽责的社会。"

这对情侣的所有作品都被翻译到苏联、日本。在国外，他们常常应读者要求，在对方的作品扉页签上自己的名字。

萨特和波伏瓦在巴西纵横驰骋了一万两千公里。在里约热内卢，到处贴着他们携手远足的照片。

"《第二性》所开的道路不可阻挡地通向了全世界，人们越来越多地要求波伏瓦谈论妇女问题。"

波伏瓦向媒体滔滔不绝地谈论妇女问题，萨特却又出了问题。"萨特激起了一个棕红色头发的巴西姑娘的疯狂爱情。"婚车等着他，他临阵逃走了，波伏瓦写信给友人说："萨特这个疯子，如果拒绝结婚就会被人开枪打死。"

他回到巴黎，把这件事告诉米雪尔·维昂，如同告诉波伏瓦、万达。从大学时代起，他一直和他的透明性生活在一起，而这种透明性让倔驴般的波伏瓦受尽折磨。戏剧演员米雪尔是天性温柔的女人，小萨特十六岁，她跟丈夫离婚，与萨特相处甚洽，几年间二人漫游过很多地方。

"米雪尔·维昂在咖啡馆流着泪，坐等萨特与万达分别后到咖啡馆来。"

事实上，波伏瓦经历的类似场景要多得多，多得她不好意思维护她自己的透明性。她的透明度不如萨特，差很多。三十年来种种隐忍的辛酸故事，她讲不细的，一语带过，而雄性不减当年的萨特把他的所有体验和盘托出。

第一性有生理基础。波伏瓦到处宣称第二性是文化的产物。她纵然保持了肌肤弹性，却在别人眼里看见了自己美人迟暮。于是她生活在不甘心之中，她的步态、语调和表情都呈现出不甘心。幸好她是波伏瓦，法兰西最具名望的女人之一，她攀登险峰的每一步都被她的灵魂伴侣看透，萨特能闻到波伏瓦的骨头散发的香味儿，他爱她爱到骨子里，于是他那千万次的抚摸与亲吻才像头一次，才让她感到心灵和身体的双重熨帖。平生得一知己足矣。

波伏瓦坐在咖啡馆或是别的什么地方等待萨特，抬眼看看川流不息的人群，埋头写她的书。她百炼成钢。

哦，她的每一个毛孔都需要他。双子星互相旋转，旋转到死。

在《七十岁自画像》中萨特说："我可以在我的思想尚未固定的时候，向西蒙娜·波伏瓦表述它。我还没有写《存在与虚无》，就向她阐述了这本书的基本观点……后来，我所有作品的想法还在形成过程中，都对她阐述过。"

记者问："因为她的哲学知识达到与你相同的水平？"

萨特答："不仅因为这个。还因为唯有她对于我自己、对于我想做的事的认识达到与我同等的水平。她是我最理想的对话者，人们从未有过的对话者。这是个独一无二的恩赐。"

记者又问："可以说你们互相签发出版许可证。"

萨特说："的确如此。"

1964年，萨特因《词语》一书获诺贝尔文学奖，当时他正与波伏瓦在巴黎的一家餐馆吃饭，从收音机里听到这个消息，他当即签署声明，拒绝这一奖项。他说："我的拒绝并不是什么仓促的突然行动，我一向拒绝一切来自官方的荣誉。目前文化战线上存在的唯一斗争，是为东、西方两种文化的和平共处而奋斗……诺贝尔奖奖金本身并不是西方集团的奖金，但现在人为地成了这样一种奖金……客观上成为一种保留给西方作家和东方叛逆的荣誉。"

萨特写道："如果我接受了诺贝尔奖，或许就给收买了。"

萨特与波伏瓦在他们最爱的花神咖啡馆

萨特的声明刊载于《世界报》。一时舆论大哗。这不仅在法国，在全世界也是唯一的一次。有人撰文称：萨特生气了，因为加缪先于他得到这个奖。又有人说他之所以拒绝，是因为波伏瓦嫉妒了……和往常一样，对萨特的任何攻击都会牵涉到波伏瓦。

哲学家马塞尔的结论是："这个被获奖资格评定委员会捧上大的人，乃是西方的掘墓人！"

瑞典皇家科学院那么多的奖金不去拿，萨特也感到遗憾。无数的穷人给他写信，讲述贫困的细节，让他伤心。他动情地说："一部《词语》或是《恶心》，抵不上送给工人的一双鞋子。"

萨特去餐厅、咖啡馆，总是给侍者过多小费，有时候让一同去的朋友难堪，他照样给。他随身携带上百万的旧法郎，大约七倍于普通人的月薪，人们不理解。他记不清自己挣了多少钱，他只花掉了其中一小部分。朋友们一直帮他花钱。

他对记者说："如果说我喜欢身上带许多钱，这在某种意义上与我对待其他东西的方式是一样的：我喜欢周围有我的家具，喜欢穿日常衣服，几乎老穿同一件衣服，喜欢带着我的眼镜、打火机、烟盒……除去旅行，我花在自己身上的钱相当有限。"

大多数时光他和波伏瓦一同旅行，其次分别与奥尔迦、万达、米雪尔同游。总是两个人，旅途中很少三重奏。他不喜欢与男性结伴。

萨特在《七十岁自画像》中说："我和女人的关系一直很好。与一个女人的关系，要比与一个男人的关系来得丰富。首先是语汇，不是语言……人们和一个女人在一起的时候，便把他们自己整个儿都交出来了。"

他还说："女人身上自发的东西多。她们标签少。"

男人们更多地卷入社会生活，异化、固化的发生率高。女性离质朴比较近，她们往往从自身处境出发，没有那么多自我标榜的东西。但女性易犯的毛病恰恰也由于自身处境，短视，抱怨，唠叨，虚荣。而波伏瓦身上几乎没有这类毛病。她挣钱非常多，但一直保持节俭的习惯，保持低沸点的欣悦。

萨特说："海狸用一件东西要用到不能用为止。"

这是内心强大的女人的特征，这是一位不折不扣的精神贵族。

记者问萨特："认识你的人一般都认为你的主要优点之一，是没有自我陶醉感。"

萨特答道："我想我没有自我陶醉心理是一件好事，我的行为确实像一个没有这种心理的人……比如现在这个时候，我们在谈论某些与我有关的事情，我本可以自我陶醉，但实际上我想的是怎样尽可能好地回答你的问题。"

没有自我陶醉，这个心理源于何处？也许源于他的死亡意识。先行到死而反观生存，切断了通向自我陶醉的那条路。努力工作，享受生活，同时又意识到这一切没什么了不起。思维半径越大，穿透力越强，越能建立有限意识和卑微意识，划掉了妄自尊大，抹去了沾沾自喜。

罗素说："凡是意识不到人在宇宙中所处的渺小位置的人，都不是优秀的人。"

1965年，九十四岁的伯特兰·罗素组建罗素国际法庭，审判美国人血洗越南的滔天罪行。萨特出任第一任法庭主席。罗素法庭的开庭费尽周折，戴高乐迫于美国政府的压力，不允许在法国开庭，萨特针锋相对地回应："那我们就在公海的船上开庭！"

1967年，罗素法庭第一次在瑞典斯德哥尔摩开庭，萨特致开幕词，他说："局势的发展，要求我们把第二次世界大战胜利时所建立的纽伦堡战犯审判法庭变成一个常设机构，以便随时把维护和平、反对战争的斗争进行下去。但现在证明，由于社会的非正义力量的猖獗，无论官方，还是非官方，都无力建设这样的机构。这是对我们这个时代的最大讽刺。"

罗素法庭判处美国犯了种族灭绝罪。萨特在《现代》杂志撰文《种族灭绝者》。

六十多岁的萨特，每天高强度工作十小时以上。大量服用兴奋药片科里特拉纳（一种苯丙胺类药片）。他写《辩证理性批判》就开始服用了。有时一天吞下二十片。

波伏瓦说："萨特与时间、死亡作筋疲力尽的赛跑。"

萨特称："好身体用来干什么？用来写《辩证理性批判》这类书……苯内胺使我的思维和写作十分敏捷，至少是正常速度的三倍。"

1971年萨特出版了研究福楼拜，长达两千多页的《家庭中的白痴》。

《圣徒谢奈》是20世纪20年代初，萨特应出版社的请求，为作家谢奈的作品集写的一篇序言，序言长达几十万字，它的影响力在其后的六七十年代达到高潮。谢奈是萨特和波伏瓦的朋友，是个典型的无赖，这个无赖却有考叶维式的面孔。他向波伏瓦借钱从来不还。他出尔反尔，冷酷无情，反复无常……

"谢奈毫不掩饰他对这个社会的极度绝望，因此，他无视一切道德，他搞鸡奸，偷盗，干尽人间所痛斥的恶事；他无法无天，向社会和道德挑战，而与此同时，又常常发表令人信服的深刻哲学思想。"

萨特宣称："谢奈是我们这个时代的一位英雄。"

他解释说："谢奈是在极端不利的社会环境下敢于并成功地做出了人家对付他而做的事情，这叫'反其道而行之'。"

谢奈把自己变身为恶，而萨特称他"圣徒"。既然正义不足以抗衡不义，既然善的力量不足以对付恶，那就以恶报恶，把恶的深渊测出来。波德莱尔的《恶之花》，达达派，野兽派，荒诞派，号叫派，黑色幽默，垮掉的一代，迷惘的一代，所有这些都写进了文学史和艺术史，融入西方社会的文化传承。历史是一台巨型搅拌机。

萨特跟阿隆论战，跟纪德论战，跟福柯论战，跟新崛起的结构主义大师施特劳斯论战……他试图把存在主义、精神分析同马克思主义结合起来。他屡屡上街游行，亲自叫卖《人民事业报》，为底层呐喊，为保护法国左派而与政府抗争。他与福柯深入矿区，为悲惨的煤矿工人奔走呼号……

萨特说："我有一个敌人：资产阶级读者。我是为他而写作的。"

1965年，萨特正式把阿莱特收为养女。阿莱特是一个女大学生，美丽，聪明，善解人意。1957年她到巴黎来找萨特，学哲学，兼做萨特的生活秘书。《波伏瓦传》中写道："五十五岁的萨特倾心于十七岁的阿莱特。"阿莱特在萨特身边待了二十三年，直到萨特去世。

而波伏瓦与小她三十五岁的西尔维也形影不离，她们畅游了美国和欧洲。

波伏瓦撰文称："与社会非常和谐的人没有爱情。"换言之，爱情意味着反抗束缚。这种束缚也包括金钱对爱情的绑架。

波伏瓦写道："我和一些妇女一直保持着深厚友谊，这些友情充满爱抚和温馨……女人不应当再单一地被男人的欲望所制约。当今任何一个女人都或多或少有同性恋倾向，女人比男人更能激起人的情欲。她们更娇丽，更温柔，她们的皮肤让人看起来更舒服。"

波伏瓦说："1962年我曾经错误地认为，我的生活中不会再发生什么重要的事了，但想不到好运又从天降，落到我的头上。"她是指西尔维。她说："我与她息息相通，情投意合。她融入了我的生活，就像我融入她的生活一样。我们读同样的书，一起去看戏，一起远行……"

西尔维与波伏瓦相亲相爱二十余年，直到波伏瓦去世。

波伏瓦的最后一本书《了结一切》题献给西尔维。

1975年，记者在访谈结束时问萨特："总之，迄今为止，生活对于你是美好的？"

萨特感慨道："总的说来是好的。我看不出我有什么要责怪它的地方。生活给了我想要的东西，同时它又让我认识到这一切没多大意思。不过你又有什么办法呢？"

最后这番声明看破一切的调子引起哈哈大笑，谈话就此结束。

萨特补充说："应当保持笑的能力。你要加上：'伴随着笑声'。"

五十年来高强度的工作，使萨特付出了健康的代价，铁打的身体交给数千万字的作品和无数的介入，行动，反抗。这个男人生命中的一秒钟，胜过常人的几分钟。哦，或许远远不止。他进入法兰西不朽人物的行列。

1980年他接受采访说："我们不是完整的人。我们正在为确立人的关系和人的定义而努力挣扎……我们处在前期，我们应该是人或者我们的后来者应该是人，我们正趋向这个目标。我们把人道主义作为我们身上最好的东西来体验，就是说把它作为我们为超过我们自己，为抵达人的圈子而做的努力。这样，我们就能通过我们最好的行为来预告人的出现。"

这一年4月15日，让·保尔·萨特去世，享年七十五岁。

消息一传出，法国各界强烈震动。许多国家的报刊、电视台第一时间发布新闻，萨特的大幅照片让不同国度和肤色的人久久凝视。法国总统德斯坦说："萨特去世，就好像我们这个时代陨落了一颗明亮的智慧之星那样。"

法国总理巴尔说："萨特是当今时代最伟大的哲学家。"

"无论是德斯坦，还是巴尔，都曾经受到萨特生前激烈的、无情的、不停的批评，然而，萨特的这些对手们，都不得不承认萨特伟大的哲学贡献和历史功绩。"

法国著名哲学家、社会学家爱德加·莫林说："萨特毕生的探索是为了保护受压迫的人，与特权阶级无关；是为了求得团结，没有妄自尊大的孤独；

是为了寻找历史的现身说法，没有抽象的理念；是为了采取有效的行动，没有滔滔不绝的宣言。唯其如此，他在漫长的道路上看到了革命思想的全部问题和变化。"

意大利作家莫拉维亚认为："人们感到，萨特比其他任何思想家都更全面地代表了欧洲的知识分子。"

至少六万人自发参加了萨特的葬礼，其中包括法国总统德斯坦。"灵车到达蒙巴那斯公墓时，公墓内外早已是人山人海。如此感人的场面乃是上世纪的伟大作家维克多·雨果逝世以来从未有过的。"

法国评论家德尔贝斯写道："本世纪没有任何一个法国知识分子，任何一个诺贝尔奖获得者（萨特拒绝加入这个行列），产生过像萨特那样深刻、久远和广大的影响。"

萨特被誉为"20世纪人类的良心"。

"萨特弥留之际，他抓住波伏瓦的手臂，嗫嚅道：'我非常爱你，我的小海狸。'……波伏瓦俯身亲吻他的嘴唇，半个多世纪亲吻过千万次的嘴唇。当晚9点，萨特与世长辞。波伏瓦后来回忆：'我钻进被单躺在他身边，护士拦着我，说：别这样，当心溃疡！我在萨特旁边躺了下来。5点钟护士们来了，她们把床单和罩布盖在萨特身上，把他抬走了。'"

从晚上9点到次日凌晨5点，波伏瓦在萨特的遗体旁躺了八个小时。她想些什么呢？这个与她同床共枕的、不再张开口的男人曾经说过："我们互相理解。除波伏瓦以外，我从未对任何人谈论过我的思想。使我和波伏瓦联系在一起的、唯一的关系，是最美好、最高尚的关系。"

萨特患病的两三年间，波伏瓦事无巨细地操劳，她的身子也拖垮了。

1986年4月，西蒙娜·德·波伏瓦去世，享年七十九岁。

海德格尔
HEIDEGGER

人类精神的探险者，生活哲学的大师

人在大地之上，人在天空之下。

—— 海德格尔

写下这一题目，我真不知道自己能够写些什么。三十多年来，我像蜗牛般爬着西方哲学之山，特别是海德格尔这座巍峨大山。而令人沮丧的是，山有多高我永远不清楚，只不过在攀爬的过程中回望山下，巡视周遭，对高度、开阔度和细腻度有感觉而已。

当年德里达来中国访问时讲过一句话："中国历史上并没有严格意义上的哲学。"

《存在与时间》是海德格尔的前期代表作，译者陈嘉映教授在《〈存在与时间〉读本》的序言中写道："这部书思想极深刻，内容也极丰富，有教养的人都读一读才好。"

海德格尔首创的生存论阐释，放之四海而皆准，放之古今而皆准，它对所有愿意思考的人都有帮助。

亚里士多德："缺乏反思的生活是没有价值的生活。"

海德格尔："人活着，总会有某种哲思。"

写作会激活感觉，延伸思考，强化情绪，这话意味着，一旦动笔，我就会得到比我付出的更多。这也是我敢于提笔写哲学大师的主要支撑。

2013年，我在《品中国文人》第4卷的后记中写道："书房里也蹦蹦跳跳，仿佛角落里和阳台上也安装了思维弹射器，情绪加热器，信息处理器。我的那些弹出去的思绪散落在四十篇文字当中，也许不无思的气息吧。"

海德格尔于1976年去世，享年八十七岁。他的老师、现象学创始人胡塞尔亦长寿，他的弟子、百科全书式人物伽达默尔活了一百零二岁，他的另一个学生、至今健在的德国国宝级人物哈贝马斯，今年（2019）也超过九十岁了。中国古代的思想家庄子、孟子都享年八十四岁，墨子九十岁左右，老子一百岁以上。

哲学家、思想家们大抵长寿，什么原因呢？答曰：超脱。

超脱是什么意思？"毋必，毋固。"活得不沾，不滞，不执，始终保持生命的轻盈与灵动。这当然很难，非常之难。孔夫子晚年自嘲像一只丧家犬，却又"申申如也，夭夭如也"（舒展惬意貌）。庄子长居陋巷，吃个半饱就逍遥了。陶渊明"登高赋新诗，有酒斟酌之"，即使饿着肚子，也是佳作纷呈，为唐宋六百年的读书人所共仰。据袁行霈先生考证，陶渊明活了七十六岁。

海德格尔是足球队员，是木匠和园丁，是山地滑雪的高手，穿戴像农民，像个野小子，尽管那个时候他已是德国大学的知名教授。1928年，这位三十九岁的"秘密哲学之王"，裹一身凛冽寒气冲下雪山，跟一头银发的汉堡大学校长、《人论》的作者卡西尔展开举世瞩目的哲学辩论，各国记者蜂拥而去。当时卡西尔夫人担心海德格尔会把她丈夫的哲学"就地消灭"。事实上两位大师很友好。萨弗兰斯基在《海德格尔传》中证实："八十六岁高龄的海德格尔依然思维敏捷，视野开阔。"

"生存敞开"是海氏哲学的关键术语之一。反之曰遮蔽。遮蔽是固化的同义词。有遮蔽就会有解蔽，有固化就会有疏松。

1889年9月26日，马丁·海德格尔生于德国巴登州的麦氏教堂镇，父亲是箍桶匠兼教堂司事。麦氏教堂镇坐落在博登湖、施瓦本山和多瑙河之间。小镇有两千居民，主要是手工业者和农民，镇上有酒坊、纺线作坊和牛奶场，有学校、电报所、法院、火车站以及城堡管理站。海德格尔在麦氏教堂镇度过童年，田野、河流、广场和教堂的钟声充盈在记忆中。他摆弄父亲的钉锤、锯子并乐此不疲，由此延伸到其他手工业者的劳动工具。后来他亲手建造托特瑙山上的著名木屋，那是一块冲向全世界的思想高地。

小马丁的母亲性情开朗，常常说："生活是如此美好，人们只须为此高兴。" 她一生劳动并热爱劳动，留给人们的印象，总是系着围裙，裹着头巾。

小马丁是镇上初级人民小学的天才儿童，毕业后，由天主教会资助，到康斯坦茨市的教会中学读书。这是一所培养牧师接班人的学校。1906年，十七岁的马丁转到弗莱堡的圣·乔治学校继续学习，由另一个基金会主动资助，条件是，马丁念完弗莱堡中学后要上著名的弗莱堡大学。

弗莱堡是德国南部的一座小城，靠近黑森林，美得像童话。"高大的哥特式教堂高耸于城市上空，数不清的小巷从四面八方通向大教堂，其中有些小巷还有清渠潺潺，它们看上去像从教堂里放射出来一样。"19世纪初，有人在写给歌德的一封信中说："关于弗莱堡我可以给你写一本书，这是最美的地方，一切古老的东西都受到珍视和保护，简直美极了。每条小巷都有清澈见底的小溪相伴……到处都是葡萄架，古城堡墙上布满了葡萄蔓。"

1909年，弗莱堡中学校长给海德格尔写毕业评语："有天赋，很勤奋，品行端正。性格已趋成熟。爱好德国文学。"那一年海氏二十岁。

海氏回忆说："高中七年级的数学课上，大量的数学解题练习引导我转入理论学习，对这个学科的偏好，进一步发展成对实际事物的兴趣，并开始对物理学发生兴趣。在宗教课的引导下，我阅读了生物进化论的大量文献。毕业班上我最重视的是关于柏拉图的课程。"

弗莱堡的神学家卡尔·布莱克是海德格尔的导师，"布莱克认为，现实是一个永远不会枯竭的秘密，我们都是这个秘密的一部分，被这个秘密包围。而现代文明缺乏对这个秘密应有的尊重。如果人类飞扬跋扈地把自己置于现实中心，那么他同真理之间，最终只会剩下一种实用性的关系"。

何谓现实呢？高瞻远瞩的人与鼠目寸光者有相同的现实吗？对屈原来说，神灵是现实的。对李白来说，山脉和鬼神是现实的。对20世纪七八十年代的中国人来说，理想是现实的，人人眼中闪烁着未来。1955年萨特携波伏瓦访问中国，讲过一句很有意思的话："中国最直接的现实是未来。"

现实会产生位移。对网瘾患者来说，现实就是瘾头，动态性收缩的瘾头。

对那些耽溺于牌瘾的人来说，现实收缩到一张牌桌。

当现实向瘾头收缩的时候，生存就不会敞开，人的潜能就会封闭。以前我不太明白《存在与时间》这样的哲学大著，为何专门讨论"瘾头"，后来渐渐懂得，人的无聊与刺激的循环，正是由于看不见的瘾头，摆不脱的瘾头。人是所谓的"氛围动物"，很难撞破这个铁瘾头。陷于水泥森林和信息海洋的个体，随波逐流是常态，赢得生命饱满、生活丰富、生存，密度更高的概率小。

囿于水泥屋子的人注定会无聊，无聊生浮躁，浮躁生盲动。小狗失掉户外的奔跑蹦跳会抑郁。圈养鸡不快乐，它生长太快，所以它的肉就不如"走地鸡"（饲料工业催生的词）好吃。不知道将来的科技，能否测量圈养鸡与走地鸡的快乐占比；能否在人的血管中植入某些微芯片，一按某个开关，人就沉思如康德，启动另一个开关人就嬉皮笑脸，像某喜剧演员。

读海氏哲学让我意识到，娱乐化会滋生更多的娱乐化，拆毁正大庄严，量产嬉皮笑脸，日益朝着"生命的阴暗麇集"。

海氏说："人在大地之上，人在天空之下。"

同时拥有大地的神秘广袤和天空的诸神在场，方能赢得本真性生存。

伟大的人类迫切需要重新建立渺小意识、卑微意识，意识到人在浩瀚宇宙中永远微不足道，否则，人就要向自然界大举进攻。

青年海德格尔受益于布伦塔诺的著作，《论亚里士多德关于存在概念的多义性》这本书力求解决上帝存在的形式问题。如果有上帝的话，这个"有"是什么意思？它是我们头脑中的表象吗？它作为最高的存在、作为世界的整体，存在于外在的世界之中吗？"布伦塔诺发现，在主观表象和物体的自身存在之间，还有一个第三者：意向性对象。他认为，表象不是某种纯内在的物，表象总是对某某内容的表象……这样，布伦塔诺便制作出一个独立的世界，这是一种处于传统主—客体之间的世界。"

布伦塔诺是现象学奠基人胡塞尔的老师。海德格尔经由前者接触到后者，他从大学图书馆借到了一本出版于1900年的《逻辑研究》，在他的书桌上一放就是两年。时隔五十年后，他写道："胡塞尔的著作对我的触动是如此之大，以至于此后许多年中，我经常反复阅读它……一种魔力由这本书出发，一直延伸到版心和封面之外。"

胡塞尔："意识总是对某物的意识。"仅凭一个短句，就拆解了心物二元论。意识产生之时，包括物质在内的意识对象已在其中，没有内外之别，没有主客观之分。意识没有什么内部的东西，它本身就是"外部的"。如果钻入意识中心，就会发现，我们又重新置于外部的各种事物之中。

换言之，意识并非内向于自身，而是外向于它所意识到的东西。

萨弗兰斯基："胡塞尔这种对意识过程的关注，一举克服了本质与现象的二元论。"本质并不是隐藏在现象背后的东西。一切意识的对象都是现象。换言之，都是显象。事物有显现自身的方式，古希腊哲学家把事物的自身显现称为在场。现象学训练让意识与在场相遇，先要把一切观点、判断悬置起来。

"回到事物本身"是现象学运动的纲领性口号，但回到事物本身的过程极为艰难，需要不断地把大脑"清空"。而这种自我清空的能力，近乎两次在同一地点踏入同一条河流。意识流就像那条河。当你捉住它的时候，它已经不是它了。

"本来无一物，何处惹尘埃？"

《道德经》中有："玄之又玄，众妙之门。"

本文无力去敲开现象学那扇众妙之门，谈一些感悟还是可以的。我曾经把海氏的《演讲与论文集》送给国内几位学养深厚的作家，他们坦诚表示很难读懂。《论语》中说："知之为知之，不知为不知，是知也。"西方人有句老话："我知道我不知道。"而时下的文坛与学界，弥漫着旷日持久的功利心。

汉语经典中，"一言以蔽之"的东西太多。现象学以"大钞换零票"的方式贴近事物，对习惯用大词概括事物的汉语思维者肯定有帮助。

1911年，海德格尔在弗莱堡大学学自然科学，主攻数学和物理学，同时经由神学向逻辑学的领域进军。1913年以最优异的成绩获得博士学位。

胡塞尔和英国的罗素、怀特海都是数学家。海德格尔的朋友海森堡是"测不准原理"的发现者。一流的哲学家都具备很好的科学素养，反之亦然。

海德格尔博士论文的题目是《心理主义的判断问题》。心理活动是在时间中进行的，它需要时间。而思想活动的逻辑内容却独立于时间。

"逻辑的东西是一种静态现象，处于一切发展和变化的彼岸，既不生成，也不出现，它只是有效。它是某种可以被从事判断的主体把握的东西，但是，它绝不会由于这种把握而产生些许改变。"

"静态的逻辑，必然会同时间性的、动态的、不断变化的现实性形成一种张力。"年轻的逻辑学家海德格尔，致力于研究"数概念的本质"，对当时流行的"生活哲学"不屑一顾。他在一篇文章中写道："哲学，应该是真理的永恒物之镜。然而，当今的哲学却只知道重复反思各种主观意见、个人情绪。反理智主义使哲学变成了'体验'，人人都成了印象派。"

海德格尔的导师、新康德主义弗莱堡学派的重要代表李凯尔特批评生活哲学："作为研究者，我们必须用概念来掌握生活，将它固定化，因此我们必须从纯粹的、活生生的生活躁动中走出来，到系统的世界秩序中去。"

生活哲学足以囊括一切：诸如灵魂、精神、自然、存在、艺术、动力和创造力等。生活是可能性的汪洋大海，它难以预测，有时候充满了惊涛骇浪。

《海德格尔传》："1914年以前，生活哲学的伟大先驱是尼采、狄尔泰、柏格森和舍勒……尼采的生活哲学，把'人生'从19世纪晚期决定论的束身衣中解放出来，把本来就属于生活的自由还给了生活。"

柏格森的《创造性进化》出版后，立刻在欧洲引起了轰动，马克斯·舍勒撰文说："目前，文化界到处都在喊着柏格森的名字，以至于使听觉敏锐的人怀疑，柏格森的书是否真的值得一读。"

舍勒表示，柏格森的书还是值得一读的，在这种哲学中，表达了一种人对世界和灵魂的全新态度。柏格森发现了心理时间，不同于牛顿式的均匀流动的物理时间。后来，柏格森与爱因斯坦关于时间的争论，引起学界广泛关注。心理时间的特征是绵延，它是非匀速的、异质性的，念头、意志和情绪都会影响

它的流速，比如白驹过隙或度日如年。

生命冲动是柏格森的另一个哲学概念，他举例说，生物在进化出眼睛以前一定有一种"看的冲动"，正是这种隐秘的生命冲动催生了视觉器官。冲动可能长达百万年，冲动本身不可能成为任何科学仪器的测量对象。

同期亮相的还有弗洛伊德的潜意识学说，也是一首生活哲学的宏大交响曲。几乎所有的人文学科、文学艺术流派都受到生活哲学的影响，产生了无数经典。生活哲学对人类生活的影响力，在目前看，殊难估量。

舍勒写道："世界观的改造就发生在我们眼前，它像一个长年囚禁在阴暗牢房的人第一次走进鲜花盛开的花园一样。这座牢房就是人类生活环境和它的文明，它一直被那种纯机械的东西或能够加以机械化的东西服务的理智包围着。"

生活哲学要解构工业文明带给人类的各种异化。解构异化的前提是辨认形形色色的异化。

二十几岁的海德格尔对这些事漠不关心，他关心的是纯逻辑，是数概念的本质。他立于不变之中，仿佛他是不变本身，是纯逻辑与数概念本质的化身。另外他关心弗莱堡大学的教席职位。他埋头研究中世纪的经院哲学，在邓·司各特的哲学中发现了现象学的雏形。

1917 年婚礼早晨的埃尔福丽德

第一次世界大战爆发后，海德格尔于1914年8月应征入伍，两个月后由于心脏病返回了麦氏教堂镇，继续从事学术研究。包括舍勒在内的哲学家们为战争欢呼，舍勒在《战争守护神》一书中写道："只有战争能测量出人类本性的范围和幅度。人类在战争中认识到他的整体的伟大和渺小。"

《海德格尔传》："一些哲学家认为，战争使创造力重新获得了解放，在漫长的和平时期，它几为僵死。他们欢呼战争的自然暴力。他们说，文化终于又同基础发生了接触。基克尔（德国法学家）认为，战争，是一切文化最残暴的摧毁者，又是文化最强有力的创造者。"

海德格尔对这些战争议论听而不闻，他硕大的脑袋依然在寻找永恒。

1915年秋，海德格尔跟一位海关官员的女儿订婚，由于对方患有很重的病，次年夏天他们解除了婚约。他的朋友拉斯罗威斯基认为这是一个重大事件，写信对他说："我看到，你一天天成长起来了，一直长到如此高大，超出了'爱情'和'幸福'繁衍的疆域，我早已看到，你一定会走向你的目的地。在这个目的地，爱情必然会冻僵！"

不过，在奔向宏伟目标的过程中，爱情并未冻僵。1916年，海德格尔同一位高级军官的女儿埃尔福丽德订了婚。那位朋友写信苦劝："我请求你，一定要慎重！我真的对你十分担心，特别是在这种异常重大的问题上。"

劝天才朋友不结婚，在西方特别是德国并不罕见。当尼采考虑婚姻时，也有人提醒他不要进入琐碎的家庭生活。斯宾诺莎、康德都是终身未娶。

1917年，海德格尔成为胡塞尔的私人助教。这是德国哲学界引人瞩目的一件事。胡塞尔的声誉如日中天。他的学派的两个大本营，原是在哥廷根和慕尼黑，后来他迁至弗莱堡，学生们从各地拥向弗莱堡。这一年9月，胡塞尔写信给海德格尔："十分乐意就我之所能支持你的工作。"此间，海德格尔再次应征入伍，在部队当一名气象兵，工作清闲，有大量时间继续他的科学研究。

数学家胡塞尔发现，数学也需要另外的东西做基础，于是他转向了哲学。根本性，确定性，奠基性，是胡塞尔一生的追求。"现象学的研究表明，我们的感觉和思想所走的道路，与我们通常想象的完全不同。"

法国现象学家梅洛·庞蒂说："从原本意义上讲，意识既非主体，也非客体。"

萨弗兰斯基写道："思维活动、感觉活动是一个过程，它处于由许许多多早已被遗忘的行为构成的意识流中，一种基本的反思活动，即只有对意识的意识，才能作出分隔。"

胡塞尔不赞成以自然的态度对待生活，这令人联想到黑格尔的名言："哲学就是反常识。"持续的反思会减少遮蔽，察觉固化，赢得生存的相对灵动。

"意识就是意识到的一切：意愿消融在所意愿的内容中，思维消融在所思的内容中，感觉消融在所感的内容中。"

但是，精确性和稳定性能够建立在意识流之上吗？这是胡塞尔面临的最大难题。这好比在流沙上盖房子，在流水中做标记。他一生留下四万张手稿。后期他发明"先验自我"，又回到传统哲学的主观性当中去了。"刚刚被解构的自我，现在又像笛卡儿传统一样，成了确定性的'最高当局'。"

海德格尔正是在这个意义上对他的老师展开批判。

1925年，海德格尔在马堡大学的讲稿《时间概念史》中提到，现象学观察事物的角度使他走上自己的道路。书中还明确表示，为了前进，他必须超越胡塞尔现象学的界限。

《海德格尔全集》中有："单纯地去观察，抓住看到的东西不放，而不要问我们拿它怎么办。现象学要求的无偏袒性的、纯事物性是最难达到的，因为矫揉造作、谎言和他人的议论构成了人类生存的基本要素。"

1917年和1918年，身在前线的海德格尔几乎不关注战事，写信只是说："去前线的旅行棒极了。"萨弗兰斯基写道："马丁·海德格尔发现了新的兴奋点。使他兴奋的不是战争本身，而是这场灾难把一切焚毁之后留下的东西；使他兴奋的不是那胜利的磨炼，而是由失败带来的大清洗。"

哲学青年海德格尔在信中称："精神和力量的信念，谁在它之中并为它而活着，他便永远不会在战争中处于败势。"

1918年11月，战争即将结束，海德格尔回到弗莱堡大学任教。

德国战败了，知识界沸腾了。斯宾格勒《西方的没落》一书，单是在德国，短期内就销售了六十万册。1919年初，马克斯·韦伯在慕尼黑做了一次演讲，这位将不久于人世的世界级大师，"面色极为苍白、疲惫，匆忙地穿过挤满听众的大厅，走向他的讲台"。演讲的题目是《从内在的使命到科学》。

演讲的核心是回答一个带有时代紧迫性的问题："在现代理性化文明的钢筋混凝土的房子里，如何使有意义的生活得到发展？"

韦伯的答案是："科学通过它在技术上的影响，从根本上改变了日常生活，并且在战争中证明，它内部蕴藏着多么巨大的摧毁力。科学已经成为我们的命运。然而，它向我们提出了敏感的问题，作为职业的科学，它的意义是什么？科学是通往存在之路、艺术之路、自然之路、幸福之路等等的正途吗？托尔斯泰给出了一个简单的回答：'科学是无意义的，因为，它不能回答对我们来说最有意义的问题：我们应该做什么？我们应该怎样生活？'科学不能回答这些问题，是无可辩驳的事实。"

这些问题是如此根本，今日依然令人焦虑。很多人急于活得像他人，而他人又是个"无其人"，在钢筋水泥之间，在网络的虚拟空间转来转去。人的有远古基因支持的户外冲动与潜能，生活的多重意蕴，受到抑制、打压、封闭。

马尔库塞表达焦虑的名著《单向度的人》，副题是："发达工业社会意识形态研究"。

人究竟是谁？人在什么地方出没？以少年儿童为例，大面积的"自然缺乏症""运动缺乏症""伙伴缺乏症"已经持续很多年了，而自然、运动与伙伴的价值乃是人类生活永恒的核心价值。举例来说，什么是风？树风，草风，山风，水风，沙风，旋风，熏风，卷地风，穿林风，麦田风，稻花香风，"袅袅兮秋风"，穿墙过门的窄窄风，魂牵梦萦的原野风……什么是雨？阵雨，暴雨，春雨，白雨，山雨，偏东雨，雷阵雨，"鬼雨洒秋草"，"无边丝雨细如愁"，"七八个星天外，两三点雨山前"……

每一种风都要吹进灵魂才好，每一场雨都要唤起周围世界之统觉才好。然而在感觉层面，下雨的丰富性正在收缩为单调的降水。人要爱自然，但在今天必须追问，什么是自然？爬树应是深埋在基因中的原始本能。但小孩子不爬树，对树的深切体验为零。各种各样的树，笔直的，弯曲的，奇形怪状的，引发联想、幻觉的……小孩子的四肢与树干、树枝、树叶纠缠在一起。高低错落的树枝仅仅是树枝吗？非也，非也，它显然比树枝更多，它可以是单双杠，可以是秋千架，可以是临水的天然跳台，可以是躺下来看书看云的妙处，可以是睡梦香喷喷的有弹性的枝丫床，可以是花香、鸟语、果甜、风送爽、阳光跳跃的无限幸福之所。

对于喜欢爬树的小孩子来说，他一眼看见的是单杠、双杠、跳台或秋千，而不是某种树的枝丫，不是伐木工人的劳动对象，不是树种的植物学分类，不是囫囵呈现、打包出售的所谓旅游风景。

意识的定向直接来自他的"当下需求"。

当文明把小孩子嬉戏的身体与树隔开的时候，这种文明要打问号。

感觉层面的丰富性乃是一切生活质量的前提。笔者此言，重复一万次也不多。

现在让儿童经常爬树玩树不可能了，但是从婴儿期就把他们带到野外去，庶几是一种补偿。一定要想方设法补偿，赢得感觉的丰富，伏下身心的健全。

决不能让屏幕上的太阳取代天空中的太阳，不能让"宅着活"愈演愈烈。

互联网像是上帝对人类开的一个玩笑，同时测量人类的聪明与愚蠢，活力与僵化，强大与渺小，进化与退化。"网虫"一词很形象，它们密密麻麻。

世卫组织在全球主流科学家的研究基础上得出结论：网瘾是精神疾病。

瘾头是生存的收缩，而相反的状态是生存敞开，举风景为例。

风景如何作为风景呈现呢？一朵花如何向人们显现为一朵花？从小盯花，惊奇花，闻花，摘花，护花，忧花，怨花，养花，寻花，吃花，揉碎花瓣，"嚼花啖蕊"，扑蝶捉蜜蜂，追鸟钻荆棘，"朝饮木兰之坠露兮，夕餐秋菊之落英"。

一草一木成为小孩子的切身体验，包括刺破肌肤的疼痛与惊慌。

人在野地的疯玩中与旷野浑然一体，"天人合一"，"物我两忘"，对象性思维根本没有滋生的土壤。这时候，风景才得以在心灵萌动，发芽，扎根，在未来的时光才得以美妙呈现，闪烁着记忆，关乎了情感，诉诸长久的思念。它不是现代旅游意义上的抒情兮兮的所谓观赏。观光旅游乃是走马观花、蜻蜓点水的同义词，这样收获的风景，只不过是眼珠子的对应物。

目光所及之处，每一朵花都会自动封闭。对象性思维看不见它的意蕴层，所以，海德格尔断言："西方思想从来没有让一朵鲜花绽放。"

现代旅游首先是一个经济学词汇——旅游者被旅游业精确算计。而眼下涌现的各类深度游、个性游、穷游，正在反抗这种算计，偏离或背向这种算计。

从长远看，人类祖先远古时期的野性基因，会从各个方向对现代理性发起冲击，对"祛魅"（马克斯·韦伯）的理性世界加以"返魅"再平衡。

当第一次世界大战后德国各大城市到处上演"世界观大合唱"的时候，三十岁的青年哲学讲师海德格尔，把他的现象学目光对准了事物的原初性。他在课堂上讲的下面这段话，是欧美学界津津乐道的现象学经典描述，勒维特、伽达默尔等未来的文化巨匠，当时作为学生，眼巴巴望着面无表情的老师。

海氏讲道："诸位按习惯的时间，习惯地走进课堂，坐到诸位习惯的位置上去。诸位牢牢记住这个'看见自己位置'的体验。诸位也可以实施我的态度，走进讲堂，看到讲台……'我'看到的是什么呢？切割得方方正正的棕色平台？不是，我看到的是另外的东西。是一种由小木箱组成的大木箱吗？也不是。我看到的是我要向诸位讲课的讲台。在纯粹体验中，并没有人们所说的奠基活动的关联：我并不是先看见切割得方方正正的平面，然后进一步扩展，看到它们是许多方木盒，然后看到一个桌台，然后才看到一个可供科学演讲的讲台……所有这些都是把人引入歧途的解释，是对体验中的直接观审的扭曲。我是一下子就看见了讲台。我也不是孤立地看到它，我看它很高，很难站到上面去。我看到上面放一本书，直接对我构成妨碍……我在定向中，在光线里，在背景中看到讲台。在看到讲台的体验中，一种来自周围世界的东西出现在我面前，它们并不是某种带有意义特征的事物，并非被把握为这个那个的对象。有意义的东西是作为最基本的东西，直接给予了我，对事物性特征进行把握的思想性曲折，尚未对它产生任何影响。对我来说，在生活世界中，到处都有意义。一切都是世界性的，世界世界着。"

世界世界着，是海德格尔前期哲学的关键术语之一。

世界每一秒钟都在变化，但这里不是指客观的变化。世界在意向中生生不息。而意志的强与弱，身体的好与坏，氛围的浓与淡，情绪的高涨、平稳、低落，包括季节与天气的差异，都是左右意向的因素。躺在床上想事儿和起床思考同一件事，差别明显，为什么？意志力变了。意志的起伏决定世界的起伏。

换言之，世界就是意志。

现象学早在数十年前，就已经广泛进入欧美的课堂。对意识的史无前例的研究，打开了人类的一扇窗口，很可能，这是一扇决定性的窗口。它又是永无止境的研究与探索。现象学训练，对事物原初地看，好比一条没有终点的林中路，现象学大师们留下他们的可供我辈仰望的模糊背影。也许再过一二百年，他们的背影会变得清晰起来。林中路太复杂了，海德格尔把自选集定名为《路标》。而1927年问世的《存在与时间》的最后一章，题目是："思到中途"。

有一点是毫无疑问的，训练从原初性上看，肯定会有收获，看待事物的眼光会不知不觉产生变化，探幽析微，慢慢学会大钞换零票。对中国人（汉语思维者）来说，有助于弥补大而化之、一言以蔽之的数千年的思维短板。现象学还原是一种无限的展开，是一条没有终点的道路，路上却不断有令人惊喜的新东西涌现。我写《圣贤传·庄子》时，脑中闪出一个短语：深入虚无之境，开出实有之花。

连宇宙的生成也是从无到有。据科学家们说，我们这个宇宙大爆炸前的奇点，只有一枚鸡蛋大小。其他一些宇宙的奇点或许只有针尖大，近于无。

"无"是谁呢？是上帝本身吗？上帝是一种不占广延的存在吗？

人是进化过程中的人，不可能具备终极理解力。不可能。

讲台世界着，世界世界着，世界着的世界保有它的多样性，这种多样性保障生活之意蕴层：一个对象具有丰富的"上手性"，而不是单一的"在手性"。这两个术语稍后谈。哲学概念难懂，是因为开端性的哲学大师是人类精神的拓荒者。

本文不敢有过多的玄思展开。玄之又玄，适可而止吧。

《海德格尔传》："理论性态度，不管它有多大用处，也不管它是否属于自然的世界态度的保留剧目，它们都是背离生活的。后来海德格尔也借用卢卡契的概念，把它叫作实物化。实物化是对原初性事物的强制圈定，是对周围事物的蒸馏。在实物性中，'它世界着'已经熄灭了，实物只是作为实物硬邦邦地在那里存在……意蕴性已被作了脱意义处理，最后只剩下残渣：实在。对周围世界的体验被作了脱生活的处理，最后只剩下残渣：对实在的东西的认识。"

理论性态度用下列方式对待讲台："它是棕色的，棕色是一种颜色，颜色是真正的感知性数据，感知性数据是心理或心理过程的产物，心理性的东西是第一原因。这种原因，这种客观的东西是一定数量的以太波。以太裂变为简单的元素，在简单元素之间存在着简明的规律性。元素是最终的东西，元素是某种最基本的东西。"

在这种自然科学的理论态度看来，原子或亚原子才是"真正的存在"。海德格尔批评海森堡不知真正的存在为何物。另外，经济学们从未在大哲学家的视野中占据特殊地位。哲学家关注的是人类整体活动。

现象学视野和自然科学视野，在胡塞尔与海德格尔的学说中亮出了分界线。

胡塞尔创立"生活世界现象学"，就是要打破科学技术造成的"贫乏世界"；海德格尔致力于破除对象性思维，克服算计型思维，重新建立生活与技术的平衡，为人类生存奠基，维护生活之意蕴层。

在《技术的追问》一文中，海氏写道："技术也是解蔽。"

而技术的突飞猛进，在带来物质过剩的同时，又导致生活世界更多的遮蔽，或曰异化。20世纪中叶以后，海德格尔进一步展开他的技术批判。

海氏："技术本身朝着更高的技术。""技术既解蔽又遮蔽。"

他还有一句被广泛引用的话："很可能，在自然背向技术的那一面，恰好隐藏着自然的本质。"

自然资源有限，人类物欲无限。由于技术的急剧进步而消耗更多。据央视新闻，2015年6月6日，时任联合国秘书长潘基文强烈呼吁："人类消耗自然资源的速度，远远超过了地球可以持续提供资源的速度，改变目前的消费模式刻不容缓。"

2018年元旦，新一届联合国秘书长古特雷斯，罕见地以红色警报的方式致新年献辞：气候变化与核战争威胁着所有人。

1921年和次年的冬季学期，海德格尔讲授"亚里士多德哲学中的现象学"，同期开一门宗教现象学课程。海氏讲亚里士多德生平，只用了一句话："他出生，他工作，他死亡。"一个短语却作为标杆，长期引领欧洲学界的好风气，严防讲逸事、博眼球的歪风邪气，严防明星式的学者到处去登台亮相。后来他在托特瑙山上讲尼采，厚厚的两大本，汉译一千多页，严格限于阐释尼采哲学，涉及尼采的生平事迹几乎为零。《权利意志》一书的译者、复旦大学教授孙周兴先生感慨："这就是大师做派！"

"海德格尔从这一年开始穿着农民的便装上课……讲课变得十分事物性，十分冷静，几乎是技术性的。海德格尔以后若干年的典型风格第一次出现，在生存的热烈与保持距离的中立性之间，在概念的抽象性与情绪的具体性之间，在强烈吁求和描述性的距离感之间，构成了一种特殊的张力。"

"我们是这样生活的，但我们并不这样认识我们自己。我们在盲区内是我们自己。当我们想使自己透明时，则需要付出极大努力。海德格尔说：这种努力会'反弹到生活中去'。海德格尔的生活哲学，是一种反对生活的自发倾向的哲学。因此，它既可以十分冷静，同时又处在生存的激流之中。"

生活的自发倾向不好吗？它会形成哪些盲区？海氏为何要强调，我们在盲区内是我们自己？

日常生活中，人人都有盲区，反思的力量未必就能够减少盲点，说不定正相反：有些大学教授固化起来，可能他还不如不识字的老农，而且他还年复一年误人子弟。遗憾的是，这类例子眼下真不少。这使事情变得更复杂。不过，养成反思的习惯一般说来是好的，读几本有助于反思的好书，比如下功夫读《〈存在与时间〉读本》，这本书只有两百多页，却可能改变你看待事物的方式。读两遍读不懂，就读三遍五遍，十年八年去精读，带到生活中去领悟。

老农关切农事与人事，他的周围世界绝不单调。我十几岁的时候就有个感觉，农民的语言比工人丰富，一线工人的语言又比办公室里的干部丰富。干部的语言容易给人留下一种"脱生活化"的印象。田间地头，农事纷繁，节气多变，老农的感觉系统因应于他的劳动对象的多样性。他从早忙到晚，他操劳，操心，牵挂。他有劳动的欣悦，"平畴交远风，良苗亦怀新"，尽管他写不出这类句子，但感觉是有的。"常恐霜霰至，零落同草莽。"劳动者关心劳动成果，古今皆然。农具改进了，重活、累活、脏活减少了，他又儿孙满堂，在院子里每日饮几杯烧酒，抬眼便是星星月亮，龙门阵摆到天上去，爽朗的笑声隔十亩田都听得见。

百岁以上的老人，城里罕见，乡下多见。乡下的百岁老人几乎都在干农活。这个现象我观察了若干年。

老农为何长寿？因为他的生存是敞开的，他拥有许多"前现象学式"的日常领悟。感觉不单调，心情又开朗，一定程度的物质欠缺，反而使老农的生活更有盼头。一杯酒更像一杯酒，一盘菜更像一盘菜，一片天更像一片天。竹林院子小风吹拂，天宽地阔痛饮村酿，胜过都市豪宴上喝茅台酒。

越过温饱线以后，吃的精神附加值大于食物本身。这一点，要成为共识才好。

而有些大学教授的麻烦在于："脱生活化"的东西纷至沓来。若是应对不了，他就古板，呆头呆脑，被他研究的东西霸占；或是操着学术腔，怀揣功利心，追逐学术时尚，敏感于学院内外复杂的人际关系。

千年以降，"四书五经"制造的孔乙己式的酸儒、腐儒乃是滚滚大潮，为什么？汉语经典层层叠叠，容易束缚人的手脚，摇头晃脑晃到老。

19世纪西方的哲学研究，让异化这个概念登上了历史舞台。人被他所创造的对象控制，是谓异化。萨弗兰斯基描述："人类的自我发展就是人类的自我削弱……但海德格尔与传统（异化）思想的差别是有决定性意义的。关于异化的哲学，是以真正的自我形象为前提的，是以关于人的'理念'为前提的，可是海德格尔正是在这个'理念'身后画了一个大问号。我们从何处得到关于人的所谓真正的规定的知识呢？海德格尔猜测，这种知识背后在偷运神学的私货。"

1920年初，在胡塞尔家的一次聚会上，雅斯贝尔斯与海德格尔，互相小心翼翼地接近。雅斯贝尔斯比海德格尔大九岁，原本是医学精神病学的学术权威，几年后他退出了医学专业。"在有病与无病的边缘状态，使他清醒地认识到，在以自然科学为走向的心理学内部，是不可能使心理内容得到了解的。"他转向了哲学。1919年问世的《世界观的心理学》在学界反响强烈，使这位并不是哲学博士的学者，当上了海德堡大学的哲学教授。

1922年夏天，雅斯贝尔斯邀请海德格尔到海德堡大学做客，二人连日畅谈，思想对撞有如高能粒子。海氏返回弗莱堡后写信说："在您那里度过的那八天，一直同我形影不离……友谊迈着不动感情的、严肃的脚步走向我们。"

八天形影不离的友谊，又不动感情。这是说什么？哲学家的友谊必须是冷处理后的友谊，自然科学家也类似，否则脑子要发热，不利于共同探索。

年底，海德格尔为申请教授职位的论文《对亚里士多德的现象学解释》，在马堡大学获得相当好的评价。伽达默尔从马堡跑到弗莱堡去听海德格尔的课，不久，又跟随老师回到马堡大学。

马堡大学和哥廷根大学，同时邀请海德格尔担任哲学教授。海德格尔去了有四百年历史的马堡大学。马堡是一座小城，大学城，海德格尔从1923年到1928年待在此地。"在马堡没有什么社会生活，海德格尔从来不觉得社会生活有什么价值。"小城也是小人物坐井观天之城，是"小里小气的泡沫人物，为他们鸡零狗碎的小分歧而吹毛求疵、自我陶醉的最好场所"。

小城人物赢得大视野不是不可能，但一般说来，小城的生活走向圈定了思维上限。小镇赶集的农民，能够深刻理解田园诗祖陶渊明吗？农夫渔父意识不到他们的生活在田园诗中呈现的文化价值，为什么？缺少比较与反思。"少无适俗韵，性本爱丘山。误落尘网中，一去三十年。"农家子弟离开田园去拼搏名利场，才有可能发现迷失了本性，才会由衷喜爱丘山自然。李白"安能摧眉折腰事权贵，使我不得开心颜"，盖因他摧眉折腰的体验多。杜甫说："二年客东都，所历厌机巧。"洛阳的官场，花言巧语、机关算尽的人密密麻麻。蒲松龄去济南求仕，发现自己根本不喜欢城市。

走向官场与背向官场之间，有个"强对流张力区"。中国古代杰出文人，几乎无一例外活动于这个张力区，其间生风生雨，生雷电生虹霓；生文化大师，生艺术巨匠。笔者十几年前思及这一层。

"秘密的哲学之王"马丁·海德格尔，让马堡大学的哲学权威哈特曼教授如临大敌。哈特曼有一个精英圈子，每天从下午开始，围绕他热烈讨论，直到深夜才散。伽达默尔在《学习哲学的日子》一书中写道："海德格尔来到马堡以后，把他的课定在从早晨七点就开始，仅此一点，矛盾就不可避免了：下午去参加哈特曼的持续到深夜的讨论，几无可能。"

伽达默尔一直是哈特曼引以为傲的学生，却转移到海德格尔的课堂。"教室里挤进了一百五十人。"连过道上也坐满学生。

夏日里的哲学之王，穿一身粗布山民装，打着绑腿来到教室。伽达默尔形容："这是一个农民逢年过节时的打扮。"后来，这套山民装在欧美学界广为人知。思想的原创性与服装的朴实性同构。

"尽管海德格尔的讲课中到处体现着令人敬畏的博学多才，但人们清楚地感觉到，博学与否对他无所谓。他十分轻松地处理他所掌握的无限丰富的材料。"

熊伟教授是唯一听过海氏讲课的中国人，他的印象是："海德格尔上课不是简单地传授知识，而是启人思。"《存在与时间》的译者陈嘉映是熊伟的弟子，为理解这本书，他花了十年心血。顺便提一句，《存在与时间》在日本有七个译本。

讲课的最高境界就是启人思，海德格尔掌握的无限丰富的知识，只是思之喷射器的千万个零部件，那扑向思的决定性的一跃，是开端性的，原创性的，高于所有零部件之精确总装，并且，在陌生的新大陆上持续挺进。冷静与激情共属一体。思之气流有如天风海雨逼人。伽达默尔后来成为欧美屈指可数的、百科全书式的人物，解释学的创始人。马尔库塞成为法兰克福派的灵魂人物。"让基督教起死回生"的大神学家布尔特曼，与海德格尔建立起恒久的友谊，但两个大师的思想关系并不平等，"海德格尔并没有像布尔特曼受他影响那样受到布尔特曼的影响"。类似的思想不对等，也发生在海德格尔与雅斯贝尔斯之间，后者对前者的关注，明显多于前者对后者的关注。雅斯贝尔斯直到临终前，桌上还放着他的关于海德格尔的笔记。福柯说，他自己阅读海德格尔的读书笔记堆得像一座山。鼎鼎大名的萨特、庞蒂、德里达、列维纳斯、考叶维，都是海德格尔的强有力的追随者。现代法国哲学家用德语思考，起于《存在与时间》。

海德格尔在马堡的其他学生，例如奥斯卡、贝尔克、考夫曼、约纳斯等人，也都成为世界知名的哲学家。"他们当时就把海德格尔看作秘密哲学之王。"

一个马堡大学的学生描述："海德格尔用中等声音说话，不用提纲。在语流中带着一种特殊的智慧……这位讲授本体论的演讲者，给人的印象更像是：一位站在时代巨轮指挥楼上的舰队司令，指挥着随时面临移动冰山威胁的巨型舰队。"

"巨型舰队司令"海德格尔，并不命令他的舰队驶向平稳的海面，而是驶向移动的危险冰川，冲进无边无际的惊涛骇浪。哲学不是追求确定性和稳定性，恰恰相反，它要打碎这些东西。生存的每一朵浪花都是哲学家要去捕捉的对象，而出现的每一朵浪花也只是表面上相似。

研究意识的现象学，研究潜意识的精神分析学，研究社会经济的西方马克思主义，乃是20世纪欧洲大陆最具影响力的三大潮流，有一些学者试图找到三大潮流之间的内在联系。迄今为止，《资本论》已畅销一百五十余年。海德格尔以及稍后的法国哲学家萨特，对马克思的评价非常高。

穿山民装的哲学国王、舰队司令海德格尔，在托特瑙山上亲手建了一座三十多平方米的木屋，他像父亲一样伐木、扛木、改木，挥舞着称手的锤子和锋利的钢锯。马堡距托特瑙山的木屋不太远，学生们去做客，和老师一起远足，带着民族乐器，沿途唱歌或是交谈。圣诞节，海德格尔夫人亲自为学生烤蛋糕，由圣诞老人分赠礼物。冬至或夏至，师生们按传统习俗把车轮裹上干草，点燃后滚下山去。这叫放火轮。师生们跑到山峰上，一齐大喊大叫。夜里在木屋前的篝火旁团团围坐，饮酒，吃香肠，倾听老师讲古希腊，讲亚里士多德，讲巴门尼德。

老师的开场白："在深夜的篝火旁保持清醒……"

《本体论讲义》被称为《存在与时间》的雏形。海德格尔把这门课从弗莱

海德格尔的山中小屋

堡带到马堡。"哲学的对象就是人类的此在。"

"此在",是海氏哲学的关键术语,标示人的存在,区别于物的存在。"此",显现生存的时间性,或曰流动性。流动性标示了可能性。人的存在是个动词。自古希腊以来,人们一直在追问"存在特征",萨弗兰斯基写道:"分子的特征不就是组成它的元素、它的化学反应形式以及组织的功能吗?动物的存在特征难道不是在解剖中、在它的行为中、在它们的进化中发现的那些东西吗?……自康德以来,科学也十分清楚,必须使用不同的方法去接近不同的对象。只要把人看作比自然丰富的,即把人看作从事文化创造亦即从事自身创造的实体,那么,这一点对于自然和人类这两个世界都特别重要。"

新康德主义者文德尔班指出:"自然科学的目标是获得普遍规律。文化创造的目标是了解个体之间的关系。"

李凯尔特说:"自然科学研究的是实际情况。文化科学研究价值关系。"

在海德格尔看来,这两种表述都太不彻底了。"哲学提问的基本方向不是针对被问及的对象,不是要对现实生活从外部加以描画,加以分解,而是要把它理解为:对现实生活的基本运动性所进行的清晰把握。"

换言之,要进入现实生活的内部。

如何进入生活内部?简言之,就是把握生活的运作意义。

"爱情只显示于爱情中，上帝只显现在信仰中。"

海德格尔引用亚里士多德"对现实生活的基本运动性进行清晰的把握"这句话是生存论阐释的重中之重。生存是一种实存，不同于动植物的实存，生存有一种和自身的关系，自己引领自己的关系。

"人生此在只有从它的运作意义出发，才可能得到理解。但我并不是要像对待一件手头现成的对象那样，把它摆在我的面前。在海德格尔眼前飘浮的关于人生此在的哲学，于《存在与时间》成书几年前，已经被他勾勒出大致轮廓。"

现象学的原则是："让事物自己把自己显现出来。"

海德格尔在《本体论讲义》中谈道："哲学最极端的可能性，是人生此在对于自身的清醒的存在。要切断逃往所谓稳定性的道路……让人们看到，所有所谓持久的、确证的、约束性的东西，都无非是某种装饰，都是人生此在自己给自己戴上的假面具。"

人类需要这些面具，所以才会制作它并戴上它。但是同样需要有人揭下面具，从尼采、胡塞尔到海德格尔，都是摘面具的巨人。

对稳定性的追求和打破稳定性，二者看上去都有充足的理由。

追求宏大体系的黑格尔哲学，在它的发展过程中发现了"二律背反"。

年轻的秘密哲学之王，同样面临生活中的具体事件，例如正教授的教席。狄尔泰的女婿、马堡大学教授米施写道："海德格尔带来关于人类生活历史性意义的评价，它完全是原创性的。"1926年初，德国文化部长贝克尔写了如下鉴定："在没有大的作品问世，并在专业同行中获得特别认可之前，尽管海德格尔教授成绩斐然，在我看来，也难以直接担任那里的具有历史意义的哲学系的正教授。"

1926年6月，马堡大学委员会再次致信文化部，请求聘任海德格尔为正教授。文化部的决定未变。1927年初，《存在与时间》在胡塞尔和舍勒主编的《现象学与哲学研究年鉴》上，作为特刊，正式出版。文化部终于明白了，提供在公众目光下的是一部什么样的著作了。同年，海德格尔成为正教授。

于是，《海德格尔传》这样写道："学界同仁早已知道，海德格尔正在写一部巨著。但谁也没有想到，这部书会以如此恢宏的要求来标志他的著作……人们并不把海德格尔算作构造体系的哲学家，而是把他看作对传统进行揭示的高超能手。他能使传统当下化。海德格尔之于柏拉图、亚里士多德，就如同布尔特曼之于基督教一样，能让它们起死回生。"

回到事物本身，对事物原初地看，对意识进行跟踪，而且是无休止的跟踪。爬上新台阶，发现更高的台阶，更宽广的天地，以此类推无穷。艰苦的征途上，现象的领域像不断后移的地平线。"恰恰是因为现象首先和通常是未给予的，所以才需要现象学。"一百年前人们发现了潜意识，但迄今为止，绝大多数潜意识未能成为意识把握的对象。犹如由宇宙物质推测出的反物质，尚属猜想。童年期对少年、青年期的心理及行为方式的决定性影响，现在也是迷雾重重，误区大而持久，而五花八门，而固化多多。

看来，人类要认识自身的这条路没有尽头。精密科学的日新月异，远远不能解决生活意义的问题。科学技术造福于人类的同时，也造成生活世界的层层遮蔽，造成自然界空前严重的危机。技术遮蔽远未得到彻底的思考。胡塞尔《生活世界现象学》，旨在重建科学精神的基础，平衡技术世界带给生活世界的倾斜、单调与危险。

海氏说过：存在论意义上最切近的东西，可能正是最遥远的东西。

我们天天跟门打交道，它连接着家、工作室或娱乐场所之类，它的"应手性"意味着多样化，通过反思能够抵达。应手性组建它的周围世界，构筑意蕴空间。可是门坏了，顷刻间，一道门显现为一张木板，它的"在手性"呈报出来，意蕴不见了，周围世界收缩了，它硬邦邦的实物性摆在那里。它也失掉了它的时间性，失掉绵延，切断了自身的可能性，阻隔了世界着的世界。

应手性丰富，在手性干瘪。应手性氤氲，在手性蒸馏。应手性流水不腐，在手性死水一潭。

人的生存应该是应手性的，否则，人就固化为一物。海德格尔这一决定性的洞见前所未有。有些学者译为"上手性"，也挺好。海德格尔作为一名好木匠，在建托特瑙山小木屋的时候，从钉锤的起落间悟出的。一向称手的锤子忽然坏了，应手性中止了，它的在手性暴露无遗。

人的麻烦在于，他随时可能固化为一物。思维方式的固化导致行为方式的固化。比如，某些官员总是像个官员，举止派头，人五人六，回家也忍不住要打打官腔，谈谈官场，他不可逆转地板着一张脸——仿佛属于他自己的那个官场。他在上司面前不敢多说半句话，面对下属就霸占话语权，颐指气使，说得唾沫星子飞，像一台忽而关闭忽而打开的机器。他有应对各种场合的不同的面部表情——外部环境所需要的那些表情。他有七八张脸，晃来晃去搞混了，自己也弄不清哪一张是真脸。他失掉可能性。他干瘪，他自己把自己蒸馏。他今日摆在这儿，明日摆在那儿。他必须抽某些牌子的高档烟。他手拿文件，给人的印象倒是文件拿着他。他作茧自缚，他是契诃夫精确描绘的那种套中人。他坐惯了汽车就不敢再骑着自行车在人群中自由穿行，更不可能随意唱歌。

萨特说，这类情形叫作：人被他的社会角色霸占。

官员为什么不能同时又是足球队员、钢琴家、面包师、调酒师或木匠、园丁呢？

个体质量小，固化概率大。

活得像他人，是一种寻找安全感的生存策略。

环境是生存固化的另一大因素。水泥笼子里弹琴、拉二胡、吹笛子永远别扭，为什么？这些乐器自它们产生以来就亲近旷野，拒绝笼子的圈闭。

水泥笼子有一种不易察觉的圈闭功能，它滋生无聊的"微波辐射"。再大的笼子也是笼子。而僻乡山野的老房子充满了生活记忆，它招呼原野，它指向远方。建筑本身有诗意，有神性，有美妙情绪的微波辐射。是的，微波辐射。

人在汽车里很难唱歌，除非他已经犯病，而骑车哼歌、远足放歌却是常态。21世纪的德国，几乎人人都有自行车，荷兰更是自行车的王国。英国首相骑车去唐宁街10号，普京总统是柔道高手、战斗机飞行员和重型坦克手……

强大的个体突破环境，弱小的个体受制于环境。酒鬼受制于一瓶酒。赌徒受制于一副牌。网瘾患者受制于电子产品，包括数量大得可怕的"准网瘾患者"。

一旦形成铁瘾头，二十年拆解不开。瘾头的兴奋点急剧推高的过程，就是生存急剧收缩的过程，就是"脱生活化"的过程，就是蒸馏的过程，就是自我物化的过程，就是破坏生活意蕴层的过程。深度网瘾患者都快要六亲不认了，遑论一朵花、一湾水、一片云、一支歌、一首诗。

水泥笼子加电子产品，压制了人类祖先几百万年的野性基因，而野性反弹的方式又是去上瘾。不打牌就打瞌睡，不上网就上床闷卧。惰性滋生更多的惰性。海氏描述的"现实通道"固若金汤。

仁慈的上帝赐福于人，原本在生存的各个阶段备下一些兴奋点，作为人的一生的礼物，缓缓推高，慢慢享受，然而瘾头人恨不得一夜间推高所有的兴奋点，奔向超强刺激，那个最后的粉状兴奋。笔者读海氏哲学悟出这一点。

走着瞧吧。中年痴呆症将不比老年痴呆症少。听着鸟鸣、风声、琴声、泉水叮咚、海浪欢腾没感觉。看亲人如看路人。瘾头十年前就锁定他。互联网互相抵消能量的循环刺激，在他的孩提时代就强势淹没他。互联网作为工具是有大用的，如果它一旦形成吞噬一切的态势，生活世界将整体坍塌。互联网将变成"互抵网"。所有的深度关切与追问、所有的喜怒哀乐都将互相抵消，变成过眼云烟，趋于秒生秒亡。人被"连根拔起"。

网络一代的最大难题在于如何减少"宅着活"注定要滋生的身心惰性，如何减少"宅着活"注定要滋生的心理顽疾，增加生命的主动性，摆脱网瘾乌贼式的纠缠，活向活生生的可能性，让生存持续展开。

笔者不避重复：法国人一百多年来，周末生活的三大板块不变：户外运动，各式沙龙，家庭聚会。享受运动要下功夫，就得先吃苦。你要享受游泳、篮球、乒乓球、羽毛球吗？那你至少要苦练几年。享受沙龙得多读书，多思索，否则，你既不能说也不能听，心智低水平反复，遮蔽与固化层层叠加。

德国的幼儿园，玩耍是最主要的"功课"。孩子释放天性，方能健康成长。

澳大利亚的中学毕业仪式，把学生放到森林里去自谋生存，艰苦锤炼十天以上。蓬头垢面的学生终于走出了丛林，与父母抱头痛哭……

"文明其精神，野蛮其体魄""自信人生二百年，会当水击三千里"。

主动性是一切生命享受的最大前提。而找回主动性的前提却是要弄清楚它是怎么弄丢的。婴儿受电子产品的声光刺激，兴奋点迅速推高，到两三岁就会形成瘾头，到十几岁，形成铁瘾头。味觉刺激也是没完没了。五味浊口，五音乱耳。

刺激指向更强的刺激，刺激与无聊的循环不可避免。

瘾头人拒户外于千里之外。如何爱自然呢？如何实实在在地感觉万物、牵挂亲朋、投身事业、拓展兴趣？

法国人已经立法，禁止小学生用手机。

海氏也说："人类不可失掉与简朴事物打交道的能力。"

何谓真？何谓善？何谓美？生存的敞开就是真善美，生存的遮蔽就是假恶丑。《存在与时间》道出独特的伦理学："可能性高于现实性。"

人们追求稳定性，自我物化的倾向自古以来就比较普遍，但古人和近现代人大抵保存了主动性，凡事要细看，要亲历，要动手，要寻思，要操心。如今乡下八九十岁的老人，下田地是常态，动手脚是常态。他们不知道现象学，按海氏的说法，他们拥有"前现象学"式的日常领悟。他们几乎是用身体想问题，用动作去思考。动手人才舒服，活动于邻里间身心才舒畅。

失掉生命的无声无息的悲剧，发生在舍勒讲的"钢筋混凝土的文明"之中。

今日中国学人，不妨针对宋代，看看什么是生存的敞开。一个人同时是官员、诗人、战士、学者、剑客、猎手、水手、琴师、棋手、陶艺手、书画家、医者、工匠、工程师、炼丹师、酿酒者、漫游者、居士、道人、禅客、农夫、渔父……

20世纪以来，人的自我物化呈现加速度的趋势，所以海德格尔要"使物疏松"，要"采光"，要呼唤潜能，重建人与物、人与人、人与自身的关系。

"康德发现，人作为道德实体，肯定要对意义发问。可是人作为科学家，却不能对此有任何回答。从此以后，严密的科学对意义问题退避三舍。"

海氏说："人生此在的分析先于一切预言和世界观的颁布，它也不是智慧。"

生存分析只是纯描述，不对具体的生存说三道四。

存在的意义就是时间，即流逝与发生。"思维恰恰是要在一切日常的物化倾向的、不正确的无时间性中，在关系和处境僵死化的地方，开拓时间的境域。"

《存在与时间》的时间研究、情绪研究、死亡研究独步全球，欧美学界至今奉为圭臬。美国的一流智库，海德格尔哲学是必读。复旦大学张汝伦教授花八年时间写下厚厚的四大本《〈存在与时间〉释义》，用阐释汉语经典文献的方法，逐句阐释西哲经典，在国内应当是首创。但愿这不仅是一部写给未来读者的书。

1925年6月，海德格尔写信给雅斯贝尔斯说："我将于8月1日住到上面的小木屋去。我向往山上强劲的空气。在这里，底下这种柔软的东西，时间长了会把人毁掉。八天的林工和木工活，然后继续写书。"9月，他又写道："这上面简直棒极了……我一点也不向往教授圈子的生活。农民们更有意思，更可爱。"

海德格尔每天刮胡子，一生中只中断过一次，就是在山上的小木屋写《存在与时间》的时候。次年春，从托特瑙山传来喜讯：

"我得到了我的著作的清样……现在已是深夜，风暴呼啸着掠过高地，小木屋块块木头都在咔咔作响。生命纯净、简朴、伟大地展露在灵魂之前。"

1927年春，海德格尔的母亲去世，他把刚刚出版的《存在与时间》放在母亲身旁。母亲患病期间他一直守着病榻。写字台上一直放着母亲的照片。

海德格尔把《存在与时间》题献给他的老师胡塞尔。哲学家的情感是经过压缩的，它经得起时间的稀释。

海德格尔的生存阐释是纯描述的，把所有的生存环节纳入眼帘，需要足够的距离感。它不颁布世界观，"它也不是智慧"，毋宁说，生存阐释是要建立生长人类智慧的坚实基地。它是生活智慧之母。

生存阐释乃是呼啸着的思想，思人类之未所思。五百页的《存在与时间》只占《海德格尔全集》很小的一块，几十分之一。后来他把自选集定名为《路标》。

海氏哲学是一座森林，本文只能尝试着瞄准几棵树。

居然有一种思考，能够动态性把握人类生存的各个环节。

读海氏哲学，会赢得一双重新看待事物的眼睛。顽固的主体性消融到对象当中去，有助于克服对象化思维。受海氏影响的世界级哲学家，像马尔库塞，写下《单向度的人》《爱欲与文明》；像弗洛姆，写下《逃避自由》《爱的艺术》。

人在诸物之中稳如一物，逃避自由，封杀潜能。人的自我物化的倾向通过对物的占有来宣泄。一个糟糕的女人恨不得拥有几千套服装，活得张牙舞爪。一个可怜的富家儿童被无数的所谓高档玩具包围，他获得了什么？获得了动物本能中的占有欲。不能同时占有上百个玩具怎么办？儿童的另一种本能被充分调动：破坏欲。他以拆毁玩具的方式来占有玩具。

想当年，一把招呼原野、拢集四季的木头弹弓，丰富得难以言说。哦，林中，河边，阳光斑驳的光影下，男孩静悄悄靠近猎物。弋不射宿，怜悯小鸟。原野上的花呀雨呀树呀，虹彩呀霞光呀，果子石子虫子，涌向手持弹弓的男孩。原野上的鸟声携同风声、树声、虫声，渗入记忆，永驻灵魂。心旷神怡此之谓也。阳光有气味吗？石头很柔软吗？哦，统觉发生了。原野展现它不可言说的美妙。

从来只说一棵草，不说热爱大自然。

人在田地，人在山林，人在汀州，人在海岛，人在荒丘……自然这个词太大了。在自然一词广泛流行的年代，自然已经是大成问题的自然。

一个又一个的玩具，一套接一套的服装……把自然逼为"存货"。

人们必须整体面对自然的前提，是自然整体变成了算计的对象，索取的对象。如果自然的力量整体反弹呢？什么样的精密仪器能整体测量自然呢？

人与物打交道，目前尚无推广开来的普世价值可言。

尊重物的物性才是爱物。木头弹弓磨得光滑了，越光滑它越好使。它是拢集原野的一个点，是闪烁记忆的一束光，是情感弹射的永久基地。铁环、跳绳类似，自制的水枪、鱼竿、风笛类似，小小的杏核、乒乓球、玻璃弹子也类似……好像全世界的任何东西都能上手玩一玩。不穷尽物的物性不罢休。

一个兴奋点，十年八年推不高。生存敞开此之谓也，意蕴丰富此之谓也，事物氤氲此之谓也，积极向上此之谓也，朝气蓬勃此之谓也。低沸点的欣悦维系着短暂者（人）的生存。哦，爱这个世界扎扎实实。

短暂者的美妙一生，无非这样了。活着有意思。"向之所欣，俯仰之间，已为陈迹，犹不能不以之兴怀。"东晋贵族王羲之告诫自己：要保持兴怀的能力。

"操心"是《存在与时间》中和"此在"并列的一个概念。古希腊有个女神名叫操心。人活世上，操心二字。操心，操劳，操持，显现出"共在"的生存结构。爱别人是生存论分析的题中应有之义，包括爱常人，非本真本己的常人。海德格尔的冷峻倒是凸显了"火的冰"。地火长期运行，地表一片平静。冷思考有它的热效应。坚硬乃是柔软的坚硬。海德格尔和他弟弟的关系非常好，好到不需要表达。他和他的夫人琴瑟和谐。他的很多学生对他终身感激……

爱别人意味着，出离自我，把心放到所爱者身上，而不是一味围着自己打转。"仁者，人也。"仁就是人。这是用语言把人引向仁义。恶的地盘广大不可测，恶与善一样永恒，在基督教的教义中魔鬼比上帝还要原始。人性本自私，所以要引领。当一个民族积极向上时，自私自利会缩小它的地盘。如果把人放在复杂的利益链条上，爱别人，替别人着想，则会变得十分艰难。"交之以利，利尽交绝。"当人人都想把别人处理成"人脉资源"的时候，墙上的雷锋就很难走到地上。

毫不利己的雷锋碰上算计型人格，将如何打交道？

一般说来，心思围着自己打转的人，很难理解"不自私"为何物。替别人着想是什么意思呢？他真是百思不得其解。懂道理是假象，道理飘浮在字面上，道理脱离了它的"运作意义"。他在溺爱中长大，他在氛围中东张西望，他建立了一个以自我为中心的周围世界，这个世界铜墙铁壁。斗私，叫他如何去斗私？

小孩子在一群孩子当中自由生长，自我中心的建立会受到四面八方的阻力。得不到，受挫折，慢慢就有异于自我的东西生长出来：他会发现，自己想要的东西别人也想要。这是所谓"推己及人"的第一步。决定性的第一步。

德国幼儿园为什么把"玩"作为最重要的人生课程？这种对人的设计理念就是：最大限度地减少设计，特别是针对小孩子。全球首屈一指的哲学家、诗人、科学家和工程师的国度，早就形成了社会共识。尊重天性，释放天性，洞察天性，呵护天性。男孩子天然相处，打几回架也无大碍，有利于雄性渠道的畅通，触摸到野性的边界。

几年前，德国总理默克尔骄傲地告诉全世界：德国是哲学家与诗人的国度。

1928年2月，海德格尔受聘于弗莱堡大学，执教于胡塞尔的教席。这个教席上有过马克斯·舍勒、门德尔班、胡塞尔等大哲学家。《存在与时间》使海德格尔获得巨大的声誉，他写信给雅斯贝尔斯说："我所陷入的公众生存也不太令人舒服。"第二次世界大战后，雅斯贝尔斯一跃而为反纳粹的英雄，受到公众欢呼，他却对名声感到厌恶，离开了德国，远离了公众生存。维坦根斯坦一夜间送掉天文数字的遗产，到一所中学当园丁，那一年他连出书都缺钱，也是为了躲开公众生存。

人类一流人物，深知个体生存与公众生存的必要界线。

列维纳斯写道："人类历史上，只有四五本哲学著作与《存在与时间》相媲美。"不到四十岁的海德格尔，却向另一座人迹未至的高峰出发了。

"1929—1930年冬季学期的形而上学大课中，海德格尔公布的题目是：世界—有限—孤独。这里开始了一种新风格的尝试……哲学必须呼唤出人生此在的基本事变。海德格尔要进一步深入'无居所'的经验。"

"哲学正好是一切稳定和可靠的对立面。它是一个旋涡，不断把人们旋到里边去，以便不带任何幻想地对人生此在进行纯粹的把握。"

"最高的不确定性"，是哲学的"永久的危险邻居"。

他在课堂上对无聊展开长达一百五十页的分析。"在整个哲学文献中很少有像海德格尔这样，对情绪作如此精当的分析和解释……他要创造一个眼下瞬间，其中一无所涉，不提供世界内容以供人们把握，或供人们用以充实自己。纯时间，时间的纯粹的当下在场。"

"在课堂上，海德格尔以罕有的清晰作了如下说明：'这里所要做的恰恰是，使哲学的人生此在重新获得事变的原初方向，以便得以对诸事物作简单的、强烈的、持续的观看。'"

海德格尔的精当分析成了荒漠中心的侦察。"思想被他引入的去处越空旷，紧张气氛就越浓厚。"

无聊让时间停滞，让世界整体浮现。始于1929年的世界经济大萧条，哲学家只投去一瞥："到处是失望、危机、天灾人祸、政治上的混乱、哲学的无根基、艺术的堕落、宗教的软弱无力。确实，困难到处都有。"于是出现了各种党派，公布了无数措施，但海德格尔说，恰恰是这些活蹦乱跳应付困难的急救队，阻止了整体困难的出现。哲学家的目光面对世界的"整体困境"。形势极其复杂，几千个党派全球角力。"成千上万的窗子里有成千上万的不同声音在嘶叫。"哲学家要做的，只是揭示整体困境和当下瞬间。

对一般人而言，深刻地体验无聊，不可能也没必要。不过，世界悬空的"真空恐怖"，大约人皆有之，哪怕真空只是一闪而过。人们近乎本能地避开真空状态，寻找填充之物，而不是延长它，捉住它不放。

有限性和绝对孤独，"赤条条来去无牵挂"。先行落入最低点，再回身往上，犹如先行到死而反观生存，这个过程中会有很多人生洞察，以及随之而来的欣悦、坦然与平静。也可能出现决定性的往上一跃的当下瞬间，不仅是个体，群体亦然。有学者称为"瞬间决断"。历史本身会显现瞬间决断的契机。

柏格森《创化论》不同于达尔文进化论的，正是其创造性进化的瞬间。

1929—1930年的冬季学期，海德格尔讲课的第二大内容是他的自然哲学。《存在与时间》第一章就区分了"在之中"与"在之内"。此在处于世界之中。石头或动物在世界之内。一物傍一物叫之内。此在有它的此，因而成为特殊的存在，换言之，此在是时间本身。"整个动物世界中的周围环境是它们的身体的延伸。"海德格尔把动物的周围环境称为"无碍环"。而人和他的世界之间裂开了一个活动空间，世界对人的束缚放松了。这个活动空间，海德格尔称之为"自由"。

"出现在自由境域中的实存，获得了另外一种现实特性。在可能性的背后它显示为现实的东西。而具有可能性的实体必须把现实性看作可能性的发展进程。可能者的活动空间是为人而展现的……它们处于可比性、生成、历史的领域内，进而处于时间的领域之内。"

人是可能性境域的开拓者。人，能够敏感不在场，洞察虚无，人是"虚无的占位者"。而动物根本不存在这些东西。

"世界是所发生的一切，但恰恰由于这一点，世界并不是所有的一切。"

"我们给予了自然所没有的'此'，而我们从它们那里接受的它们具有的那种寂静和'任尔出入性'，由此着眼，恰恰可以体验到我们固有的贫乏。"

关于自然哲学，海德格尔以谢林的一个重要思想作结束：自然在人里边打开自己的眼睛，注意到，自然在此。

"海德格尔想挤入这幽冥之中去，以便从里边出来，看看人是什么样子。"这就是采光，使本来处于潜伏状态的物得以显现。

由自然哲学延伸到真理观，1930年海德格尔的演讲《论真理的本质》，后来他收入自选集《路标》。"真理不存在于主观，即不存在于'真'命题，也不存在于客观，而存在于'发生'这一过程。"

"真理意味着有距离，或活动空间。获取这个活动空间的距离也被海德格尔称为'开放性'，只有在这个空间中，才可能有遮蔽和揭示的活动。假如没有这种开放性，人根本不可能将自己同包围着他的周围环境区别开，他也不能将自己区别出来，根本不知道，他自己在何处。"

《论真理的本质》中讲道："人类并不占有颠扑不破的真理，但是人处于同真理的关系中，这点倒是颠扑不破的。"

"海德格尔说，我们的整个文明，都是对存在的特定设计的表达。我们把知识引向技术的能力，并没有使我们的知识'更真实'，它导致的后果是：自然给我们什么样的答案，完全取决于我们怎么样来发问。在我们的干涉下，自然暴露出自己的不同方面。因为我们也属于自然的一部分，所以，我们干涉自然的不同类型，也使我们自身发生了变态。"

在海德格尔看来，没有绝对真理，只有与真理的关系。衡量这种关系的途径有两点：一，是否让实存干瘪；二，是否让实存更加实存。

把一棵树单纯理解为植物学的研究对象，这棵树就干瘪了。把它单纯地列为风景，这棵树同样干瘪，人对树的原初体验，原本没有风景这类概念，甚至没有美或不美的念头。喜欢爬树的小孩子对树的感觉、感受、印象，拒绝一切分类。树叶亲近他，树枝戳伤他，树汁涂抹他，树洞诱惑他，树干任他紧紧抱住，双腿夹住，往上爬或滑下来……打交道的方式五花八门，这些方式统称树的应手性。

把石头雕刻成艺术品，让旋律去捕捉生命的律动，用语言表达灵魂，都是让实存更加实存。审美主导的生活也不依赖能源消耗。一幅画一首歌一首诗，人就兴奋了。尼采说："艺术是生命的兴奋剂。"

康德提出"美是无利害的快感"。

海德格尔往前迈出一步："艺术品把真理摄入自身。"

艺术让实存更加实存。现象学式的原初体验，让实存更加实存。

海德格尔的生存阐释的总目标，就是让生存更饱满，让潜在的能量释放更多，减少遮蔽与固化，看穿形形色色的谎言、大话与自欺。

《存在与时间》展开的"常人"分析，瞄准形形色色的生存干瘪。

"常人把公众世界保持在平均状态中，而日常此在也就为平均状态操劳。平均状态是一种常人的生存论性质……平均状态看守着可能冒出头来的异品奇才，不声不响地压住一切特立独行。一切远见卓识都在一夜之间磨平为早已众所周知的认识，一切奋斗赢来的成就都变成唾手可得之事，一切秘密都失去了它的力量。常人把生存的一切可能性都规划平整。"

"常人通过舆论来获得自我解释。舆论始终正确，并调整着对世界与此在的一切看法。这当然不是因为舆论具有格外的透视能力，倒是由于舆论从不深入事物本身，由于它对水平高低与货色真假毫无敏感。……信誓旦旦的常人到处在场，为一切担保。然而，凡此在挺身出来决断之处，常人却总已经溜走了。"

互联网几大门户网站每天制造大量热点，却让事物固有的能量互相抵消。热点一闪而过，瞬间冷却，热点吃掉热点，留下的只是网站运营商的利润。

"瘾头汲走了此在的生命力，此在不再生机饱满地经历世界，它被世界的吸盘吸住；不是它活这个世界，倒是世界活它了。此在沉迷于瘾头的时候，看上去万物皆消，只要过瘾就行。"

哲学大师的这段话更像是针对今天讲的。

《存在与时间》作为基础存在论是纯描述，一环扣一环的纯描述。它不是智慧，却启迪智慧，生长智慧。这是两千多年的哲学史上独一无二的、阐释人类生存结构的经典文献。远哲学，近生活。在人与事物之间它亮出了一个活动空间，催生了现象学式的眼睛。大钞换零票落到实处。

一部书的含金量，何止胜过十万本书。

生存论分析虽然是纯描述，却隐含着价值判断。"字里行间流动着从整体上对批量化的批判，对精神紧张的社会生活的批判，对急剧增长的娱乐工业的批判，对忙忙碌碌的日常生活的批判，对精神生活的粗制滥造的批判。"

德国作家穆西尔在《没有个性的男人》中写道："今天还有男人追求全面发展吗？这样的男人根本不存在了。你只需看看报纸，里边充斥着大量的、极可怕的、琢磨不透的东西，它谈论的事情如此之多，即使伟大的莱布尼茨的思维能力也无计可施。人变了。不再是整个人面对整个世界了。而是在某种一般性的营养液中蠕动着某种带人味的东西。"

这种营养液中的蠕动物，显然是网虫的前辈，相比之下它的人味更多一些。

德国作家鲍姆轰动西方的小说《饭店里的人》写道："如果你在大厅里坐个把小时，仔细看一看，你就会发现，这些人都没有脸。他们相互之间都是仿制品。"

萨弗兰斯基写道："存在的意义就是时间，这就意味着，存在根本不是什么固定不变的东西。它不是手头现成的，而是发生的事件，是不断流逝过去的东西。谁要是勇于思考自己本真的死的话，他就会发现，自己是无终了的存在事件。（海德格尔）这个发现，几乎抵达了人生此在自己所能抵达的自身透明性的最高限度。"

赢得自身透明性要经过严格的训练。西方国家和俄罗斯一流的作家、学者、艺术家，几乎无一例外受到哲学家的影响。宏观的把握与微观的进入共属一体。

哲学家们对现代文明的质疑是有效的，对技术这把双刃剑的反思是有效的，对生存平均化、人的单向度的层层剖析是有效的，对自身透明性的追求是有效的。

酷爱阅读的西方普通人从经典中受益。七八十岁还要改变活法。拒绝硬邦邦的实物化，限制工具理性，尊重价值理性。德国人送礼，从19世纪到21世纪，首选的礼物永远是图书。德国图书的重版率高达百分之八十，高居全球第一。平均家庭藏书在三百部以上，年轻人是阅读的主力军。运动场上看球赛，就专心看球赛，很少有人看手机。目射纸上，目注球场。专注乃是个体的特征。

生活的质量永远取决于人的质量。而要想高质量地生活，首先要有能力成为个体，难以复制的个体。

1929年夏天，伊丽莎白·布洛赫曼来到托特瑙山看望海德格尔，二人一同远足，在修道院长时间沉思，晚祷。话题围绕着宗教展开。海德格尔写道："当我们完全具有了人生此在的时候，真理才找到了它的时机……上帝对每个人用不同的声音进行召唤。"完全的生活意味着在意识层面同时拥有白天和黑夜。

为了赢得光明，必须穿过黑暗。

《海德格尔传》："在这个（基督教）传统认知中，人的生存是以恶为条件的。从保罗开始，经奥古斯丁、路德直到康德，从来没有被遗忘。任何一种思考，不管是对整体存在的理解，还是对道德或是政治的理解，都一定开始于基础性的黑夜……而且，命中注定还要回到黑夜里去。人们认定，即使在显得十分稳定的文明阶段，诱惑、破坏、毁灭等无底深渊也会随时裂开。"

"从人的自由出发，人们看到，恶来到了世界上。或者更准确地说，创世中的罪恶得以出没的场所就是自由，它作为虚无混沌恰好是创世的基础。因为人是自由的，所以人是虚无的占位者。"

在这个意义上说，自由就是邪恶。基督教的基础性自由乃是胡作非为的自由。

伊丽莎白与海德格尔有一种"受到压抑的爱情"。晚祷的沉思并不能让爱情蒸发。他们很早以前就互相爱慕。伊丽莎白是海德格尔家的常客，美丽的女客，博学多思并未削弱她的女人味。她住在托特瑙山的那个夏天，海德格尔收到汉娜·阿伦特的信，信中表达了"爱情的连续性"。伊丽莎白上托特瑙山，也希望谋求这种连续性，原本属于她的连续性。她与海德格尔频繁通信，后来出版了通信集。信中大量谈论宗教和哲学，儿女私情只隐于字里行间。

小海德格尔十八岁的汉娜·阿伦特，美得令人失语。1924年初，她到马堡大学师从海德格尔，他们闪电般恋爱了，并且开始了长达一生的爱情故事，被写入无数的文章和传记，被拍成电影。直到今天，这位女哲学家的声名，在欧美的人文学界无人不晓。她的研究方向主要是政治哲学。

阿伦特十四岁读康德《辩证理性批判》，精通了希腊语和拉丁语。稍长，这个犹太少女读基尔凯郭尔。十七岁时，阿伦特在柏林听说了海德格尔，于是来到马堡。她身材高挑，留着短发，衣着时尚，"最引人注目的，是从她的眼睛里放射出来的那种诱人的力量。人们会被她的这种力量淹没，以至于担心再也浮不上来了"。

布鲁尔《汉娜·阿伦特》一书这么描述："人们在汉娜身上看到一种张力，一种对目标的坚定追求……一种对本质的追求，一种深刻。这一切赋予她一种魔力。"

"当这位女生在食堂谈话，她的邻桌都安静下来。很简单，她使你觉得非听不可。"这朵羞怯而坚定的哲学之花，在迄今已有五百年历史的马堡大学的女生中排第一。马堡的教授们则是海德格尔永居第一。

汉娜第一次走进海德格尔的办公室，身穿一件雨衣，戴着一顶帽子，深深地遮住了她的面孔。她羞怯腼腆，和她去见布尔特曼教授截然不同。她的嗓音不听使唤。面对她所钦佩的男人，她感到自己不可抗拒地被他吸引了。

仅仅几天后，汉娜和海德格尔的关系就不同寻常了。第二次通信，称谓就变了。哲学之花与哲学之王，二人的故事注定要流传千年以上。

汉娜在她的居所与海德格尔频频幽会。这个恋爱故事至少有两个大的插曲。

一是妙龄的阿伦特不满足她扮演的角色，她惊人的才华、美貌和她坚毅的性格，使她不甘心总是幽会，爱情不是在阁楼，在河边，在月光树林，就是在一个又一个小火车站。她要让阳光见证她的爱情，最好是在烈日下闪耀的爱情，甚至是烤焦的爱情。1925年的某一天，汉娜奔向海德格尔，急不可耐地告

汉娜·阿伦特

诉他，两个男人钟情于她，为了她争风吃醋，还暗示她并非无动于衷。结果海德格尔反而鼓励她，祝贺她，"他向她解释，他的伟大激情会压倒她的那些小激情。因此，不必对此介意"。

汉娜出于少女的本能，想让海德格尔嫉妒。可是没用。她坚持不写信，不赴约，没过几天又奔向他了。他去瑞士讲学，她又抛下旅途中的女伴奔向瑞士。

第二个插曲是，汉娜作为海德格尔的缪斯，却在《存在与时间》中毫无踪影。她让哲学大师的激情更激情，但哲学著作本身看上去与她无关。"尽管身边有汉娜·阿伦特，但《存在与时间》中没有关于狂欢、关于爱情的章节。"

说明什么呢？说明哲学家掌控激情的超凡能力，人类巅峰智者的爱情令人叹为观止。1925年和1926年，热恋期乃至狂恋期诞生的千年巨著跟恋爱无关，卓越的情绪分析倒是瞄准畏、烦、无聊、虚无、被抛、短暂，以及由此而升起的泰然和欣悦。海德格尔将用五十年的时光去爱汉娜，坚硬的柔软由此可见。

换言之，非坚硬不足以抵达不变的柔软。

1930年，海德格尔接到了柏林大学哲学教席的聘请，这个教席是卡西尔、雅斯贝尔斯等哲学巨匠求之不得的，是德国最重要的哲学教席。海德格尔却拒绝了。他更大的雄心是要进入古希腊的开端，在写给伊丽莎白的信中他说："越紧张地进入自己的工作，我越明显感到，每次都受到古希腊人的伟大开端的压力。"

"真正地回到历史中，我们就可以同现在保持距离，以便创造起跑所需要的距离。"海德格尔不仅要让柏拉图、亚里士多德的伟大开端直指当下和未来，他还要创造自己的开端，就像黑格尔或者康德式的哲学雄心：驾驭任何时代。

返回伟大开端并谋求助跑距离的工作，在弗莱堡大学的课堂上和托特瑙山上紧张进行。从古希腊跃入当下瞬间的轰动性事件，是海德格尔于1933年担任弗莱堡大学校长，他发表《校长致辞》表现出亲希特勒的倾向，给他的一生留下洗不掉的污点，尽管他不是排犹主义者。他最亲密的人当中，像胡塞尔和阿伦特，都是犹太人。学者称，海德格尔想要"领导领袖"，而事实证明哲学家介入政治，常常是一件危险的事情。1933年海德格尔跃入生存的旋涡，后来发现那个旋涡原来是个烂泥塘。他跳进黄河也洗不清。第二次世界大战后，他对1933年的十个月的校长生涯保持沉默，不顾他的弟子们的强烈吁求。法国人法里亚斯的《海德格尔与纳粹主义》，在20世纪80年代引起轩然大波，伽达默尔、德里达等人相继发声。伽达默尔撰文《无知与浅薄》称："法里亚斯这本书，虽然在收集材料上下了很多功夫，但就其所用的资料来说是肤浅的……但凡触及哲学的地方，都充斥着荒诞的浅薄与无知。"

德里达在《海德格尔的沉默》一文中指出："当我看到法国突然间有这么多人对海德格尔的纳粹主义产生了兴趣，搞得沸沸扬扬，怨声载道，指责这些哲学家没有告诉他们实情，不仅对死去的海德格尔，而且对法国在世的哲学家宣布了各种各样的判决书，那么我就很有兴致问他们一个简单的问题：您读过《存在与时间》没有？……海德格尔没有在理论上驾驭住纳粹主义……也许他的沉默是以一种诚恳的方式承认了，他对此确实无能为力……"

1933年的德国，纳粹主义的反人类的本质尚未彻底暴露。哲学家海德格尔上了贼船，十个月后他辞去校长职务，回到他的教授讲席。

担任校长期间，他提出了改造德国大学职能的三个构想：服务科学，服务劳动，服务军事。

1934年夏天，海德格尔发表广播讲话，公开拒绝了柏林大学的聘请，认为柏林的一切都是"无根"的。他在《思想经验》一书中写道："很长时间以来，山上的工作被山下的商谈、旅行、报告、谈话、教学活动所中断。只要我重新回到山上，在小木屋里人生此在的头一个小时里，以前问题的整个世界便会迎面而来，而且以我离开它们时的那个老样子出现在我面前。我将直接进入我的工作的自振中去。我根本不能驾驭这种自振的隐蔽的规律。"

《海德格尔传》评价道："做校长失败后，回到思想所在之处时，他才感到浑身轻松。"

他辞去校长职务后的第一堂课，吸引了大量的社会名流，他站在讲台上，根本不看原定的题目"国家与科学"。他说："我现在讲逻辑。逻辑一词来自逻各斯，赫拉克利特说过……"

"这时一切都清楚了，海德格尔准备重新潜入他的深刻之中去……他要保持过去同政治的距离。这课堂上的第一句话表明，他对'漫无边际的世界观空论'的态度：拒绝。"

1934年和1935年的冬季学期，海德格尔讲授荷尔德林，"从此以后，荷尔德林成了他的思想的固定参照系"。荷尔德林曾经受到狄尔泰、尼采的推崇。其后，评论家们认为："通过荷尔德林，好像通向最神圣的幕布已经拉开，为人们的目光提供了不可言传的东西。"

海德格尔在课堂上引用一句格言说："大多数情况下，诗人总是形成于历史时代的开端或终结。通过吟唱，一个民族离开了它的童年，走进行动的生活，进入文化的国度。通过吟唱，它又回到它原初的生活。"

"诗人使一个民族获得了同一性。就像荷马和赫希俄德一样，他们给民族提供了诸神，并以此为民族提供了'道德规范和习俗'。诗人就是这个民族文化的真正发明者……所以海德格尔把荷尔德林称为'诗人中的诗人'。"

在荷尔德林看来，尽管人们拥有了多方面的知识，但丧失了感受自然、感受人类关系的丰富性、生动性的能力。失去了神性，精神离开了世界。自然与人的"爱的联系"，被做成了实用主义的绳索。人们再也看不到土地，听不到鸟鸣，人与人之间的语言也变得枯燥乏味。萨弗兰斯基写道："这一切……意味着世界关系，人与人之间关系的内在意蕴和辉煌力量的消失。"

"在荷尔德林这儿，赋有神性的东西不是彼岸的领域，而是改变了的人类的人与人之间、人与自然之间关系的现实。"

荷尔德林的神性与海德格尔的本真性生存如出一辙。

人与自然的关系不能变成一根绳索，一根不断加长加粗的绳索，套在自然的脖子上，以索取的方式勒紧再勒紧。海德格尔说："技术本身朝着更高的技术。"

人与人的关系绝不能单靠利益取向来维系。

孔子为什么罕言利？因为利字含刀，争利斗狠上演了太多的历史悲剧。仁义道德是打出来的，"春秋无义战"，仁义道德的背后是尸山血海，是常态化的以强凌弱，常态化的丛林法则，常态化的背信弃义。

古人曰："以利交者，利尽而交疏；以势交者，势倾而交绝"。孟子又说："上下交征利而国危矣。"

凡是工具理性染指的地方，人与人的关系就会变得贫乏、单一。蒸馏到处都在发生，硬邦邦的实物化、硬邦邦的利益关系摆在那里，多元的交往空间随时面临坍塌。人碰到人只想说："你对我有什么用？"有用就去套近乎，没用就拍屁股走人。念大学的儿子写给父亲的信，蒸馏成三个字：爸，好，钱。

而价值理性不是这样的。马克斯·韦伯讲，心心相印与携手并进，应该成为人际交往的主题。凡是价值理性青睐的地方，人对人的尊重就会发生。为何尊重你呢？因为你一直保持向上的力量，你朝气蓬勃，你兴趣广泛，你活力四射。"益者三友：友直，友谅，友多闻。"你有趣，你幽默，你纯朴，你善良，你永远不满足现状，你喜欢生活在别处，你总是能够活出异质性风采……凡此种种，岂是利益关系所能涵盖，岂是经济学原理所能概括。人的多样性，人的全面发展，带来社会生活的多样化，社会评价体系的多元化。

对美国式的实用主义要高度警惕。实用主义使工具理性登峰造极。

海德格尔对实用主义的严厉批判，影响巨大而深远。

海德格尔在《形而上学导论》中提到：这个世界要重新赢得各种各样的空间，一棵树，一座山，一座房屋，一声鸟鸣。在这个空间中它们不再是无所谓的，习以为常的。

对象性思维把自己也处理成对象：人是诸物中的一物。

各种各样的空间萎缩了，生活世界将整体坍塌。

我们重温谢林名言："自然在人里面打开自己的眼睛，注意到，自然在此。"然而，单向度的人是个睁眼瞎，他已经看不见一棵树了：树的丰富性消失了，树与原野的亲切关联被切断。何时切断他也不知道，他接不上了，早就习以为常了。

这里有双重固化：自我固化与世界的固化。

有解救的办法吗？有的，从婴幼儿就要培养感觉的丰富。要探寻心灵最初的几道涟漪。味觉，视觉，触觉，听觉，朝着敞开而不是与之相反的路径。人类祖先的野性基因是朝着户外的，我家邻居大雨天也要抱婴儿出去，否则婴儿就哭闹不休。我家的小狗丁当，最喜欢趴在窗前盯着窗外。丁当奔跑在原野兴奋得哇啦乱叫的时候，两三岁的小孩子盯着它的蹦跳欣喜不已，为什么？基因调动了。五六岁的儿童就趋于漠然，为什么？电子产品把兴奋点推高了。屏幕狗正在取代原野犬。

由此可见，氛围，环境，足以释放或是圈闭人的本能。

要让一棵树成为一棵树，就得让小孩子调动他亲近树的原始本能，以此类推其他。在这个意义上，方能理解海德格尔的名言：西方思想从来没有让一朵鲜花绽放。

中国传统文化，人与自然是打成一片的，"相看两不厌，唯有敬亭山"。李太白看山看不够，"五岳寻仙不辞远，一生好入名山游"。李白的山乃是诗性的山，神性的山，天地人神共属一体的、难以言说的、无限唤起表达冲动的山。中国的传统水墨画，山很大很大，人很小很小。

"道法自然"并不是一纸空言。

1935年，海德格尔讲授《艺术作品的起源》，旨在探索一切艺术品的奠基性的东西。他从凡·高的一幅画《鞋》讲起。艺术使不可见者变为可见，艺术自身形成了一种特殊的世界，去掉习惯性思维，重新唤起"存在的惊奇"。

海德格尔说："艺术的本质是，它在实存中打开了一片开阔地，在这个开放的开阔地上，一切都与平时不同了。"

哲学与艺术都是"采光"，让事物从它的晦暗处亮出来。

《艺术作品的起源》问世以后，伽达默尔等人欢呼不已：西方思想史上终于有了一篇为艺术奠基的文献。

《世界图像的时代》是海德格尔的另一重要文献，在欧洲影响甚巨。他说："大地的本质是自我封闭的。"大地不敏感，是以自身为基础的自然，"科学技术的对象化想渗入自然之中去，想去掠夺它发生作用的秘密。但在这条路上，我们永远不能理解自然到底'是'什么。自然……躲避我们。体验这种躲避就意味着，我们自己要向令人神往的大自然的自我封闭性和'土地性'开放。艺术无非就是这种自身开放的尝试"。

海氏断言："大地可以在自身内粉碎任何侵袭。"

艺术却使大地的"自身封闭性"变得清晰可见。艺术揭示了大地的秘密，却又没有触动这个秘密。艺术品建立了一个世界，向自然致敬。"真理在作品中的建立，就是那实存的生产，这种实存在此之前不存在，而且，将来绝对不会再次存在。"

艺术创造了实存。艺术使实存更加实存。

"农务各自归，闲暇辄相思。相思则披衣，言笑无厌时。"

"漉我新熟酒"，"摘我园中蔬"。

"微雨从东来，好风与之俱。"

"自来自去堂上燕，相亲相近水中鸥。"

陶渊明吃个半饱，人就逍遥复逍遥，杜甫避难于成都写下杰出的诗篇。诗文重新建立了人与自然的关系，审美使大地的生机跃然纸上。朴素的、低沸点的欣悦到处都是。对生活取质朴态度，对自然取审美态度。

以今日视之，越过了温饱线的中国人，正朝着民族的伟大复兴坚定迈进。坚定的基础是自信。文化自信乃是根本的自信。

海德格尔想要克服尼采，踏着尼采的足迹克服尼采。在尼采的观念中，意志是原存在。

"在尼采这里，意志不再是欲望、迟滞的本能，意志是一种'命令的能力'，一种可以让存在保持清醒的力量。"

"尼采认为，当某种东西有利于保存和加强自己的权力意志，或者有利于自己反抗强大势力的意志的时候，人们就把它们看成'价值'。也就是说，在每种价值设定和价值重估背后，都有权力意志作基础。这一点同样适用于包括上帝、理念、超感性存在在内的'最高价值'。但长期以来，这种趋向于权力的意志并没有被看透。"

"上帝死了，但人们自卑的姿态还在，这是尼采对时代作出的诊断。他所说的巨大神秘力量，就存在于对这种自卑姿态的克服中，存在于冲破一切，走向……对生活的陶醉和快乐之中。尼采关注的是此岸世界，即人间的康复。"

"海德格尔追随尼采对唯心主义的批判，他要追随尼采'保持对大地的忠诚'，但又恰恰在这一点上，他展开了对尼采的批判。"

《海德格尔传》中阐释："海德格尔所说的'对存在的体验'，并不是对更奇妙的世界的体验，而是对现实的不可穷尽性的体验，以及对下列事实的惊叹：通过人，自然居然在其中心打开了'开放的空间'，在这里，自然居然睁开了它的眼睛，注意到大自然在那儿。在对存在的经验中，人发现了自己的活动空间。人并没有被禁锢在实存当中，并没有被紧紧串在实存上（例如动物）。在诸物之间有人的余隙，就像车轮必有毂之余隙，以便运转那样。"

存在不可穷尽，犹如自然不可穷尽。对存在的发问因之也不可穷尽。汉语中的"自然"一词源自《道德经》。自然是它自己所是的那个样子。老子的这个词有勉强命名的味道。他自己也意识到了这一点，因此开篇就说："道可道，非常道。"涵盖一切的自然不可能成为词语把握的对象，不像某个器物的命名。人们不能说：存在是什么。人们也不能说：自然是什么。

对存在的发问就是要创造一个距离，以便对这个与存在的关联本身加以体验。这个体验随时发生着变化。人们注意到，面对世界他是"自由"的，他在其中找到了一个"活动空间"。

对存在发问的过程中，距离显现出来，关联显现出来。而在发问中止的地方，距离和关联就会消失，人就趋于固化，"被紧紧串在实存上"，活得像某个物件。

亚里士多德说，对现实生活的基本运动性进行清晰的把握。

清晰把握是循序渐进的，不是一劳永逸的。

"问世间情为何物？直教生死相许。"包括爱情在内的任何情感都会在时间的流动中衰减，人类找不到情之永恒，找不到情的铀矿，但追问却是永恒，追问有它永恒的根据，充足的理由。追问使爱情亮出来，连同它的炽热，连同它命中注定的冷却。在向往永恒爱情的过程中，男女之爱增加了亮度，增加了美妙度。追问使爱情更多。爱的活动空间是追问的产物。

一些学者认为，后期海德格尔梦想他的哲学，像"山脉之中的高山一样挺立"，有悖于他前期思想的巨大张力。"当时他想使已经板结的思想构架重新流动化，现在他想让思想的构架高高耸起……过去被称为'永恒'的、'超越者'的东西又出现了。"这位生存论阐释的创始人也会固化。现象学创始人胡塞尔也会固化。

在对柏拉图紧张研究二十年以后，海德格尔写信对雅斯贝尔斯说：从伟大哲学着眼，自己的那点儿蹦蹦跳跳显得如此微不足道，只不过是应急措施而已。

第二次世界大战期间，海德格尔讲康德，讲尼采，讲荷尔德林。"海德格尔是伟大的亚里士多德阐释者"，他开创了阐释学。他对历史学、人类学、语义学、心理学、社会学、精神病学的影响殊难估量。他首创的现象学生存阐释，为人类开拓了若干新路径，深入了人类精神的盲区和处女地。他留下了路标。

1944年的11月，弗莱堡被轰炸，英国的轰炸机编队连日低空呼啸。次年春，弗莱堡大学哲学系搬进山里，教授和学生们骑自行车或是步行，带着沉重的行李和书籍，沿多瑙河迁徙，攀上黑森山，在山上的一座古老城堡驻扎下来。海德格尔教授在城堡中主持哲学讨论班。5月，师生们帮助农民割麦子，为此可以获得食品。师生共同研读《纯粹理性批判》，朗诵荷尔德林的诗篇。

"6月24日，城堡举行了结束庆祝会，这个地区的居民都受到邀请。他们带来了吃的东西。城堡大厅里，人们演出话剧，又歌又舞……"

三天后，在一个王子的别墅，海德格尔讲荷尔德林。听众云集。

7月，海德格尔接受法国军事管制当局的审查。他被大学评议会建议解除公职，更严厉的决定是将会取消退休金。哲学家心情郁闷。他希望复职，但希望渺茫。他家的住房也被征用了。一个参战的儿子生死不明……

"但外面的传言和消息，给反对海德格尔复职的人敲响了警钟。法国一群知识分子，要到弗莱堡和托特瑙山作虔诚的朝圣活动，拜谒海德格尔。"

早在20年代，法国人就受到胡塞尔和舍勒现象学的影响。30年代初，哲学家雷蒙·阿隆向他的朋友萨特讲述他对现象学的体验，萨特像触了电一样。这位后来的著名哲学家、诺贝尔文学奖获得者，当时激动得浑身发抖。他说："居然有一种能让我们对勺子、杯子、凳子等所有这一切进行哲学思考的哲学！"

巴黎的街头咖啡馆，一群哲学青年和艺术家激动得脸发白，语无伦次。

尼采说过：思想是炸药包。

1933年，萨特来到柏林，师从胡塞尔，研究海德格尔。后来他写道："几百年以来，在哲学中从未见过这样的现实主义思潮，现象学重新把人浸泡到世界之中。"海德格尔的著述从1931年起，大量翻译到法国，其后数十年席卷法国。

一个名叫亚历山大·考叶维的俄国流亡哲学家，被称为法国哲学界的传奇人物，"考叶维对整个一代人有绝对的智识上的统治"。

哲学家阿隆说，考叶维是他见过的三大真正有头脑的思想家之一。

另一位哲学教授巴塔伊说，每次和考叶维相遇，都被他撅断，捣碎，连续毙死十几次；被掐死，被打倒在地，还踏上一只脚。

考叶维是尼采式的猛兽般的哲学家，曾经就学于雅斯贝尔斯门下，却把更多的精力用来研究海德格尔。他的好朋友库亚雷把他接到巴黎，他拐走了库亚雷的弟媳妇。库亚雷却说："这个女孩有道理，考叶维比我弟弟强得多。"

考叶维问道："整个存在的意义到底是什么？"

他给出了海德格尔式的回答：存在的意义就是时间。各种东西到处出现，都会衰老，都有其时间形式。只有人才能体验到，某种现在之所是，不久之后就不再是了，某种尚不是的东西进入所是。人，恰恰是存在中的一个开放点，一个活动场所。这里，存在转入虚无，虚无转入存在。没有人，存在就变成哑巴。

"考叶维是欧洲哲学中的纳波科夫（《洛莉塔》的作者），他所讲授的黑格尔，是一个人们根本不认识的黑格尔，这个黑格尔与海德格尔长得像一对双胞胎。"

萨特想方设法弄到考叶维的讲课笔记，如饥似渴地阅读。30年代末他写了一部现象学式的小说《恶心》。40年代初，他在巴黎一家嘈杂的咖啡馆，在人声鼎沸中写他的鸿篇巨制《存在与虚无》。

1945年，一群法国知识分子登上托特瑙山朝圣，拜谒《存在与时间》的作者，其中有学者、作家和电影导演。这使海德格尔得以免除严厉惩罚。他在托特瑙山和麦氏教堂镇接待来访者。萨特通过海德格尔的崇拜者波弗勒谋求见面。

波弗勒是战后法国哲学界的著名人物，他回忆：恰恰是在盟军诺曼底登陆的日子，1944年6月4日，他第一次理解了海德格尔。"他当时如此兴奋，以至把法国解放的喜悦也不知冲淡到什么地方去了。"

萨特谋求见面的愿望，直到1952年才落到实处。其时，萨特的存在主义已经在欧美诸国掀起波澜。海德格尔对以萨特为代表的存在主义展开批判。《关于人道主义的一封信》动摇了存在主义的哲学基础。

1953年，海德格尔在慕尼黑以"对技术的追问"为题作报告，物理学家海森堡、精神分析学家荣格、作家恩斯特等众多思想精英汇聚一堂，当他以名言"追问乃是思之虔诚"作结束时，演讲大厅"出现的并不是肃穆静默，而是全场起立与掌声"。

萨弗兰斯基在传记中写道："海德格尔关于技术的思想触及时代的恐惧……1953年赫胥黎《美丽新世界》的德文版问世。小说描绘了一幅恐怖的世界图景：在未来世界，人们开始在伦琴管里编制幸福和职业的程序。这个世界里的命运就是不再有命运。"

《海德格尔传》提到：技术文明的基本构架，不再是人对人的剥削，而是人对大地的规模巨大的剥削。工业化过程把自然在漫长的历史中积蓄的能量和资源都给探测出来，加以消耗。因此难逃脱熵的命运。

从古代技术到现代技术，人类受益的同时也在受害。技术已经成为人的本质。

海德格尔在《泰然处之》中写道："对技术世界的既肯定又否定的态度，用一个古老的说法来概括：对物的泰然处之。"

对于人类来说技术是一把双刃剑，在今天正在成为广泛共识。人类的尺度不会屈服于技术的尺度。

20世纪60年代，海德格尔几次去他的精神故乡希腊旅行。他还发现了他的第二个希腊：普罗旺斯。他的哲学讨论班在那儿举行。讨论希腊人的命运观念，讨论黑格尔，讨论马克思的《费尔巴哈论纲》第十一条："过去哲学家们只是用不同的方式去解释世界，而关键却在于改革世界。"

"树叶纷纷落下之时，（讨论班的）人们达成一致：我们对世界加以这样或那样的解释，以便我们终于又可以对它加以珍爱。"

一个参加了讨论班的人写道："这些辉煌时日的情绪，难以用笔墨形容。在场的人对海德格尔由衷地敬佩与尊重。所有人都被革命性思维的历史性、广博性折服；但同时，与老师交流无拘无束，亲密无间。"

20世纪60年代后期，在德国一个地区的哲学讨论班，"进入到最富成果的阶段"。讨论班中有一位心理治疗家波斯，他在《存在与时间》中发现，这部书"提出了一个根本上全新的、闻所未闻的、对人的生存和世界的深刻洞见"。

波斯记录："海德格尔看到，他的哲学不仅限于停留在哲学家的书房里，而且，有可能使数量巨大的、首先是急需帮助的人们从中受益。"

这位心理疾病治疗师指的是精神障碍患者。

"在讨论班上海德格尔不断返回他的下述思想：大多数精神病人应该被理解为一种生存障碍，即不能站出来，站到开放的世界关系中去。在海德格尔看来，正常人和精神病之间，没有一条绝对的界线。所以，他在谈论狂躁抑郁症或者伤感抑郁症病人的时候，没几句话就跳到笛卡儿和近代文明使世界阴暗化的问题……讨论班一直围绕两个问题：个人的精神病问题和近代文明的病理学问题。"

就个体而言，生存的持续展开，乃是避免心理疾病的唯一途径。

弗洛伊德强调：人是人的过去；海德格尔反向强调：人是人的未来。时间的三个维度，未来是决定性的。人有对未来的展望，人才会有当下。

"可能性高于现实性"，这是现象学的核心。

人是什么？人是能在，即激发潜能的存在。

圈着活，宅着活，坐着活，是违反生命本质的，可是这一类生存收缩实在是太多了。血肉丰满、蹦蹦跳跳、朝气蓬勃，应该是生命的同义词。科学家待在他的书房朝着未知领域进军，他的生存是敞开的。而走在原野上的圈闭者依

晚年海德格尔在他的小木屋旁

然呆头呆脑，万物的欣悦于他如浮云。他早就病了，他又不知道自己犯病，于是落入双重的犯病。

什么药可以救他？

不妨仔细掂量这些词：收缩，干瘪，蒸馏，圈闭，枯萎。

坐着活的人连站起身都艰难。互联网的循环刺激像章鱼抛出的吸盘，牢牢吸附他。惰性反复繁殖。旭日东升霞光万道，花开鸟唱泉水叮咚，连蚊子都在滑翔黄昏，连虫子都在歌咏夜晚，而日复一日活在电脑前的那些脸……

所有的脸都曾经有过婴儿的动人的微笑，都有过心灵的最初涟漪。

海德格尔的哲学是生活哲学，19世纪和20世纪，西方诸国的生活哲学蔚然成风，哲学大师辈出，艺术巨匠如云。生活哲学乃是反抗生存固化的哲学。

人与人，人与物，人与社会，人与自身，四重关系的异化与交叉异化，是生活哲学家们反抗异化的根据或理由。

异化一万年，反抗一万年。

大师"面向思想的实事"，七十年来始终如一。他在亲朋和学生的环绕中，守着一个思想家命中注定的孤独。孤独的进军。孤独的能量。德国南部的黑森林白雪皑皑，托特瑙山上的小木屋上空飘着雪花。

木屋年久失修，《存在与时间》的手稿由汉娜·阿伦特张罗，卖了十万马克，用以维修山上和山下的房子。第二次世界大战以后，汉娜不断回到海德格尔的身边。爱情的连续性不可中断，从她十七岁那一年就开始了。雅斯贝尔斯曾经要她中断与海德格尔的联系，她断然拒绝。

海德格尔的著作在美国的出版事宜，也是汉娜一手操办。汉娜把她生命中最后几年时光付诸未完成的巨著《精神生活》，"这部书发展出来的思想，比任何别的地方更接近海德格尔"。

汉娜六十岁生日之际，海德格尔为她赋诗。书信中夹着枫叶或风信草。

心心相印与携手并进，人生之欣悦，无非这样了。

海德格尔晚年也接受媒体采访，一次电视采访，一次《明镜》周刊的采访。他也看电视转播的足球赛，兴奋得发抖，打翻了茶杯。

海德格尔说："三百年以后，人类会读懂我的哲学。"

也许用不了三百年吧。

弗莱堡特布克大街47号大门，钉着一块小牌子：17点以后是参观时间。各国的拜谒者络绎不绝。"书桌旁有一张皮沙发椅，这里坐过几代来访者，布尔特曼，雅斯贝尔斯，萨特……书桌上，海德格尔的手稿叠得整整齐齐。他的弟弟弗里怀着深情将手稿戏称为'马丁编组站'。"

七十多年前，小马丁挎一把长长的军刀，身后跟着一群蹦蹦跳跳的孩子。童年的朋友费舍尔说："他当时就是首领。"

1975年冬，一位叫佩茨特的法国拜访者写道："像往常一样，我必须不停地向他讲述许多事，他十分认真，不断提问，人哪，物哪，经济工作，什么都问。精神清楚，思维广阔如常。夜幕降临，海德格尔夫人已经离开房间，我准备起身告辞，在大门口我再次转身，老人一直望着我，手举得高高的。我听见他轻声说：'啊，佩茨特，现在路走到头了。'他的眼睛最后一次向我表示祝贺。"

几年前，海德格尔八十岁生日，汉娜·阿伦特写下近万字的贺寿文章《马丁·海德格尔八十岁了》，开篇说："马丁·海德格尔双喜临门，在庆祝他八十诞辰之际，也庆祝他作为教师公开发挥影响力五十周年。柏拉图说过，'因为太初有神，只要他在人间，他就拯救一切'。"

在长文的末尾，她写道："如同柏拉图的著作在千年之后仍向我们劲吹不息一样，海德格尔的思想掀起的风暴也并非起因于某个世纪，它来自远古，臻于完成，此完成如同所有的完成一样，又归于远古。"

海德格尔杰出的生存阐释，让时间的流逝变得毫无意义。

我们再来看一段海德格尔的死亡研究。

《〈存在与时间〉读本》写道："此在自身的存在方式就是先行。先行到死，此在就在最极端的意义上把自身开展出来了，把本己的生存开展出来了。在这种最本己的能在中，一切都为的是此在的存在。此在在自己的这一别具一格的可能性中揭露出它实际上已丧失在常人之中的情况，从而才能摆脱常人的统治。最本己的可能性是无所关联的可能性，此在唯有从它本身去承受这种能在，别无他途。死要求此在作为个别的此在生存。死无所关联，从而使此在个别化为它本身。事涉最本己的能在之时，寓于世内存在者或与他人共在统统无能为力。这当然不是说，此在因此就不再操劳无所操持，而是说，操劳与操持不再依循常人制定的方向，而是直面自己最本己的可能性。先行到死把此在逼入无所关联的可能性中：从它自己出发把它的最本己的存在承担起来。

"死这种可能性无可逾越。然而，先行到死直面这种无可逾越之境而给自身以自由，从偶然拥挤上来的各种可能性中解放出来。只有先行到死，此在才可能本真地选择排列在那无可逾越的可能性之前的诸种实际的可能性，从而先行掌握整个此在的可能性，作为整体的此在生存。"

1976年5月26日，马丁·海德格尔与世长辞，葬于他的家乡麦氏教堂镇。

人类的采光大师燃尽了生命之火。"哲学之路又一次重归黑暗。"

普希金
PUSHKIN

俄罗斯头号诗人，自由精神的丰碑

世界上没有幸福，但有自由和宁静。

—— 普希金

1972年的盛夏，我在眉山下西街一个同学家的阁楼上，抄写厚厚的一本《莱蒙托夫诗选》，滚烫的诗句直入我稚嫩的身躯。

"毁灭了诗人，这不自由的正直之士！"

毁灭，自由，正直，三个词，犹如三团跳动不停的火焰。我抄完了那本书，抄了多少次记不清了，只记得摸黑下楼梯时的心跳。我躺在家里的草席小床上大睁着眼睛。19世纪的莫斯科奔入眼底，异国情调夹杂着异样的血腥。愤怒的莱蒙托夫写下《诗人之死》，凭吊三十八岁的普希金。

普希金死于彼得堡郊外的决斗，雪地里的决斗。一个叫丹特士的家伙杀死了俄罗斯最伟大的诗人。雪与血交融，高贵的灵魂停止了飞翔。此后一百多年，全世界的人记住了那个决斗场景，犹如记住了列夫·托尔斯泰死于一个小火车站。

普希金的妻子娜塔丽亚·冈察诺娃，被称为莫斯科第一美人，她已经为普希金生下两个孩子，依然"映照百里"，国色天香。沙皇尼古拉一世垂涎她久矣，清早跑到她窗下发呆，怒视紧闭的窗帘，偷听室内的动静。接下来，沙皇频频邀请她进宫，就像中国唐代的皇帝李隆基把杨玉环召进皇宫。莫斯科、彼得堡的贵族以闻到她的香泽为荣耀。丹特士变尽花招勾引她，谎称是为了接近她的姐姐。艳事绯闻有足够多的细节，一波三折，比戏剧更像戏剧。舆论大哗，上流社会的观众们，潮水般涌动不息，伸出去的脖子、嘴筒子和竖起来的大小耳朵成百上千。

蒙羞的普希金提出决斗。这个体形标准、面目英俊的男人走进了决斗场，死于一颗子弹。一颗纽扣却救了丹特士的命。

19世纪追求自由与美感的最杰出的人物,早已凝固成雕像,为人类所共仰。

1972年7月,在眉山下西街的阁楼上,连日抄写莱蒙托夫的那些流汗的夜晚,点燃了我的秋天,照亮了我的冬天,让我年复一年靠近诗人普希金、小说家普希金,童话和传记作家普希金。《棺材匠》《驿站长》《决斗》……那些短篇小说真有趣,读过就不会忘。契诃夫、托尔斯泰、别林斯基、赫尔岑、列宾、格林卡、柴可夫斯基、陀思妥耶夫斯基……俄罗斯的那扇窗口从此向我打开。

1799年的6月6日,亚历山大·普希金生于莫斯科城郊的涅麦茨卡亚街。这条安静的大街是达官贵人和学者名流聚集的地方,是由"老爷们的庄园构成的大村镇"。普希金家族是世袭贵族,他的父亲和伯父都是有名的诗人。贵族有古老的庄园,有领地,有田产,有大量闲暇的时光。一些贵族热心于科学与艺术。精英和纨绔都活跃于贵族阶层,而后者的数量总是占多数。

贵族的孩子通常由奴仆来陪伴,五六岁以后才交给家庭教师。一个叫尼基塔的年轻仆人带普希金上街玩儿,酒店、饭店、大车店、车站、宫殿、修道院、钟王伊凡的钟楼顶上,都是小普希金出没的好地方。尼基塔驾车或是骑马,有时候他把自己变成一匹马,把肩膀上的小孩子高高举起。尼基塔架着普希金去逛街,逛了无数次。后来诗人写道:"莫斯科啊,我的故城,啊,你那金碧辉煌的圆顶!"在无边无际的古都莫斯科街头,他买东西给小孩子吃,掏钱和喂零食的动作让小孩子记忆深刻,日后小孩长大了,知道了钱是父母给仆人的,却不能抹掉记忆中的亲切。何况,尼基塔一次又一次把纸币变成好吃的东西,他自己从来不吃,连尝都不尝。这些事都会埋下情感的种子。托尔斯泰伯爵的童年也是这般光景。《红楼梦》里描写的可爱丫头多于主子姑娘,和曹雪芹孩提时代的体验是分不开的。平等意识悄然而生。福克纳写《喧哗与骚动》,笔下近百个人物,唯有黑人女仆吉尔西闪烁着健全人格的光芒,她有无处不在的仁爱,不变的纯朴与坚韧。

普希金的乳娘名叫阿里娜，她对诗人的影响显然大于诗人的母亲，她是摇篮边的那双手和那张红扑扑的脸，她是温暖的胸脯和甘美的乳汁。故事，儿歌，俚语，笑容与亲吻，组建着小小普希金的世界。这太美了，这也太重要了。后来诗人写道：

给我唱一支歌吧，唱那山雀，在大海彼岸过着平静的生活。

给我唱一支歌吧，唱那少女，清早起来到泉边去打水……

诗人心灵的最初涟漪，源自阿里娜。无穷无尽的儿歌与故事，发自每日亲吻他的那张嘴，湿润而温馨的双唇，还有轻咬他的细齿。当时她三十几岁。多年后她摆脱了奴隶身份，获得了自由身，依然留在普希金家。她构成了诗人永久性记忆的一部分。诗人歌唱自由平等，耳畔会响起奶娘阿里娜的歌声。

普希金写道："幼时缪斯便爱上了我……在襁褓之间便赠我以芦笛。她俯在我儿时的摇篮上，微微呼出芳香的气息。"

不识字的阿里娜是普希金的缪斯吗？这个猜想应该是成立的。他的母亲忙于贵族圈的社交生活。乳娘的爱取代了母爱。诗人叹赏："我的童年时代啊，多么平静而美好。"

有一次，阿里娜带普希金上街，碰上沙皇的车队。路上的行人纷纷逃走，沙皇本人指着不足两岁的普希金，表情有点凶。阿里娜感到茫然，不知道她怀里的小孩子做错了什么。卫队长威严地告诉这位农奴妇女，小孩子没戴帽子，对沙皇不尊。阿里娜赶紧把帽子戴到普希金头上。后来她不断讲这件事，描述沙皇加威风于小孩子的滑稽细节，普希金乐得咯咯笑。这是诗人与皇帝的最初联系。

1804年，五岁的普希金迁居到莫斯科西郊的扎哈罗沃村，他的外祖母买下了包括村民在内的村子。《普希金传》的作者格罗斯曼写道："那是一个充满历史往事和古老碑林的地方……槭树、白杨，湖光水影和绿树浓荫。俄罗斯中部地区的风景，在这一带是五彩缤纷、绚丽如画的。"

这一带还诞生了另一位世界级大作家赫尔岑。古老的历史与绚丽的自然，感染了五岁的孩子，何况他已经听了那么多故事和传说。小孩子爬过了房顶，爬过了墙头，爬过了钟王伊凡的钟楼顶，现在他爬树，先爬小白杨，后爬大白杨，又骑在湖边杂树的树杈上，仰望高高的槭树。小身躯缠绕着树干，小手折断树枝伸向鸟巢，小嘴嚼树叶，又赶紧吐掉……

直到20世纪后半叶，全世界的孩子都善于跟树打交道，跟河流打交道，跟鱼虾打交道，跟野地、虫鸟和星星月亮打交道，当然也跟伙伴们打交道。户外生活乃是激活感觉的最佳途径。

后来渐渐不行了，进入21世纪，水泥汽车互联网的强势覆盖，让很多国家的少年儿童患上了"自然缺乏症""运动缺乏症"。生活的开阔度、丰盈度与细腻度大打折扣。2018年秋，俄罗斯一位学者写的文章《不会玩的一代》，被中国的大报及时转载。不会玩的显然不止一代。这令人忧虑，很忧虑。

不会玩，生命的灵动就丢了。现成的物品越堆越多，主动性就越来越少，而主动性乃是一切生命享受的最大前提。

五岁的普希金在自家村子里蹦蹦跳跳，回家看书听故事，听父亲的朋友们高谈阔论。有一天，家里来了一位名闻俄罗斯的作家，名叫卡拉姆辛。卡拉姆辛改革俄语！卡拉姆辛与海军上将希什科夫在报刊上展开语文论辩！

车尔尼雪夫斯基说："卡拉姆辛派同希什科夫派的斗争，属于本世纪初我国文学最有趣的运动之列。"

家庭沙龙众论滔滔，身材高大的卡拉姆辛挥斥方遒。他还朗诵诗歌！小孩子普希金躲在沙发的背后，听了整整五个小时。五岁那一年的五个小时，对普希金的影响难以估量。为什么？影响力以浸润的方式植入了稚嫩的身躯。

接下来的夜晚，直接延续了白天，普希金的父亲回忆："整个晚上亚历山大都坐在他对面，仔细倾听他的谈论，目不转睛地望着他。"

偶像卡拉姆辛让儿童普希金入痴入魔。虽然大人们的谈话，小孩子似懂非懂。似懂非懂却是崇拜的常见要素。

我们重温弗洛伊德："人在五岁左右的体验将决定他的一生。"尽管严格意义上的回首童年几乎不可能，精神分析学的创始人也做不到。

谢尔盖·普希金，诗人的这位伯父被称为诗歌教授，他研究各种诗歌体裁——寓言诗，童话诗，讽刺诗，献给女郎的诗，即兴诗，限韵诗，致友人诗，纪念册题诗……谢尔盖说："我学逻辑学，力求语言明白。"

小诗人无意间培育着大诗人。家里的会客室对普希金的吸引力大于儿童室。书房里的藏书，全是18世纪法国古典作家和哲学家的作品。拉伯雷，伏尔泰，莫里哀，高乃依……这些法国人的名字在眼下的中国依然耳熟能详。

普希金七八岁，读经典著作就如饥似渴了。普希金的弟弟写道："他小时候常常彻夜不寐，偷偷地在书斋里，一本接一本狼吞虎咽地读。"普希金法语、德语、拉丁语都好，这得益于他的家庭教师蒙弗尔伯爵，这位伯爵还精通音乐与绘画。

从幼儿期到十来岁，从莫斯科贵族大街到郊外的村庄，从丰盈的户外到丰厚而神秘的户内，从上流人士、学者、作家到乳娘、仆人、车夫、厨子、园丁，普希金孩提时代的情与智的上升速度，大大超越了同龄人。贵族孩子吃着奴隶乳娘的奶，小手牵着仆人老朋友粗糙的手，骨子里的平等意识在萌生，血液中的自由精神在扩充。这是天才中的天才的成长模式。

实实在在地热爱自然，爱一切善良的人，爱包括艺术在内的所有的美好事物。古今中外的优秀者都是这样。

家庭沙龙，嘉宾常有。每周一次的家庭小剧场生发想象力，沙发、柜子、窗帘、衣帽架都是现成的布景。男女老少动不动就是一大群，哦，外祖母也要扮演淘气的小角色，普希金的妹妹则扮演骄傲的公主，哥哥弟弟们争演骑士。莫里哀的喜剧片段更是保留节目。乳娘阿里娜模仿沙皇的派头与腔调，笑倒一大片。捉不完的迷藏，演不够的戏。爆笑与安静，打闹与严肃，欢快的小提琴乐曲与民间哀歌的低吟。水兵舞、芭蕾舞、宫廷舞、乡村丰收舞、草原婚庆舞……哦，雪花纷纷扬扬，落在俄罗斯广袤的土地上。湖畔一个个家，温暖的家。

普希金十三岁进了彼得堡的皇村学校，这所顶级的贵族学校由沙皇主持开学典礼。沙皇叫出了普希金的名字，不知道这个英俊少年有何反应。少年诗人的诗歌正写在笔记本上，找不到关于沙皇的只言片语。

所谓沙皇，只不过是乳娘嘲笑的对象而已。

权力是诗人们需要对付的东西。家庭沙龙并不把沙皇当回事，金发少年普希金很早以前就知道了。当时他三岁，趴在地毯上听关于沙皇的笑话，把一个丑陋的木偶称为沙皇。而在若干年后，沙皇想把普希金变成提线木偶。

1812年的大事是俄法战争。拿破仑的大军长驱直入，攻进了莫斯科，俄罗斯民众陷入空前的恐慌。拿破仑纠集二十个国家的联军要征服整个星球。

英国哲学家罗素讲的一句话让我印象深刻："这个人（拿破仑）只不过拥有让人死掉的聪明。"拿破仑的手杖上刻着几个字："我能征服一切"。他却遇到了库图佐夫将军，遇到奋起保家卫国的俄罗斯人民，贵族、平民和奴隶们都要为国家拼死一搏。普希金写拿破仑："他用麻木的双手，抱住自己的铁冠……欧洲的民军纷纷逃窜。"

胜利的俄罗斯沸腾了，普希金直接看到"人民复仇之神的面容"。

1814年3月，俄罗斯的军队浩浩荡荡进入巴黎，少年普希金写道：

俄国人进了巴黎！复仇的火焰在哪里？

高卢，低垂下你的头吧！

但我看见了什么？

英雄们带着金色橄榄枝，满含和解的微笑来到此地。

战斗民族也是爱好和平的民族。奋起反击的俄罗斯证明了它的强大。一百多年后，希特勒败在莫斯科城下。当纳粹德军进攻苏联时，俄罗斯的军队和人民受到普希金诗句的鼓舞：

发抖吧，暴君！灭亡的时刻来到了！

你遇到的每个士兵都是无敌的勇士。

普希金写下这些诗句的时候只有十几岁。后来他写叙事长诗《拿破仑》。拿破仑对沙皇及其大臣们了解很透彻，所以蛮有把握地发动战争。但拿破仑忽视了俄罗斯人民。普希金写道："守在莫斯科城里的不是沙皇，而是俄罗斯。"

普希金在皇村学校待了六年，接受最优质的教育，激发了诸多潜质，例如对科学的浓厚兴趣。罗梭和伏尔泰的启蒙思想在他身上闪出了火花。他大量阅读哲学著作。19世纪的总体氛围是崇尚理性，相信科学、艺术与社会进步，例外者是尼采、斯宾格勒等德国大哲。歌德和席勒也对文明持怀疑态度。

皇村学校的副校长兼教导主任马尔登，信奉基督教，自诩"禁欲主义者"，却对到学校来探望学生的女性逐一亲近，乃至亲昵，他温柔的笑容带着猥亵意味。有一天在大食堂，普希金当着全体学生的面戳穿这个伪君子，学生纷纷响应。然而，校长站在副校长一边，对学生们发出警告。普希金不甘示弱，以学生领袖的姿态发起了驱逐副校长的运动。双方拉锯，普希金寸步不让。一些形容马尔登的词句传遍了学校："他身材细长而干瘪，眼睛闪烁着宗教狂热的火花，走路和举动像猫一样蹑手蹑脚，脸上一副残酷冷静、带着讥讽的严厉表情，不过总是用父亲般的慈爱隐藏起来。"

贵族子弟不好惹，思想敏锐、语言尖锐的普希金更不好惹。思想有何用？思想戳穿伪装。马尔登被调走，灰溜溜夹着皮包走掉了。学生们敲瓷盆送他滚蛋，普希金雄赳赳走在前面。这位少年诗人写下第一首长诗《修士》，把道貌岸然的修道士写成吃货、酒鬼、色鬼。

歌颂俄罗斯，赞美卫国战争，骨子里心系底层，对沙皇的不敬，对宗教狂热分子的抨击，对异性美的高度敏感，显现为少年普希金的几个倾向，或曰生存的向度，意识的向度。这是他的基础性人生情态，日后将绽放绝艳之花。

彼得堡皇村学校来了新校长，校长家里来了一位新寡的少妇，芳名玛丽雅，可能是校长的亲戚。学生们惊艳于这位法国女郎那身段，那妖娆，那异国风韵。十六岁的普希金对她一见钟情，撇开同学，勇敢地走近玛丽雅，用流利的法语问候玛丽雅，白天和夜晚都为她神魂颠倒，趴在宿舍的窗台上借月光写情诗。

皇村剧场正在上演莫扎特的歌剧《唐璜》。普希金借来几缕月魂，用滚烫的手写下的一句法文诗，第二天传遍了学校，点亮了千百双少年的眼睛："刹那间的爱的昏厥。"

情诗的题目叫《给一个年轻的孀妇》。可是年轻漂亮的孀妇因此而恼怒，向校长告普希金的状。这事有点闹大了，校长本人一笑置之。学校的法语教授们还对这首法文诗津津乐道。法国女郎在教室之间的过道上截住普希金，试图当面制止他的胡闹。不料，二人面对面时都红了脸，红晕固执地停留在脸上，几分钟不褪色，双方说话也是结结巴巴词不达意。同学们围观，一阵阵起哄。

莫名其妙的男女红晕，欲盖弥彰，欲掩还露，哦，这光天化日的。少年诗人战栗，垂下了头。玛丽雅仓促走开了。

"刹那间的爱的昏厥。"突然发生的阴阳闪电击中了谁?

法国的女郎可能一半都是诗人，玛丽雅用法文诗回敬普希金。诗题叫《当诗人神魂颠倒的时候》。她写得很俏皮，微讽钟情于她的少年郎。普希金更来劲，酝酿第二首情诗，微笑的玛丽雅等待着用诗歌吵架。这时候，校长出面干涉了。诗歌吵架，言来语去的，弄不好就吵成一场真恋爱，学生与孀妇的爱，将把严格的校规变成一张废纸。

少年诗人嫉妒法国女郎死去的丈夫，因为她宣称每日怀念着丈夫，跟丈夫的亡灵对话。诗人很有把握地描述："他们享受不到春天的玫瑰，凉爽的早晨，喧闹的酒宴，坦率友谊的热泪和情人羞羞答答的呼唤……不! 嫉妒的丈夫再是妒火中烧，也不会从永恒的黑暗来到人间。"

这首献给玛丽雅的情诗也否定了灵魂不灭。宗教情怀救不了玛丽雅。少年普希金为她指路：她应当爱起来，她应当燃烧起来。

事实上，住在校长家的法国女郎燃烧不起来，她只能憋着火焰，亲手浇灭任何一个有蔓延趋势的火种，努力把阳世的爱永远献给阴间的"鬼丈夫"。原本不偏不倚的皇村学校校长，现在公开抨击普希金："我校学生普希金的最高和最终的目的，无非是作诗炫耀而已。"

　　普希金与玛丽雅之间发生的事件，时间大约是1815年的春天和夏天。彼得堡的金色秋天，诗人惆怅。少年普希金之烦恼，哦，原来烦恼的后面还潜伏着一堆烦恼，"此情无计可消除，才下眉头，却上心头"。

　　少年诗人悲秋，"抽刀断水水更流，举杯消愁愁更愁"。

　　体形瘦削的少年郎更瘦了，"日日花前常病酒，不辞镜里朱颜瘦"。

　　然而倔强的少年不后悔，"为伊消得人憔悴"。

　　皇村学校的几年，激昂激烈是普希金，腼腆羞涩也是普希金；滔滔不绝妙语连珠是普希金，吞吞吐吐欲言又止也是普希金。异质性的东西交袭着天才少年，而这几乎是伟大人物成长的不二法则。

　　哲学、宗教、战争、萌动的爱情，伴随着十几门课程，伴随着数不清的体育运动、团体活动、戏剧表演。皇村学校六年，分秒扎实，像早晨悬挂树叶的一颗颗露珠，晶莹剔透，充盈着张力。诗人他年回首，充满了感激与怀念，尽管记忆中有几张不大好看的脸，以及学校成问题的办学方向。

　　大诗人茹科夫斯基造访学校，称普希金是神童，普希金一时名声大噪，低级班和高级班的学生都叫着亚历山大·普希金。

　　1817年初，诗人五岁那一年崇拜的作家兼历史学家卡拉姆辛，到皇村学校当历史教授，诗人更抖擞，几近亢奋。同学回忆说："……每天课后，他都要从学校奔向卡拉姆辛的家，在那里度过晚上，讲故事，说笑话，纵声大笑。"

　　漫长的时光中发生了什么？

　　每当教授不在家的时候，十七岁的普希金与卡拉姆辛夫人促膝交谈，安静的交流和窗外的黄昏和着某种节奏，两三个钟头一晃而过。卡拉姆辛夫人优雅的谈吐与坐姿让普希金沉醉，少年郎说着说着，忽然把头低下了，双手不安地交叉。端庄的夫人一时沉默。她的年龄大他一倍。然而冲回宿舍的少年郎彻夜未眠，写了一封长信，选择了几天后他与卡拉姆辛夫人单独相对的黄昏，颤抖着递上他的情书。夫人诧异，她轻轻叹了一口气，什么话也不说。普希金转身就跑。夫人把情书交给了丈夫。次日，普希金又来造访时，卡拉姆辛把普希金教训了一顿，可怜的普希金，"低着头……突然热泪滚滚"。

爆炸式的恋情，硬生生憋了回去。少年诗人两次热恋的对象都是成熟的少妇，不知道是何缘故。他还追求同学的姐姐。半学期爱了三次，都是单相思，恋人絮语只是对着月亮或空旷的操场、荒凉的黑暗树林，除了那一次与法国女郎用法语诗交锋。皇村学校没有女生，恋爱事件几乎为零。

少年普希金有记载的恋爱有五次，大都发生在十五六岁。他写给同学姐姐巴库宁娜的情诗《歌者》，列入各种选本。他为他的恋爱写下了二十首《哀歌》，其中一首说："她是多么可爱啊，黑色连衣裙紧贴着巴库宁娜的身体！我已经十八个小时没有看见她啦。哎呀！什么样的处境，什么样的折磨，但是我，幸福了五分钟！"

《歌者》有这么一段：

你可曾在荒凉的树林里遇见那个人？
一个歌者在歌唱自己的爱与不幸？
你可曾注意到他的泪痕、微笑，
还有那充满了忧愁的平静的视线？

失恋的滋味比恋爱还要纠缠人，少年普希金一路唱着爱的哀歌，识尽忧愁滋味，所以他平静，泪痕与微笑并呈。

闹恋爱注定无结果，但是恋爱少年并不知道无结果。七八岁他就被情诗点燃了，十五六岁俨然老情人，他再次爱上了一位公爵小姐的侍女，但很快又把她弄丢了，留下的只有这首传诵至今的情诗《给娜塔莎》：

娜塔莎——我的光亮，你现在哪儿？

我怎能不流着辛酸的泪？……

不久，不久，冬天的寒冷，

就要访问灌木林和田野，

在充满烟气的茅舍里，

马上就会射出明亮的火光，

我看不见我的美人啦！

爱情使田野更芬芳也更荒凉。无可名状的情绪，突然冒出的眼泪，一个人在野地里胡乱游走到天明。作为光亮的恋人不见了，少年的天空陷入黑暗。光亮与黑暗连接情绪的两端，像是反复通过的电流。十六岁的诗人把爱情写进《我的墓志铭》：

这儿埋葬着普希金，他和年轻的缪斯。

在爱情和懒惰中，共同度过了愉快的一生。

他没有做过什么好事，可是他善良，

他实实在在是个好人。

写给自己的墓志铭，是当时俄罗斯流行的一种文体。死亡意识与生机勃勃共属一体。哲学就是预习死亡，艺术就是品尝死亡。西方谚语说：人一生下来就足以老到去死。婴儿的鲜嫩与九十岁老头的浑身枯皱是一回事。朝霞满天直指昏黄暮色。爱情与死亡是莎士比亚戏剧的第一主题。爱到深处要触摸永恒，而触摸到的唯一的永恒便是死亡。

马丁·海德格尔把人界定为：终有一死者。

爱的自足使人性站立。对死亡的追问同样如此，死亡追问乃是终极性追问，也是基础性追问，一生二，二生三，三生无限，追问无止境。

那些妄自尊大的人，沾沾自喜的人，冠冕堂皇的人，道貌岸然的人，不可一世的人，都是死亡意识不够充分的人。人类的伟大人物，都对渺小与短暂有足够的领悟。这种领悟解构形形色色的权力，戳破五花八门的伪装。

普希金爱得疯狂又亲近死亡，这是欧洲顶级诗人的常态，在拥有广泛的民间基础之上的常态。有了爱情马上就要放声歌唱，而中国古代的诗人缺这个。爱情被礼教消灭了，人性的光辉就少了许多。连母爱都被拿掉了，唐诗宋词几万首，歌颂母爱的寥寥无几。苏东坡写诗数千首，没有一首是怀念他早逝的母亲程夫人的。鲁迅一生几乎不提唐宋诗人，乃因他对封建礼教有深广之思。

1814年，十五岁的普希金写下叙事诗《浪漫曲》，流传极广，谱成了歌曲，绘成了木刻年画，进入千家万户。这个名篇曾经被官方严格审查、肆意删改。

阴雨的秋天，傍晚的时光，
一个少女在荒野的地方独自彷徨。
她把那个不幸的爱情结下的秘密果实，
紧抱在自己两只战栗的手上。
树林和山峰—— 一切都那么寂静，
一切都在夜色的昏暗中沉入睡乡；
只有她一个人怀着恐惧，
用惊惶的目光向四周张望。

她深深吸了一口气，
就把视线停在那个无辜的婴儿身上……
"你睡吧，孩子，我的孽障，
你不知道我心里所有的悲伤——
等你睁开眼睛，就会发愁，
因为你不能再紧贴着我的胸膛，

明天，你不能再见你不幸的母亲吻在你的小脸上。

"你将白白地向她招手!……
你要问：'我的亲人在哪儿？'
但你找不到你亲人的家门！

"我的天使……
他到处都是一个孤独的孤儿，
咒骂着这极不公平的世界，
他会听到残酷无情的笑骂……
那时候请你原谅，原谅我吧……

"也许，你这个凄凉的孤儿，
要去打听和寻访你的父亲！
唉！他在哪儿，那个亲爱的负心人，
那个我到死也忘却不了的心上人？——
那时候你安慰那个苦痛的受难者吧，
并且说：'她已经不在世上啦——
劳娜忍受不了生离死别的痛苦，
她已经投身到那个荒凉的世界啦。'

"啊，我说了什么话？……也许，
你还会遇见你有罪的母亲——
你的悲伤的视线会使我感到吃惊！
母亲怎么连自己的儿子都认不清？……

"你睡吧，不幸的孩子，

最后一次再紧偎着我的胸膛。

这不公正的可怕的法律，

判定了我们要受尽苦难。

当着时光还没有驱走，

你无忧无虑的欢欣——

睡吧，我的亲爱的！辛酸的悲伤，

还不能惊动你童年时的宁静！"

但这时，月亮突然从丛林后面，

照亮了她近旁的一所茅屋……

她带着慌张的心情紧抱着儿子，

走近了那所茅屋；

她弯下身子，轻悄悄地，

把婴孩放在人家的门槛上，

然后怀着恐慌，转过眼睛，

就消失进夜色的苍茫。

情与景交融，这首叙事诗达到了很高的境界。苦命的母亲劳娜扔掉她的私生子，夜色中的荒野，她惶恐、紧张，痛苦催生了死的念头。

十五岁的普希金，下笔竟如此细腻，如此扣人心弦，应该和他乳娘阿里娜在他幼小时讲述民间故事有关，仁慈心肠在他两三岁就埋下了种子。

有仁爱就会有仇恨，恨不公正的法律，恨不公正的社会。慌乱中的母亲把孩子放在茅屋的门槛上，预示孩子将来的命运：荒野茅屋的主人多半是农奴。

悲惨是双重悲惨，母与子互不知情的悲惨。漫长岁月中点点滴滴的疼痛、无助。呼天天不应，叫地地不灵。而劳娜只是无数悲惨的母亲之一。

少年普希金的诗笔同时向几个重大题材挥洒——战争、祖国、自然、爱情、对底层民众的深广怜悯。这令人忍不住要去细想他的童年。

普希金没有"题材"概念。谁影响他呢？乳娘、家庭教师、家里不计其数的藏书和源源不断的访客，皇村时期，茹科夫斯基等大诗人对他的指点。俄罗斯首屈一指的文学批评家别林斯基甚至说："没有茹科夫斯基就没有普希金。"

少年诗人一开始就踏上了康庄大道，避免了岔道丛生的迷宫探索。

今日俄罗斯，平均二十个人就拥有一套《普希金全集》。

1817年，普希金从皇村学校毕业，在彼得堡的外交部做了十等文官，年薪七百卢布。他的综合成绩中等。贵族子弟可以不上班的，拿着年薪或月薪悠游度日。小伙子普希金精神抖擞，频繁接触诸领域的才俊。进一流的剧场看歌剧，看油画展、版画展，看古典芭蕾舞，听音乐会，参加各类团体的聚会，嗅到了秘密政治团体的消息。为农奴呐喊，抗议沙皇专制！普希金在乳娘的怀抱里就憧憬这个。现在他饱读诗书，强化了孩提时代朦胧的价值向往。

奴隶们受压迫，这绝对不公平。

鬈发小伙子普希金攥紧拳头说：这绝对不公平！

西方诗人们常常被称为先知，盖因他们发现绝对。绝对像数学公式一般精确，无可置疑。

普希金在皇村学校结识了思想者恰达耶夫，毕业后进入政治经济学家尼古拉·屠格涅夫的沙龙。尼古拉·屠格涅夫《试论赋税》一书轰动了知识界，他指出：俄罗斯的任何法律从未确立过农奴制。17世纪之前，农民在尤里节还有权选择主人，然而沙皇的世袭大地主把农民变成奴隶。从此，老爷们可以把自己的"奴才"用来赌博，应兵役，服苦役，随意鞭打，霸占农奴的妻女填充后房。而俄罗斯社会对这一切不了解，因为"历史不是农民写的，而是地主写的"。

在彼得堡的文学沙龙，普希金听到这样的诗句："啊，自由啊，自由，无价之宝，请允许奴隶把你歌唱！"普希金不禁为自己写下大量情诗感到惭愧，想要打碎"缠绵的竖琴"，掉转他的诗笔，"向世界歌颂自由"。

普希金发出了呐喊："起来吧，匍匐在地的奴隶们！"

这诗句，令人联想深沉而雄壮的《国际歌》。马克思在阅读普希金的代表作《叶甫盖尼·奥涅金》时，注意到诗人对政治经济学的兴趣。普希金研究的对象包括亚当·斯密。

夏天，普希金到祖上的领地去度假，在自然温柔的怀抱里享受静谧。弹琴，击剑，狩猎，更多的时光交给湖畔闲步中的沉思。入夜，在壁炉旁阅读。三山村优雅的女地主奥西波娃坐拥书城，她有初版的莎士比亚戏剧的俄译本。二人互相吸引，每日交谈，远足朝着地平线的尽头，古松下立尽黄昏。

普希金动起来有如旋风，安静的时候从早到晚几乎一动不动。天才人物往往具备迷人的特质，激烈，缠绵，伴随着强有力的思考。大脑与身体各行其是，互不干涉"内政"。海德格尔三十六岁写《存在与时间》，正与他的学生、犹太美女阿伦特坠入爱河，狂恋不休，但这部划时代的哲学巨著毫无身体和情感的痕迹。

人类杰出人物的大脑显然更像大脑。

普希金回彼得堡，一头扎进了戏剧界，结识各类俊杰，大谈莎士比亚的精髓，他要把悲剧元素引入俄罗斯戏剧，尤其推崇莎士比亚戏剧的人民性。别林斯基写道，普希金赶上了"俄罗斯戏剧界光辉的古典主义灿烂的末期"。

好戏院绝不是娱乐场所，它注入了戏剧家们卓越的思考，注入演员精益求精的表演，这个传统，经由后来的契诃夫得到强有力的传承。十九岁的普希金写下《我对俄罗斯戏剧的意见》，被称为俄罗斯剧评的典范。他赞美芭蕾舞的丰碑式舞蹈家谢苗诺娃，把她写进传记体长诗《叶甫盖尼·奥涅金》。

在恬静的乡村，在繁华首都彼得堡，普希金的每一秒钟都充盈着张力，梦里写诗是常事，早晨记下来一字不漏。上午去美术馆，下午进音乐厅，晚上待在茹科夫斯基的家庭沙龙，讨论哲学、政治、文学、艺术、宗教、经济学、社会学、心理学、考古学，也谈谈美女与美酒。严谨的谈吐和开心的大笑瞬间转换。

哦，19世纪欧洲的那些比星星还多的沙龙，真是令人向往。

彼得堡却有另外一个普希金，舞厅里和酒会上的普希金，喝醉了伏特加，舞步颠三倒四，跟人吵架动粗。他在彼得堡国家大剧院出风头，故意挡住后排观众的视线，还把两条瘦长的腿放到前排。谢苗诺娃梦幻般的芭蕾舞，他欢呼，尖叫声令人愤怒。当戏剧进入高潮、院场最安静的时刻，会悄然响起"蛐蛐"的叫声。

普希金的绰号叫蛐蛐。

彼得堡社交界的两个皇后般的贵妇吸引着普希金，他登上她们的香车，亦步亦趋，目光迷离。公爵夫人戈利增娜，高贵、端庄，而又放浪！普希金被这个美貌惊人的、"彻夜寻欢作乐的"夫人迷住了，不断写诗献给她，跟随她走进富丽堂皇的舞厅，跳起复杂的宫廷舞，一支又一支。华灯通宵不灭，美酒美妇旋律……

英姿勃勃的是普希金，吃酒胡闹、迷乱癫狂的也是普希金，十八九岁的年轻人，能量又那么足，荷尔蒙还未能释放。他狂奔在彼得堡宽阔的大街上，忽然停下，无缘无故伤心落泪。

理性充沛又感性十足的普希金，有时怀疑自己是否确切找到了前进的方向。青春意味着试错。彼得堡的生活太叫人眼花缭乱了，酒鬼、色鬼、捣蛋鬼和青年才俊们的日常轨迹，并非泾渭分明。

伟大的人物潜伏着渺小，高贵的灵魂有着并不高贵的另一面。

历史长河中的庞然大物，均可作如是观。

普希金去卡拉姆辛家依然受欢迎，虽然面对典雅的夫人他还残存着羞涩。两年前他疯狂地爱上师母，月下含泪写长信，客厅颤抖递情书……卡拉姆辛刚出版轰动学界的《俄罗斯国史》，普希金逐字逐句读完了前八卷，钦佩之余，写诗嘲讽老师对沙皇的无条件遵从："他的《国史》，优雅而朴素，还有不偏不倚的论述：专制制度必不可少，皮鞭也挺舒服。"

普希金十九岁的名篇《我未曾用谦逊而高尚的竖琴》，亮出他的决裂和向往："我的不受贿赂的声音，是俄罗斯人民的回声！"

沙皇听到了这种回声，他要用地位金钱贿赂诗人，而诗人拒绝，坚决站在俄罗斯人民一边。《自由颂》的手抄本疯传彼得堡和莫斯科。

"统治者们！授予你们皇冠和宝座的是法律，而不是什么天神。你们站在人民之上，但是永恒的法律更高于你们！"

沙皇听到这些石破天惊的句子做何反应？贵族子弟在统治者内部造反，未来的十二月党人在秘密活动，目标是推翻帝制。声名鹊起的普希金是十二月党人吗？沙皇亚历山大有此疑虑。这个权力顶端的男人徘徊于他的宫廷，耳边响起普希金讽刺皇族和他本人的诗句，更可怕的是《乡村》一诗，写出恬静田园的同时揭示了农奴的绝望处境。

风景很美，农奴很惨。

农奴不惨，有世袭贵族一代代的荣华富贵吗？诗人的笔就是刀枪，枪口刀尖直指沙皇的敏感处、要害处。

普希金的名篇《致恰达耶夫》，让沙皇读得心惊肉跳：

同志，相信吧：迷人的幸福的星辰，
就要上升，射出光芒，
俄罗斯就要从睡梦中苏醒，
在专制暴政的废墟上，
将会写上我们名字的字样！

沙皇的统治将要完蛋了吗？沙皇亚历山大一世在1818年、1819年，不断听到他最不想听的句子。这些句子发自同一个人，这个人叫亚历山大·普希金，据说名气不小。贵族子弟反贵族，反皇帝，岂不是发疯？祖传的领地、优裕的生活以及种种特权他都不要了吗？徘徊冬宫的沙皇想不通。

1820年4月的一天，彼得堡总督突然召见十等文官普希金，严厉谴责他讽刺沙皇。小官普希金面对总督，毫不畏惧，他用鹅毛笔写下了所有的讽刺诗，不劳总督大人派人去抄家。普希金下笔飞快，最后写下的一首是《自由颂》，还斜靠办公桌高声朗诵。

总督先是目瞪口呆，然后又有些钦佩，觉得这个年轻人很有骑士风度。

这位总督把普希金手抄的讽刺诗呈送沙皇，说："普希金高尚的言谈举止，真让我钦佩！"

沙皇看着诗歌一言不发。

彼得堡上流社会炸窝了，攻击普希金的声浪有如海浪。

诗人非常郁闷。剧烈的情绪反弹使他产生了刺死沙皇的冲动，杀掉沙皇，然后自杀。这是几年后他自己讲的。

不自由，毋宁死。

1820年5月6日，普希金流放南俄，名义上是担任外交部的信使。

普希金在彼得堡的三年时光，不仅写下为农奴呐喊、讽刺沙皇、预言自由的诗篇，他还创作了丰碑式的长篇叙事诗《鲁斯兰和柳德米拉》，诗笔挥向了古代，深沉的历史感与现实生活完美交融。诗坛的战士慷慨激昂，却又展示了巨大的艺术才华，一般人是远远做不到的。战士，酒徒，半夜舞者，石榴裙下的迷狂者，旷野独行的思想者，若干异质性的元素托起这颗超新星。

何谓天才？天才就是不可思议。

流放南俄的前夕，普希金完成了《鲁斯兰和柳德米拉》最后一章。茹科夫斯基，这位俄罗斯首屈一指的桂冠诗人叹息说，二十一岁的普希金已经超越他了。

流放南俄是卡拉姆辛和茹科夫斯基奔走游说的结果，否则普希金要流放西伯利亚。沙皇已下令，几天后又收回成命。等待命运之神判决的那一百多个钟头，诗人写完了顶级诗篇。

愤怒不可免，担忧流放西伯利亚不可免，却能够心如止水，灵感喷射如泉，这个人是怎么做到的？那颗异常激烈的诗心又拥有神的安详吗？

海德格尔说："我们要倾听诗人的言说。"

英佐夫将军是击败拿破仑的库图佐夫的战友，他担任南俄移民总督，总督府设在当时的叶卡杰林诺斯拉夫城。骑兵上将尼古拉，顺路护送普希金到总督府。英佐夫将军善待流放的诗人，将军自己也写诗。二人深入交谈了几次，将军微笑着对普希金说：“我给你的任务就是，完全的自由和充足的休息。”

诗人舍弃了城里的旅馆，跑到第涅河畔租了一间草屋，写诗，游泳，划船，欣赏风光，接触当地人，迎接英佐夫将军造访草舍。

诗人生病了，第四军军长拉耶夫斯基专程来探望，嘘寒问暖，又带上诗人和自己的家人一起去高加索度假。英佐夫赠送了一些钱，目送普希金的马车上路。

一行人渡过第涅河，马车驶过辽阔的草原，在南海边的一座小城停下来。

拉耶夫斯基将军的女儿玛丽雅，蹦跳着奔向激浪中的大海，线条优美的身躯跟潮头嬉戏，她开怀的笑声应和着一阵阵涛声。诗人顿时入迷了，诗句共波涛飞溅：“雷雨欲来，海浪激荡，我多么羡慕那些波涛，含情拜倒在她足旁！”

接下来，这群旅行者的三驾马车进入顿河哥萨克的中心地带。哥萨克的农奴正在揭竿而起，与沙皇斗争。这是另一种海浪，汹涌澎湃的海浪。血写的故事在这一带流传。拉耶夫斯基对农民起义领袖拉辛感兴趣，搜集民间的传说与歌谣，尤其是顿河上的歌谣。原来，这位受过良好教育的军长是秘密十二月党人，普希金并不知情。他和将军相处甚洽，马车上交谈，顿河边闲聊。

后来他回忆说：“拉辛是俄罗斯历史上唯一的最适合写史诗的人物。”

诗人把彼得大帝也排除在外了。贵族子弟瞄准了农民起义的英雄。顿河边他徘徊，构思拉辛史诗。

马车晃晃悠悠往前走，时在夏季，车上过夜是常事。跳着舞，喝着酒，直挺挺地倒在青草地上，嗬！星星大如斗。遥远的村庄隐隐传来欢乐或是忧伤的歌谣。夜深了，诗人躺在草原上，躺在山岗上，躺在顿河上，躺在美神缪斯温柔的臂弯上。月亮大得不像真的，亿万颗星星向诗人涌来。

意绪像风一样自由。想象飞升，又紧贴着生长万物的大地。与海德格尔颇有哲理的话产生共鸣："人在大地之上，人在天空之下。"

可惜，实实在在地拥抱大地的生活，越来越少见了。旅游者被旅游业精确算计。米兰·昆德拉叹息说：21世纪的西方人也不知漫游为何物了。

三驾马车抵达了高加索的温泉（地名）。这一带是南方两海之间的广阔山区，那高耸的山峰，一年四季冰封雪冻，普希金在笔记中写道："冰峰在朝霞明媚之时，从远远看去就像奇特的彩云，五光十色。"

他享受据说可以治病的温泉，与将军的女儿玛丽雅一同戏水。玛丽雅入水的身姿真是美极了，普希金痴迷了足足半分钟，然后，腾空而起扎猛子，朝着那条翻卷碧水的美人鱼箭一般游过去。

据玛丽雅本人回忆，与她同行数月的诗人并未爱上她，普希金对她，只不过是"青春与美丽崇拜"。可见青年诗人并不是见一个爱一个，例如，他与三山村的女地主奥西波娃，始终保持纯洁的友谊。

青春与美丽崇拜，比爱情来得更宽广。

诗人的一双慧眼能够容下所有的美妙之物，当然包括女性之美。这种欣赏的目光并无单纯的欲望助推，比欲望更多的，是诗性的惊奇，是由衷的祝福和深广的怜悯。《红楼梦》写贾宝玉，"爱博而心劳"，对大观园的美好女性"昵而敬之"。曹雪芹也是大诗人，稍早于普希金。

想想普希金十五岁写下的《浪漫曲》，想想他对乳娘一辈子不变的爱。

8月，这一群漫游者绕道踏上归程，从高加索前往克里米亚，经过黑海哥萨克的土地，朝着塔曼半岛行进。驻守要塞的骑兵们给普希金留下很深的印象："永远骑在马上，永远准备战斗，永远要小心戒备。"

这里也是不满分子的集中地，是逃亡农奴和苦役犯的避难所。普希金挥笔写下《高加索的囚徒》。这位历史学家在旅途中写官方呈文《关于黑海和顿河哥萨克的意见》，对古代俄罗斯人的大胆、勇敢和慷慨表达了敬意。

战斗民族其来有自，彼得大帝也是普希金赞美的对象。诗人热爱自由，所以他反抗沙皇；诗人更爱祖国，所以他歌颂俄罗斯的英雄。普希金有相当明确的价值取向，不会被极端复杂的历史与现实搅昏头脑。

嗬，二十来岁的普希金！

8月中旬，诗人抵达黑海。有两艘军舰把这群特殊的旅行者送往目的地古尔祖夫。8月海浪高，护卫舰破浪而行，普希金端着酒杯在甲板上走来走去。

入夜的黑海一片漆黑，诗人渴望更大的波涛："掀起狂澜吧，阴沉的海洋！"

狂风巨浪能掀翻沙皇亚历山大一世的宝座么？诗人整夜盯着阴沉沉的大海，这是专属于他的没有月光的美妙之夜。紧紧盯住黑暗，光明自会从黑暗升起。

五内沸腾，莫名的情绪在体内奔突。不仅是反抗，诗人想要的更多。普希金的自由奔放，绝不仅仅是权力的对立面。

大海与大地保持着它的永久性神秘，永久性神秘永远引领杰出的文学艺术家。

沙皇弹指一挥间，大海依然在。

甲板上通夜不眠的普希金进入了冥想状态。漆黑的海面上，海浪声勾勒海浪的形状……

太阳浮现于海浪，诗人睡着了。船长轻轻摇醒他。哦，"蔚蓝纯净的天空，明亮的大海，粼粼的水光，炎热的空气……"

环绕古尔祖夫的群山呈半圆形舒展开来，群山之下的城市，一排排杨树郁郁葱葱。拉耶夫斯基将军的夫人带着两个女儿在岸上迎接。将军的四个女儿都醉心于艺术，弹琴，写诗，追怀古希腊，在别墅临海的平台上，随时即兴翩翩起舞，少女们旋转的长裙令诗人心花怒放。

二女儿叶莲娜十七岁，有一对淡蓝色的眸子，美得叫人无限忧伤，因为她一直患病，青春洋溢的俏脸时见苍白，红润时却发着低热。她勇敢的微笑露出不久于人世的迹象，诗人为她心都碎了。

"绝艳易凋，连城易碎"，南唐李煜，在大周后娥皇凋谢了红颜之时，发出绝望哀叹。造物主雕刻了如花似玉的叶莲娜，又急于把她收回去。

绝望之永恒，诗人要面对。

两年后，普希金邂逅了另一位病美人、意大利女郎阿玛莉亚，疯狂地爱上她，为她写下不朽的情诗。

诗人何以疯狂？只因诗人绝望。

他每日怜惜着的娇柔病女郎啊："两只活泼的眸子天生不知有泪痕，只燃烧着热情，闪烁着南国的蓝天。"

叶莲娜已经玉殒香消，阿玛莉亚回意大利，不久也去世了，金发玉颜的她被抬进了冰冷的棺材。莎士比亚的绝望，拜伦勋爵的绝望，如今是普希金的绝望。

美好之物抓不住。没办法，毫无办法。上帝有办法，上帝又缺席。

杰出的诗人要面对一切形式的永恒。

诗人的强大是不得不强大，他总是置身于生存的炽热地带，触摸到极端性的人生情态，他敏感诸神的缺席，他洞察遥远的未来，所以他是人类的先知。

不妨重温海德格尔名言："我们要倾听诗人的言说。"

普希金流放南俄可谓兴高采烈，虽然几千里的路途中他两次生病。他发着高烧，卧病展开异样思考，退烧后又对"高烧之思"加以审视。梦里写诗，伏案挥笔，漫步悄吟，山岗诵诗，诗人发现了情绪与思绪的微妙波动。

晃晃悠悠的马车走过了乌克兰、顿河沿岸、库班、高加索、克里米亚、诺沃罗西亚……整整一年的时光，离开了彼得堡的诗人在意外中大收获。

分分钟亢奋，这是什么样的生命状态？快乐、惊奇、愤怒、忧伤、思古之幽情，全都抵达了极致。相异的情绪每日交袭，饱满的生命持续饱满。

一般人承受不了这个。偶尔亢奋可以，年复一年的血脉偾张，乃是杰出艺术家的专利。

英佐夫将军送给普希金一本《圣经》，试图调拨一下他的思维轨道。普希金逐字逐句地看《圣经》，看得津津有味，于是，彼得堡神学院的院长来找他谈耶稣了。普希金洗耳恭听，斜靠书桌随手写诗："上帝啊，你也尝到了爱情的滋味，你也跟我们一样欲火如焚。"

神学院的院长暴跳如雷，发誓要把普希金亵渎上帝的词句报告沙皇。诗人含笑送院长……

温和的英佐夫想把诗人拉上"正轨"，以免诗人日后惹祸。不过，这位可敬的总督依然给普希金"完全的自由"，特许他到处去游荡，又让他住到家里来。总督知道他在南俄诸地经常接触"幸福会"成员，那是南方对抗沙皇的秘密组织。

老将军爱才，餐桌上被妙语如珠的普希金吸引住了，乐得大笑。然而他终于把普希金生关了两周禁闭，让他预习一下"铁窗滋味"，尝一点苦头。

什么原因呢？"普希金不论在总督家里，还是在大街和广场上，随时向任何人证明，凡是不希望俄国改换政府的人，都是坏蛋！"

他还到军营向军官们发表演说，讽刺沙皇亚历山大一世。1822年4月底，普希金在公开场合跟一个炮兵上校激烈交锋，诗人跳上了桌子，挥舞双臂，怒斥奴隶制："地主的横行霸道，简直是人类和法律的耻辱！"

炮兵上校气得发抖，而普希金面带微笑去了舞厅。老将军在家里摇头。

诗人关禁闭，天天倚窗写诗……

普希金申请去自由港敖德萨，英佐夫同意了。敖德萨是黑海沿岸自由贸易的港口，聚集着西欧人、东欧人、犹太人、吉卜赛人。意大利最优秀的歌唱家经常光临敖德萨，普希金每天跑歌剧院，那个古典式的、优雅而堂皇的海边建筑。诗人在旋律中写他的克里米亚长诗。

听着歌剧写诗，普希金是第一人。

中场休息他除了谈歌剧，也高谈沙皇的愚蠢和残暴。休息厅里，那些有头有脸的人物，一个个伸着脖子听。豪华的剧院休息厅，变成普希金的演讲厅。

敖德萨总督沃隆佐夫伯爵，受命庇护普希金，这位总督可不像英佐夫，尽管他也博学，他丰富的家庭藏书让普希金喜出望外。沃隆佐夫写信给一个集团军参谋长说："我不喜欢他的派头，也不那么崇拜他的才华。"他亲手交给普希金一堆杂务，以遏止诗人的灵感，还吩咐普希金到乡下治理蝗灾。

挂名文官普希金怒不可遏，挥笔写道："诗歌是寥寥可数的天生诗人的特殊爱好，这种爱好吞噬和消耗他们一生的全部精力、全部印象。"

二十三岁的普希金，自知诗人一生的命运。

沃隆佐夫打压普希金，要扼杀他眼皮子底下的天才。普希金却爱上了美丽典雅的总督夫人沃隆佐娃，"强烈的爱情使我神魂颠倒"，诗人为沃隆佐娃写下《烧掉了的信》《天使》《致大海》《你可爱的情影最后一次》……

总督夫人酷爱戏剧、绘画、音乐、诗歌，又天性乐观，她和普希金乘坐同一辆马车进出歌剧院和舞厅，一同乘游艇去海上享受海风，并肩到芬芳的树林中长时间散步。恋爱是普希金反击总督的一种方式吗？开头也许是这样，后来，恋情烧烫了诗心。夫人有回应的，她的贪图权力的丈夫陪她的时光太少。沃隆佐夫崇拜马基雅弗利的权谋术，忙于拉山头，搞派系。

普希金写给总督夫人沃隆佐娃的爱情诗，传遍了敖德萨社交界。《你可爱的情影最后一次》，单是标题就引人遐想。还有《烧掉的信》，什么信需要烧掉呢？秘密情书要烧掉，以免透露爱的细节。诗人在敖德萨待了三百六十多天。

总督毕竟是总督，一纸便条就打发了普希金，把酷爱自由港和沃隆佐娃的诗人调到别的地方——赫尔松省。

普希金卷铺盖走人，临行前突然走进总督府，向总督大人递上一首幽默小诗：

蝗虫飞呀飞，飞来就落定。

落定一切都吃光，从此飞走无音讯。

夏天，诗人的名句诞生在海上。"你，雷雨，那自由的象征，你在哪儿？高飞过不自由的海浪吧！"未能在雷雨中形成巨澜的海浪，意味着不自由。微风细浪要变成狂风巨浪，才能形成足够的冲击力。

诗人呐喊："掀起巨浪，摧毁那死亡的堡垒吧！"

沙皇的邪恶统治必须摧毁。摧毁和反摧毁，则意味着战争。国内战争，国际战争。俄法大战十年后，法国人又进攻西班牙，而希腊人正在反抗土耳其人……19世纪的人类理性在血与火中生长，普希金的朋友写道："他相信各国政府会逐步完善，从而渐渐实现永久和平。到那时，除性格暴躁和喜怒无常的人有可能流血之外，其他人是不会再流血了。"

有个法国神甫，在一次国际会议上起草了一份《永久和平方案》，普希金读后说："人们既然认识到奴隶制、君主制等制度的实质，那么将来总会了解战争的残酷和荒谬。可能用不到一百年，就不会再设常备军了。"

过了不到一百年，第一次世界大战。再过二十余年，第二次世界大战。20世纪60年代，美国人血洗越南，投弹数量超过了第二次世界大战投弹的总和，包括大规模杀伤性化学武器橙剂。

黑格尔讲过一句话："国与国之间只有自然关系而没有道德关系。"

年轻的普希金不断写诗缠斗沙皇，自己却在漫长的流放途中。鲁迅说，"一首诗吓不走孙传芳"，普希金的鹅毛笔也撼不动沙皇的宝座。

斗争是长期的，生命是短暂的。

诗人被迫回到北俄的世袭领地祖沃约村。祖传的树林一片阴暗。地主庄园的老房子像个压迫奴隶的符号。

诗人情绪低落："坎坷命运，千种激情，一齐向我压过来，使我厌倦，我天真无邪的青春消磨殆尽！"

亲人们的热情迎接并不能消解他的沮丧。他一个人打马到处闲逛，穿过林荫小径，连日不想见任何人。孤独是艺术家必备的状态，诗人良好的直觉告诉他，要他守住自己的负面情绪。沮丧、忧伤、愤怒、仇恨和复仇……诗人是这些情绪的老朋友了，犹如欢乐与惊喜是他的老朋友。

"在我心中汹涌着强烈的感情和仇恨，以及苍白无力的复仇幻梦。"

复仇是幻想，所以显得苍白。但不可遏制的激情永远助推幻想。

诗人窥见了情与思的幽深，艰难地探索为人类精神留下路标。鲁迅先生首创了"火的冰""出离愤怒"这一类词语。"吟罢低眉无写处，月光如水照缁衣。"

海德格尔："一切艺术，本质上都是诗。"

恨就恨吧。向谁复仇？向沙皇亚历山大一世吗？普希金被禁锢在自家领地，不许擅自离开，两个首都彼得堡和莫斯科都遥不可及。地方长官随时掌握他的情况。《自由颂》的作者失掉自由，而诗人的一双翅膀就叫自由。

自由何处觅？林中有消息。

马背上的普希金信马由缰，马蹄悠悠踏着某种节奏。是的，山脉和丛林不是牢房。远处仿佛传来吉卜赛流浪者的歌声，草原上的篝火熊熊燃烧，篝火旁的舞蹈通宵不停。迁徙的群落自有特殊的美妙。

普希金在南俄，曾经跟随一群吉卜赛人流浪了好多天，他消失在草原的深处，人们找不到他。来自埃及的吉卜赛女郎爱上他。

忧伤的歌啊，从山冈唱到草原。何处是家？茫茫天涯就是家。一代代受欺凌的族群，为老爷们训熊，唱歌，算命。一次次受驱赶，男女老幼长途迁徙。人随草走。草啊，草啊，丰茂的草。秋风卷来了秋霜，枯草连天铺着无尽的凄美……

普希金迷上了衣不遮体的训熊女郎，跟她围绕篝火旋转，随她登上山冈。

名篇《吉卜赛人》写于1824年，这首长诗又名《茨冈》。"我跟随这懒洋洋的人群，常常在荒野里到处游荡……酣睡在他们的篝火旁。"

懒洋洋的人群远离城市的钩心斗角，拒绝了"城市囚笼"，拒绝一切形式的宗教伪善。普希金注解吉卜赛人的生活："由于贫穷而得到保障的野蛮的自由。"

这是对自由的独特诠释。诗人珍视这些"受唾弃的贱民"。

埃及女郎无须他表白就深深眷恋着他。草原上的风在诉说，"不羁的秋风哟，你吹，你吹"。

诗人在无边的荒野到处游荡，可能十几天，可能一个多月。

英国作家哈代写小说《还乡》，把荒原和荒原人之美写得惊心动魄，哦，游苔莎，懒洋洋的长途马车，永远燃烧的漆黑夜。杰克·伦敦写荒野，海明威写丛林写海洋，艾略特写荒原，福克纳写小镇，卡夫卡写城市囚笼地洞般的生活……

普希金凭借本能和强大的文化传承捕捉差异，令人沉醉。单是19世纪的俄罗斯，就有数以千计的生活方式。隔山不同俗，过河不同音。诗人们步步沉迷，眼睛比星星还亮。

福柯尝言："重要的是培养对差异的敏感。"

20世纪中后期的哲学家讲这种话，意味着差异性的生活方式正在这个星球上以加速度消失。同质性像疯狂蔓延的、吞噬一切的植物，要霸占星球的每一个角落。

中国唐宋诗人和西方近现代诗人，为什么如此兴奋？因为他们敏感差异。

三山村博学的女地主奥西波娃，连同她的两个女儿、三个侄女，都爱上了普希金。这就麻烦了，少女们围着普希金团团转。一群娇艳鸟儿爱上了一只雄鹰，整天为他唱民歌，吹芦笛，弹钢琴，跳乡村舞，又集体安安静静，听他朗读诗歌，星眸闪闪烁烁。

普希金在父亲的安排下结过婚了，他十分喜欢容貌美丽、心灵也美的妻子奥尔加，奥尔加为他生了孩子。不过，浪漫主义诗人一般都是无政府主义者，何况普希金厌恶沙皇政府颁布的法律。

诗人写道："谁能对少女的心说：你只能爱一个，不许改变？"

乡村小姐们一起爱上，一并烦恼，"还有你们偷偷地独自垂泪，或是两人躲在角落里窃窃私语"。五个少女，纤手拉纤手，裙子连裙子，就跟春天的花环似的，她们组成了唤醒诗人的缪斯群。

诗人吟唱："我又获得了信仰和灵感，还有生命、眼泪和爱情！"

诗人爱谁呢？这是一个问题。女儿安娜疯狂爱上普希金，奥西波娃只好送女儿离开三山村。安娜写信责备诗人："您在折磨和伤害一颗心，至于这颗心的价值，您却一无所知！"

诗人动笔写《叶甫盖尼·奥涅金》，这部长篇诗体小说是他的代表作，结构宏大，文思流畅，对俄语和俄罗斯文学产生了深远影响。

别林斯基说："俄罗斯还不曾见过这样巨大的创作力量，这样富有民族性的、俄罗斯式的表现出来的创作力量……从来没有一个诗人对俄罗斯文学发生过这样多方面的、强大和有益的影响。"

这位天才批评家还说："普希金在俄罗斯推翻了法国伪古典主义的非法统治，扩大了我们诗歌的泉源，使诗歌注意生活的民族要素，显示出无限新的形式，第一次使它跟俄国生活和俄国现代接近。"

普希金在三山村用鹅毛笔飞快地写诗，姑娘们静静地在一旁绣花。俄罗斯的画家们画了许多画，表现这个经典时刻。

普希金熟悉俄罗斯贫穷的女性，痛恨大大小小的地主，却和女地主奥西波娃有很深的感情，互为知音。

他写长诗《拿破仑》，并不单纯地鄙夷这个杀人无数的征服者。杰出的诗人向来对激情保持警惕，对价值倾向保持警惕。

有切齿之恨，有切肤之痛，却不被仇恨与痛苦所遮蔽，不让情绪牵着鼻子走。这也不叫冷静客观，而是情与思的自动平衡，谨慎地、自发地寻找喷发点。自动平衡向来是天才艺术家的专利。诗人之思乃是哲思。

在自家庄园，普希金写完了历史诗剧《波里斯·戈都诺夫》，不断讽刺"戴王冠的丘八"。搁笔之时，沙皇亚历山大一世恰好奄奄一息。

沙皇在冬宫一命呜呼，皇位悬而未决，1825年12月14日，彼得堡发生了十二月党人暴动，很多军官参与了推翻帝制的行动，然而，暴动在数日内就被血腥镇压。被抓捕的起义者的名单在报上公布，普希金看到名单中有他的好友、同学、熟悉的学者和军人。普辛！屠格涅夫！他最好的朋友、皇村的同学在名单中。普希金手拿报纸颤抖不已，连日痛苦不堪。

大批的贵族子弟反贵族，被抓起来了。

普希金的名篇《自由颂》《致恰达耶夫》被称为十二月党人的革命宣言书，莫斯科、彼得堡的大学生竞相传抄，当街朗诵。还有《匕首》，直接煽动武装起义。每一个十二月党人都有这些战斗诗篇，"普希金的名字是人民的财产"。而彼得堡最高当局早就掌握了普希金的情况，继位的尼古拉一世对普希金颇感兴趣。

1826年夏，五个十二月党人被处绞刑，一百多人被流放到千里之外，终身服苦役，其中大多数人是熬不过去的。贵族和京都的知识分子原本养尊处优，细皮嫩肉，难熬折磨。

普希金的命运如何？诗人能逃过全国大搜捕吗？家里人惶恐不安。

普希金写他的诗体小说《叶甫盖尼·奥涅金》。大半年命运未卜，他却每天享受着写作，举止安详，目光沉静，夜里睡得香。他也写信给茹科夫斯基打听内幕，得到的消息很不乐观，抓他的宪兵可能正在路上。可他完成了《叶甫盖尼·奥涅金》的第六章。这部作品是俄罗斯文学的又一座里程碑。

别林斯基这么评价："《叶甫盖尼·奥涅金》是俄国生活的百科全书和高度人民性的作品。"

大难临头，诗人如平常。这股超常的定力从何而来？滚烫的诗心压倒了惴惴不安吗？估计没有人说得清，包括欧洲研究普希金的几代学者。

夏季的乡村美景如画，三山村的少女们乃是画中之画。聚会，游冶，踏歌，对歌，星光下的舞会，河水中的嬉戏，旷野里的追逐，山岗上的沉思。

《彼得大帝的黑奴》动笔了，这本书开了俄罗斯传记文学的先河。

在一次乡村宴会上，高举酒杯的普希金大声说："祝缪斯万寿无疆，祝理智万丈光芒！"

车尔尼雪夫斯基写道："凡是像普希金那样忠诚于缪斯和理智的人，必将永垂不朽。"欧洲19世纪的文学艺术家，主流的声音还是倾向于理性，与20世纪的质疑理性形成反差。

人群自古就产生了分化，贫富不两立，贵族与奴隶各有各的理智。

谁的理智呢？谁为谁的理智？

沙皇尼古拉一世在冬宫宣称："革命已经到了俄罗斯门前，但是我敢发誓，只要我有一口气在，决不会让它进来！"

俄罗斯贵族和大大小小的地主欢呼尼古拉，由衷赞美尼古拉。这叫屁股决定脑袋，利益决定立场。

沙皇尼古拉要单独见一见普希金，他哥哥亚历山大曾经不断受到诗人的讽刺、挖苦、嘲弄。讽刺诗几乎传遍了俄罗斯，成了大学生们竞相模仿的讽刺体。亚历山大一世非常恼火，但他还是欣赏普希金的才华，多次向尼古拉提起叙事诗《鲁斯兰和柳德米拉》。尼古拉三十多岁，生得干瘦，目光有神，具有穿透力，当然和普希金的锐眼是朝着相反的方向。

权力顶端的男人与"少年泰斗"普希金面对面，谈些什么呢？

1826年9月8日，莫斯科的克里姆林宫，二人的目光碰在了一处。双方都不躲闪，视线较量视线，表面上很友好，肢体还时有接触，比如互相拍一拍肩膀、触一触胳膊、击一击掌。

皇冠对桂冠有压倒性的优势吗？一时的优势还是一百年的优势？尼古拉心里没底。普希金心里有底吗？他远离彼得堡、莫斯科已经七年了。南俄北俄的漫游，助长了他血液中的野性，形成广袤的民间挑战皇权的坚硬内核。

尼古拉问普希金："如果去年12月你在彼得堡，你会参与暴动吗？"

诗人回答："陛下，我肯定会参加。"

沙皇尼古拉笑了笑，再次拍普希金的肩。谈话在友好的气氛中继续，彼此达成了某些妥协：普希金从此可以自由入京；他的作品直接由沙皇审阅，避开那些别有用心、深文周纳的审查官。沙皇建议他修改历史剧《波里斯·戈都诺夫》，他婉言谢绝了。皇帝的恩宠于他如浮云，皇帝写在脸上的不满，他佯装未见。

那一天，在闭门交谈了两个钟头以后，尼古拉笑容亲切，拉着普希金的手走出御书房，对恭候在外的大臣们说："今天，一个新的普希金诞生了。"

大臣们纷纷向诗人祝贺，争相"捉手请交"。

普希金耸了耸肩，不置可否。诗人从权贵手中抽回自己的手。

普希金在莫斯科定居下来，这座世界名城狂热地欢迎俄罗斯的头号诗人，当他出现在莫斯科大剧院的包厢，千百个观众起立，欢呼他的名字，所有的目光和望远镜都对着他，没人看舞台了。

诗人享有的声誉远远超过任何一个演员。这是俄罗斯的好传统，至今不变，文学家、艺术家、体育健将们享有崇高的声誉。

各种集会、舞会，女士们包围着普希金，请他赏光，品尝美酒，跳科梯里昂舞或是玛祖卡舞。每天早晨，普希金家的会客厅挤满了来访者。巨大的声誉降临在这位二十七岁的年轻人身上。

事实上，"少年泰斗"的名号早已悄然传开。

六年皇村学校，三年彼得堡，七年流放，如今，他在辉煌古城莫斯科的名声如日中天。上流社会和平民阶层都拜读他的诗歌、小说、人物传记。他对俄语的创造性运用，为俄语的传承发展做出了他本人意料不到的贡献。广袤的俄罗斯大地，赐予他无限丰富的差异性表达。相互对立乃至敌视的阶层在他的作品中汲取养分，宫廷、豪宅与寒舍都在朗诵普希金，抄写普希金，男男女女痴迷普希金。

社会对普希金的广泛推崇令人玩味，犹如后来的赫尔岑、屠格涅夫、别林斯基、契诃夫、托尔斯泰、高尔基。

别林斯基咒骂，直到19世纪初，俄罗斯竟然没有一个人肯相信俄国的智慧、俄国的语言能有一点用处。

有钱人家请家庭教师，不是法语教师就是德语教师，俄语教师工资很低。自轻自贱、妄自菲薄延续了几代人。战斗民族用了半个多世纪，逐渐建立起严格意义上的文化自信。丰碑式的人物中，普希金排第一。

俄罗斯近现代一座座文学艺术的世界级丰碑，永久性塑造了俄罗斯的灵魂。

尊重祖国首先要尊重母语。"凡是不尊重自己的民族文化，不爱俄罗斯的人，别林斯基都称他们是可怜的人，是叛徒、败类、卖国贼。"

别林斯基的一个朋友到德国去，未带一本俄国人的书，连普希金的书他也不带。别林斯基对这个朋友喊道："没有普希金你怎么活？尤其是在异国他乡！"

盛名之下的普希金如何？酒会和舞会令他忘乎所以了吗？

古今中外有多少才俊被捧杀，有多少好汉被拖入肉身化的烂泥塘。然而，身居繁华莫斯科的诗人头脑清醒。跳玛祖卡舞他会走神，端着葡萄酒杯的手会去抓灵感。"虽千万人吾往矣"，优秀的哲学家艺术家，乃是善于在人群中找到孤独的人。独行者才拥有不断后移的广阔的地平线。

毫无疑问的是，语言艺术远比酒杯和舞会更让普希金兴奋。此间他完成了《叶甫盖尼·奥涅金》的初稿。伟大的作品诞生在莫斯科。各种沙龙盛传他的诗句："诗人，不要重视世人的爱好！狂热的赞美不过是瞬息即逝的喧声。"

狂热的赞美声中他异常冷静，闭门谢客。针对皇权他写道："我的竖琴质朴而高尚，从不将世间的神赞颂。我为自由而无比骄傲，从不肯向权贵巴结逢迎。我只赞美自由，只肯向她奉献我的诗作。我的缪斯啊，她生性羞怯，她天生不会供沙皇娱乐。"

与李白"安能摧眉折腰事权贵，使我不得开心颜。"何其相似。

9月16日，沙皇尼古拉一世要向奴隶们表示恩典，他要发放奖金，要请几十万穷苦人，在莫斯科广场上举行规模空前的宴会。结果来了二十多万想要饱餐一顿的"贱民"，拥挤在几个堆集食物的地方，过期的肉食和劣质啤酒被无数的眼睛紧紧盯着。很多农民是空着肚子来的，从莫斯科及周边地区来，长途赴宴，有些农民半夜就出发，走了一百多里，又累又饿又企盼。

中午12点，满面笑容的沙皇尼古拉出现在观礼台上，准备接受雷鸣般的欢呼。然而，沙皇的笑容毕竟不如过期肉和劣质酒，他请来的黑压压的客人等不及了，潮水般涌向堆得像小山的食物和啤酒桶。一个巨大的气球在空中爆炸，球皮散落到人群的头顶上，像一幅幅挣不脱的裹尸布，刹那间乱套了，警察跟穷人打起来了。警察人少，不敌广场的人潮，沙皇的骑兵卫队冲进了宴会场，棍棒皮鞭乱打，沙皇邀请的客人被打得血流如注，抱头逃窜。酒肉间到处是人的血，数以百计的沙皇的客人倒在血泊中。莫斯科的盛大宴会变成了血腥事件。穷人们逃回他们的村庄，继续当牛做马。莫斯科的市民关门闭户。

诗人普希金注视着这一切。

他厌恶莫斯科的宫殿群，诅咒尼古拉一世。他冒着大雪到乡下去了，陪他亲爱的、日益衰老的乳娘。乳娘给他的信用词都有些混乱了，称他朋友，又称他少爷，字迹歪歪扭扭，乳娘"要用所有的马匹"去迎接他。

诗人一看信就哭了。名篇《给乳娘》：

我的严峻岁月中的女伴，
我的年迈的亲人！
你一个人独自在松林的深处，
长久地、长久地等待着我。
你坐在自己房间的窗口悲叹着，
像一个哨兵守在岗位上。
而拿在你满是皱纹的手里的编针，
每分钟都因为悬念而迟疑。
你凝视着那早就被遗忘了的大门，
和那黑暗而遥远的路程：
哀愁，预感，忧虑，
一阵阵地紧压着你的胸膛——
于是你觉得……

灯红酒绿的莫斯科，鲜花与笑脸每日向诗人蜂拥的京城，普希金却转身走掉了。一个衰老的乳娘牵扯他的心，一个松林小屋的农妇让整个上流社会靠边站。暴风雪中独自驾驶雪橇的诗人，奔向他几百里外的亲人。他知道，如果他再不回到乳娘的身边，乳娘的眼睛会望瞎的。更让普希金忧惧的是，万一乳娘她……

何谓诗心？诗心就是人道之心。想想普希金冲风冒雪的身影吧。

乳娘看见他就满足了，催他回莫斯科，他却连月待在松林深处的小屋写诗。寂静的丛林在喧哗，喧嚣的闹市倒是不乏寂寞。

普希金向来是城市与乡村的两栖者，他显然手握一般人难以企及的身心律动之神器。也许他的灵魂，可抵千百人的灵魂。哦，这普通的世袭贵族，这屹立巅峰的精神贵族。他在乡下写完了长篇小说《彼得大帝的黑奴》。

次年，也就是1827年，普希金的姐姐在彼得堡生了女儿，病中的乳娘又去照料孩子。数月后孩子胖嘟嘟了，咿呀学语了，对童话故事有感觉了，乳娘病逝了，讲过无数故事、哼过无数歌谣的嘴永远闭上了。普希金泪洒乳娘的墓地，追忆乳娘的生前：

"要是说起讲故事的本领，她可以说是第一。她哪里来的那么多故事啊，而且篇篇生动有趣！她那些笑话也蛮有道理，顺口插话，句句俏皮，既有虚无缥缈的虚构，又有古代东正教的事迹……"

一百九十年来，乳娘阿里娜一直是俄罗斯家喻户晓的名字，而多少贵族权豪，早已被历史忘却。

1828年，诗人先后待在彼得堡和莫斯科。他认识了作曲家格林卡、画家列维坦。前者把普希金的一系列名篇谱成歌剧、歌曲，让《鲁斯兰和柳德米拉》传遍全球。后者用画笔描绘俄罗斯的乡村之美。柴可夫斯基也迷上普希金，后来把《叶甫盖尼·奥涅金》改编为乐曲。

首都的好处是聚集了各界精英，首都的坏处是布满了欲望陷阱。

普希金是有能力转身的人，背向莫斯科和彼得堡，迈向他的乡村，他的森林，他的海洋。亚历山大一世流放他七年，两千多个日子，灵感点燃了南俄北俄。

命运之神借助沙皇的手成就了普希金，祸兮福所倚。命运的另一面却是，福兮祸所伏。如果上帝存在的话，上帝的名字叫作猜不透。

普希金的生命冲动是多向度的，高强度的。这个燃烧的生命体始终有七色火焰，令人忍不住要去猜想他的能量之源。

先天胜人一筹，后天俨然超人。

冷若冰，热如炙，疾如风，稳如山，爱如海，恨如洋，都是普希金。忧愁，哀伤，奔放，雄壮……情绪的强对流合铸伟大的普希金。

海德格尔说："一切思考都伴随着情绪。"

是否可以反过来说：一切情绪都有思考？中等情绪与高热度情绪所生的念头差异大，而且，这种差异几乎不可能精确把握。所以，尼采把人界定为九脸怪。

1828年的年底，普希金在莫斯科的一次舞会上看到一位绝色少女，"她身穿轻飘飘的白色连衣裙，头戴金发箍"。这就是十六岁的冈察洛娃，由她母亲带着，刚进入上流社会的社交界。二十九岁的普希金呆了，命运在这一刻注定了。冈察洛娃几乎完全符合人们对古典女性美的想象，她的端庄与深邃的美目，她的"前额上痛苦的表情"与"浪漫色彩的美丽"，连同那旋律中妙不可言的身段与舞姿，把诗人的目光牢牢锁住。

阅美无数的普希金，刹那间调动了全部直觉。

后来他回忆："我的头开始眩晕了。"

娜塔丽亚·冈察洛娃是一个工厂主的女儿，有两个同样美丽的姐姐。三姐妹的母亲曾经艳光四射，夺走了女皇伊丽莎白的情夫。不过，这个母亲性情乖张，渐渐变成家里的暴君。她一个动作，一句话，能把全家人吓得发抖。冈察洛娃在这种环境中长大，孤僻，胆小，羞怯。另一方面，她对亲人们表现出由衷的体贴，尤其热爱哥哥姐姐。

普希金的妻子冈察洛娃

　　普希金开始造访绝色少女的家，他受到全家人的欢迎。他带着他的缪斯，走近他神往的羞怯女神。冈察洛娃"谦逊到病态的程度"，普希金要走进她的心可不容易。少女心灵的窗户似乎处处有，又处处打不开。

　　世袭贵族兼大作家的垂青，令冈察洛娃不安。原本印在她前额上的痛苦表情，在普希金一次次的造访中加深了。她的眼神避开他，或是低垂了长长的睫毛，或是躲进了她的闺房，关上那扇可爱的粉色闺门。

　　诗人失望了，衣带渐宽，为伊憔悴。

　　普希金近乎本能地自找台阶下，而不是往前冲。他自嘲说，愿意像欣赏一幅古典名画般欣赏她的绝世姿容。她终于走出了闺房，前额上痛苦的表情明显减淡。

　　冈察洛娃小姐如释重负，可怜的普希金垂下头，脸颊滚烫。

　　他在沙皇面前始终高昂的头，却不敢面对同样腼腆的她。腼腆对腼腆，说不出一句话。绝色少女又紧张了，她不仅是一幅诗人眼前的古典名画……

　　1829年的春末，莫斯科鲜花绽放，普希金下决心托人求婚。等回复度日如年，诗人通宵徘徊于克里姆林宫教堂广场。熬煎啊！预感不太好。

　　回信来了，诗人颤抖的手迟迟拆不开。冈察洛娃的母亲写的信，说她的小女儿还小，谈婚论嫁要等一等。这是拒绝！普希金紧紧抱住自己的头，过了五分钟才松开，满手是冷汗。念头如电闪，看信若干遍，捕捉字里行间的弦外之音。

他还有一线希望！那个乖张的母亲并没有把话说死。

可是他必须视为拒绝，一个具有骑士风度的求婚者在遭到拒绝后，必须当天离开莫斯科或是他居住的任何城市。

普希金去从军，到遥远的格鲁吉亚前线打仗去了。时值俄罗斯与土耳其的战争，双方打得惨烈。普希金在皇村时期就梦想做一名军人，他是射击手和击剑手，剑术骑术受到龙骑兵的认可。

诗人，情人，战士，三位一体可不是短期造就的。

莫斯科求爱受挫，赴前线斗志高昂，二者之间或有内在联系。

普希金奔赴前线花了一个多月，辗转格鲁吉亚多个地方，当地人一次又一次载歌载舞，狂热地为他举行欢迎会。亚洲风情令诗人着迷，各民族的歌舞乐曲令诗人陶醉。当地学者写道："普希金以独特的方式，欣赏这种亚洲式歌舞的大杂烩。他常常从座位上跳起来，他非常喜欢欧洲音乐同东方乐曲的掺杂交融，斑斓多彩，他真是醉心于孩子气的欢乐中了。"

诗坛巨匠，在异域的音乐中捕捉俄语的旋律。

俄土两军在阿尔兹鲁姆的山地摆开决战的架势，6月13日，在俄军发起总攻前的几个小时，普希金赶上了大部队。他被介绍给前线俄军统帅帕斯凯维奇，留在了总司令部。诗人与统帅亲切交谈，统帅对诗人极力表示器重，却对普希金强烈的请战要求不表态。他命令一个少校跟随在普希金左右。

清晨，战斗打响了。数万人展开大决战，双方骑兵对冲。哥萨克骑兵与骁勇的土耳其骑兵，闪战般厮杀在一起，呐喊与惨叫震动山谷。

普希金骑马挥刀冲出去了，少校的马更快，把诗人拽回来。普希金瞅机会试图再冲，几个俄军骑兵将他团团围住。

战马飞奔，杀声震天，

两人杀在了一起……结果何如？

敢死队已经中了长矛，

而哥萨克丢掉了头颅。

《死魂灵》的作者果戈理评价，普希金语言的节奏，"比战斗本身还要急促"。

土耳其军被全线击溃了，俄军挺进土耳其。希腊因之而摆脱奥斯曼帝国的殖民统治。普希金欢呼这次战争的胜利。他连日骑马走过数十里长的战场，山谷景象触目惊心，尸骨堵塞了山道，断头断肢横陈，树草皆血色。

胜利的狂喜与战场的惨状交袭诗人，他在《阿尔兹鲁姆旅行记》中写道："我的马在一个年轻土耳其人的尸体前停下来，这具尸体横路躺着。看样子他有十八岁光景，像少女的苍白面孔，并不难看，他的缠头掉在尘土里，剃光的头被一颗子弹从后面打穿了。我打马继续往前走……"

零度叙述，没有情感和价值判断的倾向性。但意识的向度亮出诗人骨子里的人道主义，看得那么细，视线挪不开。打马继续往前走，更多的尸体横陈。

二十多年后，列夫·托尔斯泰说："《阿尔兹鲁姆旅行记》描写的战争是本来面目的战争，有淋漓的鲜血，有痛苦的死亡。"这不是阅兵式上的气概，而是真正的战斗、格斗，热兵器与冷兵器并用的残酷战争。

普希金尽可能救起受伤的土耳其士兵。

7月中旬，阿尔兹鲁姆发生鼠疫，普希金第二天就跟随医生进了鼠疫营，"我看到一张张病床，每张床上躺着一个活尸，因为他们已经染上了病中之王"。

诗人"从病床中间走过，镇定自若同鼠疫握手，使垂死病人也打起精神……"

普希金打马过战场，又穿过鼠疫营，纠缠在死亡意绪中。后来，他在彼得堡的大街上看见死亡的影子，在《当我漫步热闹的大街》中写道："不论我挤在纷扰的人群里，还是尽情享受宜人的静谧，我总是想：人终有一死，这个念头形影相随，徘徊不去。"

欧洲的优秀人物大都敏感死亡，哲学家、艺术家尤甚，每天经历各种小死亡，包括剪掉的指甲和散落的头屑、发丝。

中国艺术家，死亡主题少。

孔子曰："不知生，焉知死？"可见先秦时代有过死亡追问，而随着孔子符号在权力场的放大，先秦的死亡追问渐渐受遮蔽。

西哲云："不知死，焉知生？"皇皇哲学大著《存在与时间》把"向死存在"列为专章。

1829年的夏天，普希金的斗志与荷尔蒙在战场释放。他未杀敌，倒是救了敌军的伤兵。必要的时候他会一试战刀。为国而战，义不容辞。

首先属于国家，其次属于人类，这种选择也是迫不得已，紧要关头必须选择。

俄罗斯近两个世纪盛传普希金的这些句子："有两种爱对我们无限亲切，一是爱我们可爱的家乡，二是爱我们祖宗的坟墓。"

秋天，普希金在彼得堡主持《文学报》，介绍莎士比亚、伏尔泰、歌德、拜伦等一大批西欧作家。次年夏，他在前往莫斯科的途中，听到法国大革命推翻波旁王朝的消息，不禁欢欣鼓舞。知识分子的力量不可小瞧，语言是点燃火药桶的那根引信。

"在贵族内部，会出现奴隶的解放者！"这个短促的句子具有远程大炮的杀伤力。

沙皇尼古拉一世在莫斯科大发雷霆。普希金一如既往和他对着干，当初在皇宫书房的谈话看上去毫无作用。革命已经到了俄罗斯的门前，沙皇拼力抵挡，普希金却忙着推波助澜。两个首都有数不清的文学和科学沙龙，普希金的诗文每天都像山火一般蔓延。沙皇和他庞大的团队四处扑火却控制不住局面。

沙皇还不能下令停办报刊。普希金的作品一度受禁，大学生中学生反而传得更起劲。作品的出发地点不仅在印刷厂，还可以传抄传诵。地火是浇不灭的。

普希金深度介入文学艺术的领域，发现艺术家们互相攻击不亚于两军对垒。在法国，在德国，在俄罗斯……莫扎特被另一个作曲家用毒药害死，这个下毒的艺术家叫沙莱里。普希金写短剧《嫉妒》。当莫扎特的歌剧《唐璜》首演时，沙莱里在剧场打口哨，"被嫉妒心所吞噬，气急败坏走出大厅"。

沙莱里成为恶德之典型。这种恶德，在十八九世纪的艺术家中间造成了无数悲剧。米罗画得好，他的四个同行爬上楼，要用绳子勒死他。高更画得好，凡·高想杀他……

在普希金看来，意大利雕塑家米开朗琪罗，也是把艺术看得比生命还宝贵的典型。这类艺术家有狰狞的一面。在"天才与道德"之间，旷世天才普希金坚决站在道德一边。他赞赏莫扎特的哲理："天才与罪恶是水火不相容的东西。"

诗人写道："莫扎特为人类带来了幸福和欢乐。"

《文学报》主编普希金受到《北方蜜蜂》杂志的攻击。沙皇的势力渗透进来了，事情更复杂。政客冒充的文人八面出击，却以隐蔽的方式开火。有个叫布尔加林的家伙诋毁普希金，说诗人是"混血女人"生的，贵族血统不纯。诗人的外曾祖是黑人，是被人用一桶罗木酒换来的。布尔加林写诗讽刺普希金：

你说只用一桶罗木酒——
这算不得大宗财产。
可你坐在家里出卖笔杆，
收入倒是大为可观。

普希金不是为奴隶呐喊吗？政客文人抓住诗人的外曾祖不放，说普希金身上流着黑人的血。这在贵族阶层是具有煽动性的。另外，普希金写作挣钱，在上流社会被视为出卖灵魂。普希金反驳说："灵魂拒绝出卖，写书可以挣钱！"

政客文人很活跃，把普希金的言论秘密呈报沙皇。

作家斗作家，画家攻画家，学者骂学者，教授对教授落井下石，音乐家置同行于死地，有官方背景的文人又来搅和，这类事在伦敦、巴黎、柏林和莫斯科层出不穷。

20世纪90年代苏联解体，一流民族一夜间有沦为三流国家的危险，军力陡降，血性军人纷纷自杀，物价暴涨数千倍，寡头猖狂，百姓遭殃。外部势力入侵强悍民族的心脏。内外勾结的不平等协议，要掏空俄罗斯的资源……

《古拉格群岛》的作者索尔任尼琴，回到自己一落千丈的祖国放声大哭。他曾经是所谓的"民主斗士"，唱衰苏联很卖力。

知识分子首先属于国家和民族，其次才属于世界。为什么？这个世界由强势者推行的弱肉强食的丛林法则从未改变。

知识分子首先属于自己的民族，这一点要成为共识才好。

彼得堡的普希金，惦念着莫斯科的绝色少女冈察洛娃。在格鲁吉亚的那些民歌之夜，他倍思意中人的轻纱裙，她那忧郁的眼睛，那痛苦的前额，那羞怯的笑容，"最是那一低头的温柔"，哦，一年来从未减淡分毫。

三十岁的普希金不复追求任何女郎，内心深处惦记那一线希望。有趣的是，相思病成功转化为艺术创造力，诗歌、戏剧、小说、童话、传记和战场笔记，普希金此间佳作井喷。

也许是彼得堡的思念，打动了莫斯科的那颗芳心吧。一封信飞来了。冈察洛娃家同意普希金的求婚！诗人一蹦三尺，狂吻信纸，拥抱邮差，跳上马车狂奔火车站，朝着莫斯科而去。

车轮滚滚压不住心跳声，见到了见到了，《假如生活欺骗了你》的作者，发现生活并没有欺骗他。十七岁的冈察洛娃小姐，简直貌如天仙！忧郁中她平添了订婚的喜悦。哦，忧郁是她天性中的底色。她胆小，她手指冰凉，可是她，她扑向了自己未来的丈夫普希金！

花前月下无须细说，初吻销魂无须细说。莫斯科郊外的晚上，写满浪漫。

贵族子弟普希金还是动用了贵族特权，他在老家有妻子的，漂亮妻子名叫奥尔加。他考虑过奥尔加的感受吗？

1830年，在莫斯科，俄罗斯第一诗人与莫斯科第一美人双双沉醉。8月底，普希金去了父亲分给他的祖传领地鲍尔金诺大村。要结婚了，他必须重视自己的财产状况，暂别亲爱的冈察洛娃。

鲍尔金诺周边有草原和森林，地主普希金打马视察自己的领地，灯下清点账目，听农奴告村长的状。从首都莫斯科忽然来到西北边陲的村庄，从冈察洛娃身边，忽然来到一群奇怪的陌生人中间，诗人郁闷，但两天后就平复了，他骑马远走草原、树林，记下各种植物和鸟类，倾听农民歌谣。

浪漫诗人既有深沉的家乡观念，又以四海为家。一般人要做到这一点谈何容易。地主普希金关注着鲍尔金诺的穷汉们："不戴皮帽的庄稼汉，腋下夹着小孩子的棺材。"

俄罗斯苦难深重的农奴，普希金看得很细，写得很多，对后来包括托尔斯泰在内的作家影响深远。

"富庶自由的村庄由于残酷压榨而陷于贫困！"这是诗人亮出的价值判断。

普希金写下《戈柳辛村史》，以历史学家的冷静笔触叙述：农奴由于"天气不好"或老爷心情不好就要挨打，要被送去当兵，送去坐牢，送去服苦役；由于来了一个吸血的坏管家，"戈柳辛村三年内就完全变穷了，一片破落景象，孩子们都讨饭去了"。村子里也没人唱歌了。

鲍尔金诺的秋天，热恋中的普希金心怀怜悯。而且，不只是思念绝色情人，不只是悲悯无数穷人，在自家庄园的小屋里他写短篇小说，《棺材匠》《驿站长》《射击》《暴风雪》《村姑小姐》……出版时取名《别尔金小说集》。

这些小说取材广泛，瞄准中下层，大多成为俄罗斯的文学经典。《驿站长》写十四等文官萨姆逊无限卑贱的生活，任何一个路过驿站的官员、信使和邮差都可以欺负他。社会惊人的不平等由作家的笔加以揭露。

《别尔金小说集》是现代小说的源头之一，契诃夫、卡夫卡、莫泊桑都在这条河流中。美国的中短篇小说之王海明威，不大关注卑微的群体。

1830年10月，莫斯科近郊发生霍乱，首都与各省的交通被防疫线切断。普希金收到冈察洛娃充满恐慌的信，心忧如焚，几次冲防疫关卡，未能成功。各种消息和谣传潮水般涌到鲍尔金诺村。通信断了，普希金半夜冲关卡又被押回，并且受警告之后便睡不着，茶酒饭不思。

自从离开莫斯科以后，他和冈察洛娃情书不断。如今他一日三徘徊，村头无望地眺望，脑子里由于忧惧而充满想象：可爱的未婚妻染上可怕的霍乱了吗？

不知道，不确定，更叫人疑虑重重。连日长吁短叹。

此间的普希金是个纯粹的牵挂者、眺望者么？非也，非也。他写下一系列短剧，《莫扎特与沙莱里》《吝啬的骑士》《瘟疫流行时的宴会》……他构思叙事长诗《青铜骑士》，修改并完成《叶甫盖尼·奥涅金》的第九章。

何谓不可思议？这就叫不可思议。

这也不叫定力，因为定力已经越过了自身。

普希金随口讲的一句话可做解释："善于驾驭文字的人最为幸福。"

中国宋代的苏东坡讲过类似的话："人间乐事无逾此者。"

德国哲学大师海德格尔却说得更浪漫："语言是存在的家，犹如云是天上的云。"

鲍尔金诺的秋天硕果累累，普希金集诗人、小说家、剧作家、历史学家和民俗学家于一体。这一年他才三十出头，生命的密度岂止十倍于常人。激情喷射的男人又对激情保持距离，他是怎么做到的？一种激情迅速转化为另一种激情，并且游刃有余，了无痕迹。这是大贤的特征，离圣人不远了。中国古代唯有老庄有这个能耐。老子庄子出离激情，得以逍遥复逍遥，而普希金栖身于激情。爱且深忧，却写下那么多传世佳作。

12月，戒严令撤销，普希金跳上火车奔向莫斯科。一颗心朝着另一颗心，燃烧的思念与颤抖的渴望在汽笛声中并轨。阔别三个月，情侣又重逢。婚期定在1831年的1月，冈察洛娃把她的身子和她的芳心，一并交给普希金。

漫天鹅毛大雪，莫斯科银装素裹，滑雪场上的俊男美女舞成了双子星。

据一个神甫的女儿卡佳·斯密尔诺娃描述："普希金长得很漂亮，他的嘴长得特别好看，嘴唇薄，线条美，还长着一双美丽的淡蓝色眼睛。他的头发好极了，浓密而卷曲。他穿一件黑礼服……他跳舞、走路的样子非常独特，非常轻松，就像飞似的。"

据普希金的老师卡拉姆辛讲："凡是认识普希金的人，都不会忘记他那活泼愉快的孩子气的笑声。"

在高加索与普希金萍水相逢的尤泽福维奇写道："普希金那双美丽、纯洁、清澈的眼睛，仿佛反射出一切美好的事物。"

早在1827年，著名肖像画家奥列斯特就在彼得堡的沙龙画展中，展出过普希金的肖像画。另一幅广为人知的普希金肖像画是特罗皮宁的作品，也是在1827年问世。普希金中等身材，匀称而健壮。他是出色的体操运动员，是疾如闪电的剑客，是骑术高明的战士，是滑雪的行家和跳舞的好手。"他远足百余里，无论走多么快都能呼吸自如，让同龄人钦佩不已。"

冈察洛娃小姐生得标致，体态和五官无可挑剔，而羞怯又把她的美提升到炫目的高度。她美得不能再美了。

女人之美，主要还是美在韵致，美在活力，美在质朴，美在才华。曹雪芹写大观园里的群芳诸艳，主要还是写韵味。"寒塘渡鹤影，冷月葬诗魂"，林黛玉的弥留时光凄美到极致。"憨湘云醉眠芍药裀"，"意绵绵静日玉生香"，"因麒麟伏白首双星"……

网络一代，平均化的生存状态不要愈演愈烈。

普希金与冈察洛娃的婚期定在莫斯科的严冬，诗人一度闷闷不乐，原因在于：昔日的首都艳女郎，现在的乖张丈母娘。这个丈母娘不停地耍手段，把女儿当摇钱树。普希金那双打量世界的眼睛，哪里懂得老女人的花花肠子，他只是不明白，为什么丈母娘越来越丑陋，大眼睛、浓密的眼睫毛与尖下巴丑作一团……普希金郁闷，尽量不去理会那些生活中的鸡毛蒜皮。然而，鸡毛蒜皮却有不可忽视的纠缠力。

1831年的爱情，俄罗斯人永久铭记。爱情从莫斯科走到彼得堡，走到皇村温暖的家。爱情走到1834年……孩子生了两个，冈察洛娃依然貌美如花。一千多个日日夜夜，夫妻恩爱的细节无限多。爱之浪淹没了诗人，他沉醉，不复有所谓审美间距，鹅毛笔不写娇艳妻，"珍重芳姿昼掩门"。

普希金深知上流社会的下流，深知峨冠博带者的卑鄙。

幸福总是静悄悄的，或者说，静悄悄才会有幸福。

值得注意的是，1830年12月中旬，普希金从鲍尔金诺赶到莫斯科，除了筹备次年1月就要举行的婚礼，还带了极重要的手稿，并加以安排。他在写给出版界朋友的信中说："我带来了一件重要东西，《叶甫盖尼·奥涅金》的最后两章（第八章和第九章），现在完全可以付印。"

《叶甫盖尼·奥涅金》是俄罗斯最杰出的文学作品之一，作为诗体小说，它的表现形式受益于拜伦勋爵的《唐璜》。这是普希金自己讲的。诗体小说既有人物、故事，又有诗的激情与韵律。《叶甫盖尼·奥涅金》有三个主要人物——奥涅金、达吉雅娜、连斯基。小说包罗万象，从皇村学校的花园写到尼古拉一世的彼得堡。奥涅金是怀疑主义者，连斯基浑身洋溢着浪漫激情，达吉雅娜则是无我的、向上的、富于牺牲精神的贵族少女。小说中的女性无一不美好，一个仁慈的奶娘令人联想到普希金的乳娘。俄罗斯妇女的崇高形象尽显于普希金的著作，她们的坚韧支撑着俄罗斯。

第二次世界大战，每一个俄罗斯母亲都把孩子送上了前线，每个家庭都有人为国捐躯。

小说描写的底层人物都纯朴，上层人物则复杂，很多富人异常复杂。彼得

普希金

堡的上流社会充斥欲望的乱流，再是优秀人物，也容易被卷走。奥涅金是个人主义者、享乐主义者，他从欲望的渊薮挣扎而起，试图脱胎换骨。他狂热追求达吉雅娜，却只能追随她的芳踪，靠近她的芳泽。

小说的另一主题是爱与死亡。"我知道，我不会活多久了。但是，只要我的生命延续一天，我在早晨定要知道，白天能否和你见面……"

连斯基也拜倒在达吉雅娜裙下，这个充满理想色彩的人物是作家的另一化身，具有政治头脑，热爱"自由的幻想"与"世界的幸福"。诗人连斯基仇恨"时髦的上流社会"，鄙视贵族阶层。

普希金高度认同浪漫的自由理想。歌德曾经把这种浪漫主义比作政治自由。

别林斯基说："奥涅金是普希金的化身。"

涅克拉索夫说："连斯基是普希金本人。"

达吉雅娜走了，连斯基死了。奥涅金陷入时代的迷茫。小说以悲剧结尾。没有任何廉价的乐观主义。悲剧精神源于古希腊。普希金上承荷马、但丁、莎士比亚和拜伦，下启莱蒙托夫、屠格涅夫、托尔斯泰、契诃夫、果戈理和梅里美。

近现代的欧洲文学艺术，悲剧精神是主流。直面严酷的现实使个体坚实。

小说人物的悲剧落到作家身上。普希金携夫人普希金娜（冈察洛娃）与儿女居住在皇村，普希金娜的两个姐姐又搬来同住，一大家子其乐融融。然而，宫廷近在咫尺，沙皇要来散步。1834年冬，有几个晨光初露的日子，尼古拉一世的尖瘦脸出现在普希金夫妇的卧室窗下。有一次连续两天，皇上挨着围墙走，停在窗下发呆，耳朵在寒风中竖起好一阵。

沙皇尼古拉的心思，随从们看在眼里。

在皇村公园，沙皇"偶遇"普希金夫妇，他问这问那，诱之以利，要普希金担任宫廷近侍；他的目光停在冈察洛娃脸上，三分钟停了七八次，尖瘦脸肌肉颤动。普希金预感不大好，他写信给朋友表示他的担忧：沙皇盯上了他的妻子。

接下来，皇后频频邀请冈察洛娃参加盛大的宫廷舞会。普希金忧心忡忡，在日记中记下："宫廷要普希金娜到宫中去跳舞。"

可是那个丈母娘到处炫耀荣光：皇帝和皇后垂青她的女儿。当年她夺走女皇的情人，名扬上流社会，如今她和她的家族再一次轰动彼得堡。

舞会上盛装登场的冈察洛娃迷倒所有男士，首先迷住了尼古拉。所有的男女都注视冈察洛娃，注视她与皇上的每一个舞姿，每一次旋转。

尼古拉公开宣称，他是冈察洛娃的崇拜者、舞伴和"骑士"。

可怜的普希金在舞会上被遗忘了，一双双舞伴晃动于华灯之下，他吃力地寻找自己的妻子。找不到妻子的曼妙身影，他只好去搜寻尼古拉苍白的尖瘦脸。每次找到尖瘦脸，就发现了妻子白里透红的俏美五官……

二十一岁的冈察洛娃原本绝色，日益高涨的美名，却使她的丈夫备感揪心。嫉妒会放大很多东西。

普希金实在忍不住了，写信给冈察洛娃："不要跟沙皇调情！"

冈察洛娃反问："怎么是调情呢？跟皇上跳跳舞而已。"

上流社会巨大的蛊惑力，在冈察洛娃尚未出生时就笼罩着她的家族。全家人向往宫廷生活，心仪上流社会，在她的幼年就埋下了种子。唯有她二姐例外。香车宝马的生活，优秀男人都难以抵挡，例如年轻的托尔斯泰，何况一弱女子。

单纯的背面常常写着愚蠢，羞涩的面容再往前就有放浪。羞涩是包裹自身的产物，好比花骨朵，它伏着它的绽放，而绽放与放浪有时很难区分。

打扮停当的冈察洛娃抬腿就走了，普希金作为她的盲点跟在她身边。

她总是对车夫说："去阿尼奇科夫宫。"

单纯朝着残酷出发。而意识的层面一点都不残酷：跳跳舞而已。

果戈理回忆："当时除了在舞厅，在别的地方找不到他（普希金）。"

这种情形持续了多久呢？几年前在鲍尔金诺，普希金深忧困于莫斯科霍乱的未婚妻，却写下大量杰作，现在又如何呢？嫉妒心是他剖析过的一种高热度情绪，他能再次战胜自己吗？

1835年，1836年……

沙皇尼古拉盯上冈察洛娃，犹如奴隶主盯上奴隶的漂亮老婆。普希金不是鼓吹要推翻帝制解放农奴吗？那就让他尝尝做奴隶的滋味：连老婆都守不住。尼古拉亲自与九等文官普希金谈话，在御书房谈，在皇村公园谈，这莫大的恩宠，普希金却不买账，不当一回事。在彼得堡和莫斯科，他活跃得很。

茹科夫斯基家每周六的沙龙，常有普希金滔滔不绝的危险言论。他的诗歌、小说、短剧和传记传遍了俄罗斯。他办起《现代人》杂志，聚集一批平民知识分子，把贵族排斥在编辑部之外，邀请一个叫别林斯基的年轻人担任编辑。

沙皇尼古拉曾经在冬宫发誓，要把革命挡在俄罗斯门前。

法国人推翻了波旁王朝，俄罗斯的一些知识分子鼓励农奴革命。普希金流放南俄，写农民起义领袖拉辛，现在，又写1775年被处决的暴动首领普加乔夫，专程去考察暴动的发源地，深入村落，寻找活着的见证人。他的历史专著《普加乔夫史》，史料翔实，"写得像图纸一样准确"，把这位"绞架上的、满脸大胡子的庄稼汉"，写成代表自由与正义的英雄，在首都贵族阶层引发轩然大波。

贵族子弟反贵族，普希金十几年不变。流放七年之久，反而骨头更硬。

尼古拉手下有个第三厅，一直在搜集普希金的言论和作品。

尼古拉审阅《普加乔夫史》手稿，旁批："普加乔夫作为罪犯，是不能为之树碑立传的。"他尤其反感普希金称暴动首领是"光荣的叛乱者"。

尼古拉把书名改为《普加乔夫暴动史》。书出版了，上流人士惶恐传阅，平民知识分子奔走相告。教育大臣乌瓦罗夫，急忙宣布这本书有危险的煽动性。

普希金写道："乌瓦罗夫卑鄙已极。他大喊大叫，说我的书是唯恐天下不乱……他偷木材，他有一万一千个农奴。"

普希金的鹅毛笔是投枪匕首，刺向彼得堡的权贵。他得罪了整个上流社会。

尼古拉摸着下巴听汇报，眉头紧皱，脸色铁青。

御座上的男人拿普希金没办法，不过，他对冈察洛娃有办法。通过冈察洛娃让普希金陷入嫉妒、负债的双重窘境。九等小官哪能支撑老婆和丈母娘的庞大开销，名车宝马，豪华别墅，名贵的服饰、佩饰、化妆品，不少于二十个人的仆从。

老婆挥金如土，丈夫愁眉苦脸。普希金借高利贷，请求沙皇预支几年的薪水。沙皇借给他三万卢布……

老冈察洛娃对小冈察洛娃说："你的丈夫有很多钱，领地收入巨万，写书又挣钱。"

普希金作为一名真正的骑士，还不能把实际的经济状况告诉妻子。有苦衷，只对冈察洛娃的二姐倾诉，二姐把她的钱和首饰悉数交给妹夫还债。她深深爱上了普希金。妹妹花枝招展出去了，她长时间安慰普希金。

冈察洛娃的艳名如日中天，虚荣心同步增长。宴席上，沙皇、皇后坐在她旁边。大臣们向她献媚，贵妇们争相邀请她参加酒会、舞会。

单纯的残酷比复杂的残酷更可怕，因为它阻力小。

冈察洛娃满眼是宫廷，哪会细看丈夫隐忍的辛酸，强压的妒火。当面提醒和书信告诫都不管用。她抬脚就走了，快乐地哼着歌，举步像舞步，还旋转那惹火的著名腰身。丈夫跟随她或是留在家里她都无所谓，她只关心自己在哪儿，偶尔问一句只是敷衍，她想着别的。她的嘴和她的腿不搭调。美腿只属于宫廷舞会。比鲜花更娇艳的脸庞只属于华灯和沙皇的注视。

普希金绝望地写道："舞会要搞五十万场，谁去关心穷人的眼泪呢？"

眼看着妻子被奢靡生活的浪潮卷走，普希金无计可施，日复一日受着煎熬。他会哭泣么？他会冲到漆黑的旷野大喊大哭么？

据他的朋友们证实：普希金从不掉泪。

诗人自叙："我是古板的斯拉夫人，从不轻易动感情。"

普希金的激情澎湃和他的自控力共属超强的生命体。艺术创作又强化激情，他始终是古板的斯拉夫人。

1836年，伟大的作家心情沉重。

这一年他却写完了长篇小说《上尉的女儿》。这是一百八十年来俄罗斯公认的文学经典。顺便提一句，今日俄罗斯近一半家庭拥有《普希金全集》。战斗民族有很高的文化修养。伍尔夫讲过，一个列夫·托尔斯泰就席卷了全欧洲。

1836年，普希金写中篇小说《黑桃皇后》，写追忆皇村中学的组诗，办《现代人》杂志，把笔触伸向了遥远的美国——"美国国会对印第安人的不仁道"，普希金写道："令人讨厌的厚颜无耻，残酷的偏见，令人不能忍受的残暴，装潢门面的虚伪民主。"稍后的德国哲学家斯宾格勒，则看到金钱逻辑独大对这个星球的威胁。

妒火中烧，债务重重。名贵首饰店和订制时装店的账单雪片般飞来。火在烧，心在冷。冷热交袭普希金。1836年，诗人的母亲病逝。能打垮他的东西纷至沓来。然而这个瘦削的男子汉坚如磐石。

尼古拉一世很不喜欢"比石头还硬"的普希金，贵族和富豪群起而攻之。强势群体联手也对付不了普希金的一支笔，一张嘴，贵族们为此感到羞辱。有个叫盖克伦的荷兰公使出面了，把他的义子、法国人丹特士引荐给尼古拉。

丹特士作为波旁王朝的残余分子流亡俄国，受到沙皇器重。有一次，沙皇召集近卫骑兵团，"拉着一个青年走到他们跟前说：'这是你们的伙伴，请接收他加入你们的大家庭吧！'这个人就是丹特士"。

风流倜傥的丹特士男爵，把皇上追求冈察洛娃的故事讲给义父盖克伦听。老谋深算的盖克伦眼珠子打转。皇上追求普希金的妻子仅仅是好色吗？老政客读出了弦外之音。

1835年，丹特士把自己介绍给普希金，开始出入普希金的家，以法国式的俏皮幽默赢得了冈察洛娃的好感。她的大姐叶卡捷琳娜更是爱上了丹特士。在社交场合，盖克伦把丹特士描绘成沙皇和皇后赞叹的美男子，众贵族起哄追捧，"丹特士名气渐大。在一次又一次的舞会上，他与娜塔丽亚·冈察洛娃双双起舞，出尽风头。盖克伦及时开玩笑说：丹特士和冈察洛娃更像天造地设的一对嘛。"在场的人纷纷点头。有人还怪叫："丹特士，普希金娜；丹特士，普希金娜……"

普希金头皮炸了。冈察洛娃美目流盼。

1836年9月中旬，卡拉姆辛家举办舞会，他的女儿在写给她哥哥的信中说："从表情来看，大家都非常高兴。只有亚历山大·普希金闷闷不乐，好像在想着什么心事。他的忧愁也引起我的忧愁。他的目光显得有点呆，游移不定。丹特士仍然讲着那些笑话，同叶卡捷琳娜·冈察洛娃寸步不离，却从远处向娜塔丽亚·冈察洛娃投去热辣辣的眼光，最后，到底跟娜塔丽亚跳了一场玛祖卡舞。普希金的样子十分可怜，盯着他俩，默默无言，脸色苍白。"

巴黎的情场高手，在卡拉姆辛家同时勾引两姐妹，从客厅、饭厅到舞厅，小花招一个接一个。他成功地在姐妹之间点燃妒火，连同可怜的普希金的妒火，三团火苗乱蹿。

凡是娜塔丽亚·冈察洛娃去的地方，丹特士总是不期而至，带着他的时髦礼服和幽默谈吐。丹特士的追求公开化了。庞大的贵族圈子一片哗然。贵族风流本身就有翅膀，何况盖克伦与丹特士层层加油添醋。

作家不断收到污辱性的匿名信。真实的故事和编造的谎言一并涌向普希金。分不清，猜不透，想不通。满腔的怒火喷向何处？"拔剑四顾心茫然。"

此间，作家完成了《上尉的女儿》，还多次接见大学生，研究彼得大帝，会见画家、雕塑家，着手新一期《现代人》的筹稿。深夜他工作，进入忘我状态。他掌灯回到卧室，凝视妻子梦中的笑脸，一声轻叹。

作家受着煎熬，艺术创造力却是丝毫不减。第二天那些账单又要催他，冈察洛娃还要去跳舞……

老政客盖克伦亲自出马，千方百计引诱冈察洛娃"走上失足的道路，巧妙地利用各种机会向她吹耳边风，说他的义子丹特士爱她爱得发疯了，一旦绝望，可能自杀"。这段话，出自冈察洛娃的女儿阿拉波娃之口。

彼得堡的冬季，在两场舞会中间，冈察洛娃与丹特士有一次关键谈话。她对咄咄逼人的丹特士说："先生，我是爱您的，但是，除开我的心之外，请不要对我有任何企求，因为其余的一切都不属于我！"

普希金在公开场合表态："某一位伯爵夫人说我的妻子贞还是不贞，这种议论与我毫不相干。我所尊重的唯一的意见，就是下等阶级的意见，在今天只有他们是真正的俄罗斯人。我只怕他们将来会指责普希金的妻子不贞。"

普希金着眼长远，看到了下等阶级在将来的崛起。

彼得堡普希金的家，拒绝丹特士。这个法国浪子却突然宣布娶叶卡捷琳娜为妻。婚礼举行了，娜塔丽亚·冈察洛娃按照礼节去荷兰大使馆待了片刻，旋即坐车回家。看来有些事在悄悄进行，而她根本不知道。丹特士狂追她，到头来却娶了她大姐。这样看来，这桩闹得满城风雨的情事应该可以结束了，她的心将回到丈夫身边，回到儿女们身上。

然而这事没完。盖克伦继续耍花招，安排丹特士"偶遇"冈察洛娃，地点在某个军营。愤怒的普希金给荷兰大使馆写公开信，矛头直指盖克伦，说这个国务活动家，"一国之君的代表"，却在荷兰和俄罗斯得到"放荡的老妇人"的诨号。

这封信等于掷出去的白手套。

写信的日期是1837年1月25日。黄昏时分，法国大使馆武官带着丹特士的挑战书来找普希金。普希金请英国大使秘书做他的副手。这是诗人最后一次在上流社会露面。

据卡拉姆辛夫人卡拉姆辛娜描述，"普希金神色自若，谈笑风生"。

诗人决断。决断的另一个背景是1月24号，他与沙皇尼古拉一世有过一次激烈谈话。证人是尼古拉本人。谈话的具体内容不得而知，尼古拉拒绝透露。这个俄罗斯"第一贵族"要玩弄反贵族的普希金吗？从1834年以来，普希金耿耿于怀的，是沙皇在不同场合追求他的妻子。沙皇带了头，丹特士又来纠缠不休。老政客盖克伦不遗余力八方宣讲，普希金收到的匿名信很可能出自盖克伦之手。

仇恨，无聊，进退失据。普希金如何是好？他抛不下彼得堡的家，抛不下他一手创办的《现代人》杂志。哦，还有那些飞向他的账单……

诗人写于1836年夏天的名篇《纪念碑》：

我为自己建了一座非人工的纪念碑，
在人们走向那儿的路上，青草不再生长。
它抬起那颗不肯屈服的头颅
高耸在亚历山大的纪念石柱上。

不，我不会完全死去——我的灵魂在遗留下的诗歌当中，
将比我的骨灰活得更长久和逃避了腐朽灭亡——
我将永远光荣不朽，直到还只有一个诗人活在这月光下的世界上。
…………

普希金凭借伟大诗人的先知，洞察到只能用语言唤起人们的善良。善良而沉默的绝大多数，有朝一日会联合起来推翻极少数。而占据"食物链"顶端的极少数同样会联合，例如21世纪的金融大鳄们。资本跨国流动，金融衍生品花

样百出，鲸吞劳动者的血汗钱。一辆大巴上的富豪的财富，超过几十亿人的财产总和。人对人的奴役和剥削，人对自然的持续掠夺……

诗人写道："我这疲惫的奴隶，早想逃走。"

沙皇的尖瘦脸在宫廷发笑。为农奴歌唱的普希金被他轻轻一弹指，就变成了奴隶。疲惫的奴隶早想逃走，逃向何处去？逃向那座非人工的纪念碑吗？

沙皇亚历山大一世的纪念石柱，于1832年11月立于彼得堡冬宫广场上。普希金不愿意参加揭幕典礼，提前五天离开了彼得堡。

1836年诗人写道："是时候了，我的朋友！是时候了。我的心渴望得到安宁。"

永久的安宁在那座非人工的纪念碑下。

普希金与沙皇尼古拉谈话的第二天，即1月25号，他向荷兰公使盖克伦寄出那封信。当天傍晚，决斗定下。定在1月27号，星期三。

这一天的上午他在写作中度过，"不时把鹅毛笔伸到带有黑人小青铜像的墨水池里"。他看《现代人》杂志的稿子，为他喜欢的五个戏剧作品标上记号。十一点他搁笔，离开那张用了二十年的写字台。他留下的一封绝笔信是写给女翻译家伊希莫娃的："您应该有信心。您一定会译得很好。今天我偶尔打开您写的历史故事，不禁读得不忍释手了。就应该这样写。"

这封信是俄罗斯中学生的必读读物。

普希金去了决斗场。

"事情发生在1月……两张雪橇，后面跟着一辆四轮马车，同时出城，走到离彼得堡三四公里的新村后面停下来。两个对手走进一片不大的桦树林……发出信号了，丹特士向前走了几步，慢慢举起枪，立刻就响起了枪声。普希金倒下了。"卑鄙的法国浪荡子慢慢举枪，突然开枪。

普希金爬起来跪着，举枪瞄准丹特士。枪响了，丹特士倒地。普希金把手枪抛向空中，叫道："好呀！"

可是一颗纽扣救了丹特士的命。

马车把受伤的普希金载回彼得堡的家。冈察洛娃看见丈夫被抬进来，当场就昏过去了。昏迷的普希金苏醒过来后不让她进屋。他换好了衣服才让她进去。

普希金娜不停地哭。普希金摸摸她的头发，拍拍她的脸。

普希金娜一勺勺喂丈夫喝粥……

决斗助手丹扎斯中校恨得咬牙切齿，要去找那个卑鄙的、毫无骑士风度的家伙报仇。普希金喊道："不要，不要！和解，和解！"

普希金娜伏床大恸。这一刻她才理解了丈夫伟大的心，但为时已晚。

沙皇很快派来了御医。尼古拉并不希望普希金死。也许在内心深处，尼古拉和他哥哥亚历山大一样，钦佩普希金的绝世才华。

诗人衰弱下去了。探望者络绎不绝。诗人环视他亲爱的书房，铺满记忆的写字台，凝视那支搁在墨水边的鹅毛笔。

溘然长逝。1837年1月29日，俄罗斯人永远记下了这个日子。

也许人们会忘记彼得大帝、库图佐夫元帅的诞辰与忌日，但人们不会忘记普希金。他和别林斯基、格林卡、托尔斯泰、契诃夫、赫尔岑、屠格涅夫、列宾、柴可夫斯基等光辉的名字一道，为俄罗斯赢得了民族自信，赢得了世界尊严。

普希金的写作丰富了俄语。果戈理说："创造语言，等于造海。"

别林斯基写道："普希金表现了并彻底研究了俄国生活的全部深度。"

丰富了民族语言、塑造民族灵魂的人，却死于贵族纨绔的一颗子弹。

吊唁者多达五万人。全是自发的，来自中下层，来自彼得堡的任何一条街，来自遥远的村镇和城市。吊唁者只需对车夫说"去普希金家"就行了。

人们坐车、坐雪橇，或是在雪地里深一脚浅一脚，从四面八方走向普希金的家。鹅毛大雪覆盖不了成千上万的脚印。

冬宫如临大敌。尼古拉一世顺势而为，厚加抚恤；把丹特士废为士兵并驱逐出境。老政客盖克伦滚回荷兰。

年轻的莱蒙托夫写下传遍俄罗斯的《诗人之死》：

你们，站在宝座周围的这贪婪的一群，

全是自由、天才与光荣的刽子手！

你们藏匿在法律庇荫之下，

在你们面前，法庭和真理——都得静默闭口！

但是，你们这些荒淫的宠臣啊，有着上帝的法庭，

有着威严的审判官，他正在等候；

他不能用金钱贿赂，

他预见了一切思想与行为。

那时你们的诽谤是枉然无用：

它不能再帮助你们，

你们也不能用你们的污血

去把诗人的正义之血洗清！

主要参考文献

1.［德］马丁·海德格尔：《存在与时间》，陈嘉映、王庆节译，生活·读书·新知三联书店2000年版。

2.张汝伦：《〈存在与时间〉释义》，上海人民出版社2012年版。

3.［美］卡洛斯·贝克：《迷惘者的一生——海明威传》，林基海译，湖南文艺出版社1995年版。

4.［法］皮埃尔·戴：《毕加索传》，唐嘉慧译，江苏教育出版社2005年版。

5.［美］阿莲娜·S.哈芬顿：《毕加索传：创造者与毁灭者》，弘鉴、田珊、光午、月贞译，人民美术出版社1990年版。

6.［法］西蒙娜·德·波伏瓦：《萨特传》，黄忠晶译，百花洲文艺出版社1996年版。

7.［法］德尼斯·贝尔多勒：《萨特传》，龙云译，人民文学出版2013年版。

8.柳鸣九编选：《萨特研究》，中国社会科学出版社1981年版。

9.［法］克洛德·弗兰西斯、［法］弗尔朗德·贡蒂埃：《西蒙娜·德·波伏瓦传》，全小虎、林青、老高放、余乔乔译，中国社会科学出版社1990年版。

10.［德］吕迪格尔·萨弗兰斯基：《海德格尔传》，靳希平译，商务印书馆1999年版。

11.［苏］列·格罗斯曼：《普希金传》，王士燮译，黑龙江人民出版社1983年版。

|后记|

写完《品西方文人》第二卷时，朋友打来电话，说刚才地震了。我有点感觉，但未能意识到地震，可见从感觉到念头有一段距离。这是现象学的一种思维方法，久而久之养成了习惯。思维在稿笺上，思维在生活中，动态性地越思越细。我住在临江公寓的顶层，三十二楼。

写这个系列的初衷，是两年前在浏阳讲苏东坡与李太白时，有一个高中生希望我写一写外国文人。去年初夏动笔写海明威，在山东旅途中入住张炜老师的"万松蒲书院"，我的房间恰好挂了海明威的照片。巧了。早晨我吃着泡面与鸡蛋，扭头便是人们熟悉的大胡子。那个房间里我写了多少字呢？当时未曾留意。夜里出去闲溜达，海风中沉醉。单是沉醉于松林海风吗？

感觉中回到了2006年，初写《品中国文人》第1、2卷，进入了强行军状态。为期十八个月的强行军，书房里隐隐有气流。"仿佛阳台上也安装了思维弹射器，情绪加热器，信息处理器。"这是当时写在后记中的一句话。此番写《品西方文人》第1、2卷，又是为期十八个月。

写作是什么？写作是燃烧式的生命享受。乡贤苏东坡有过类似的表达。

现在说一点什么呢？

三十余年读、写、思，未尝一日中断，生病也想写。想得很。每天早起干活，中午收工，写下千余字，横竖写不快的，再是呼呼气流也这样，再是闹市喧嚣也无闻。那位来到汉语中的德国大师总是耳提面命："少一些文学，多一些文字的保养。"

记得念初中的时候第一次接触《外国文学作品选》，入魔了，上学放学捧着看。看完伏尼契的长篇小说《牛虻》，双颊像着了火。我用三颗爬树摘来的柚子换得半部《安娜·卡列尼娜》，至今认为很划算。我把托翁的书带到野地去读，列文，吉蒂，这两个名字简直像太阳和月亮。列文在他的庄园和农民们一起割草，他累了，在草垛上睡着了，一觉醒来已是早晨，大雾中有一辆马车驶过，车上坐着他朝思暮想的吉蒂……那个小说场景简直逼入了我的灵魂。不错，就是那个点，日后爆炸开来，经由一个个经典作家，把广袤的俄罗斯带到我身边。契诃夫的《草原》啊，哪里是小说，契诃夫的文字就是草原本身。海明威的《老人与海》啊，直接是大海的宁静与波涛掀天。我终于知道了，有什么东西比影像更逼真。

法兰西来了，德意志来了，英国，美国，丹麦，日本……我的枕边书几乎被西方作家垄断。日本是学习西方文化比较成功的国家，无论人文还是科学。

由文学延伸到音乐、绘画。我看画二十年，如今尝试着写几个西方画家。

哲学家们一直是我的主攻方向，由艾思奇《辩证唯物主义与历史唯物主义》做了开端，此后一发不可收。当时我刚进本地的印刷厂，开着方厢机、烫金机，读着我的哲学家们，以至我怀疑：哲思散发着油墨与纸张的香味儿吗？尼采、罗素、胡塞尔、海德格尔……那些巍峨的山脉我永远不知道高度，但登山至今回望山下，对高度和开阔度是有感觉的。

我知道了，艺术家的生存乃是加强型生存。

没有哲思就没有艺术。

思想所到之处，生活扑面而来。

《品西方文人》1、2卷，查阅的资料都是可信度高的老书。如同写五卷本《品中国文人》，大约一百五十万字，不曾百度过一次。严防互联网的平均化解读，坚决摒弃温吞水式的、稀释经典的、瞬间繁殖的速成之物。

一切经典作品都是慢的产物，古今中外的经典拒绝一切轻佻的靠近，犹如空谷佳人。我们不可单单关注光速之快，而忽视宇宙生成之慢。若如是，就愚不可及了。

俄罗斯、法国、德国、美国的传记文学很发达，百余年来名家如云，例如欧文·斯通的传记作品发行量，很长时间超过了海明威的小说。而我们尚须努力。

写人物的重中之重，是捕捉变化中的生命张力，其他皆次要。

书要写得好看，更要写得耐看。本书传主们的生命张力早已是举世公认，如果能够捕获一些能量，那么，耐看庶几不难。

好了，打住吧。接下来要去对付床头堆得很高的尼采、托尔斯泰、弗洛伊德……

感谢天地出版社的副社长胡焰女士，感谢杨露、孙学良两位责任编辑，感谢眉山替我严格把关的亲友们！

刘小川

2019年12月19日于忘言斋